1989年11月創立　1990年4月創刊

一九九五年二月二七日第三種郵便物認可　二〇一七年二月一五日発行（毎月一回一五日発行）

月刊
機
2017
2
No. 299

発行所　株式会社 藤原書店©
〒一六二―〇〇四一　東京都新宿区早稲田鶴巻町五二三
電話　〇三・五二七二・〇三〇一（代）
FAX　〇三・五二七二・〇四五〇

◎本冊子表示の価格は消費税抜きの価格です。

編集兼発行人
藤原良雄
頒価 100円

人間の体と心についての総合的な医学書が、十世紀末日本に誕生した。

『医心方』事始

――わが国最古の医学全書『医心方』とは？――

槇 佐知子

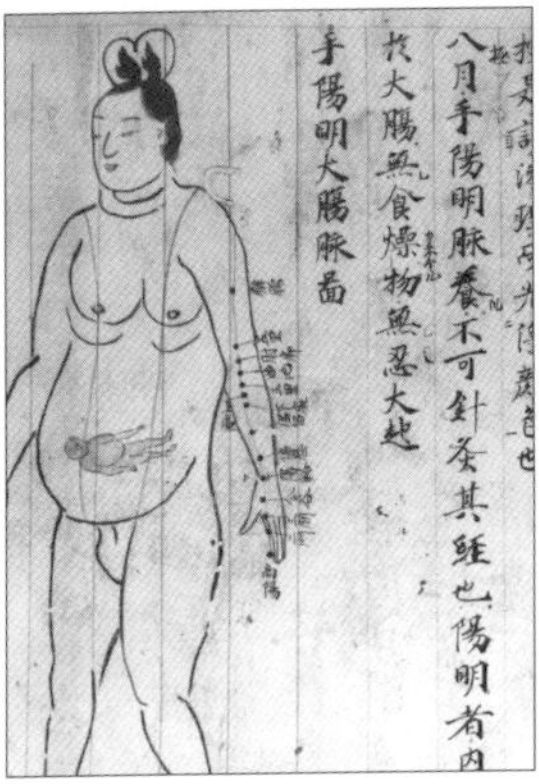

『医心方』より

丹波康頼が、有史以来九世紀まで、漢訳された医学文献を集め編纂した浩瀚な書、国宝『医心方』全三十巻は、九八四年に誕生した。人間の全身のあらゆる傷病の治療法、健康法、薬学、そして呪術、占い、美容などにもわたる厖大な〝いのちの智恵〟に満ちた『医心方』は、不幸なことにこれまで長い間歴史の中に埋もれてきた。奇怪な「文字」のからくりを解き明かし、〝人間のあらゆる願望〟に応えた書の全訳精解を成し遂げた槇佐知子氏による、『医心方』の全貌が一冊で分かる本が出版される。

編集部

●二月号目次●

『医心方』とは何か

宮廷医・丹波康頼（九一二―九九五）が、有史以来九世紀までの漢訳された医書を集めて撰集・編纂し、九八四年に朝廷に献上した『医心方《いしんほう》』は、現存する我が国最古の医学全書であり、人間の心と体に関するあらゆる知識を結集させたものである。

その出典は、医書、仙書、本草書、養生書、鍼灸、陰陽道、道教、儒教、易経、天文、占相、史書、哲学、文学、婆羅門《ばらもん》の秘方等々、二百数十文献に及び、一書で二十巻、五十巻、百巻のものもある。漢訳されているので一見中国の文献からの引用に見えるが、その出典の地理的領域は中国を含む全アジアやペルシアに及び、ヨーロッパ、そしてアフリカ産の薬剤もあり、古代文化の交流も見えてくる。

すでに中国最古の権威ある医学書『黄《こう》帝内経《ていだいけい》』と、朝鮮王朝時代の名医・許《ホ》浚《ジュン》が撰集編纂した『東医宝鑑』（一六一三年刊）は、世界遺産の記憶遺産に登録されている。わが国にも世界に誇る国宝『医心方』があるのに、知る人は稀で、著名な辞書・事典すら「隋・唐の医書による」などと誤った情報を載せている。あるいは、五指に満たなくても新羅や百済の処方があることは書いているが、各巻に数えきれないほど収められているインドの菩薩たちの処方には、どの辞書も触れない。さらに「国宝」と書いてあるのは『日本史大辞典』だけである。

『医心方』は有史以来、九世紀まで、人々が命についてどのように考えていたか、死の恐怖とどのようにして闘ってきたか、傷病をどのようにして癒してきたかを知る手がかりとなる書である。あらゆる分野の研究に、新たな視座と情報を提供する資料集であり、その上、現代を超える医療もある。

本書は、筑摩書房刊『医心方』三十巻三十三冊（全訳精解＝槇佐知子）の序文に手を入れ、**ダイジェスト版『医心方』**として刊行するものである。このような出版物は、おそらく例を見ないであろう。

膨大な時空をつなぐ知の宝庫

丹波康頼は、従五位下行針博士丹波《たんばの》介《すけ》丹波《たんばの》宿禰《すくね》康頼《やすより》。「行針博士」とは『黄帝内経』の講義と鍼灸の実技を針生に教授するものであり、「介」は国守の次官、「宿禰」は天皇の側近である。康頼は丹波国天田郡（現在の京都府福知山市）の出身で、応神朝に大和朝廷から桧隈《ひのくま》の地を賜り、帰化した後漢の霊帝の曾孫阿知王を祖とする東漢直《やまとのあやのあたい》の後裔と伝えられている。

康頼はまず、論者名、出典名を明示して理論や処方を紹介し、巻一の第一章に先哲たちの医の倫理を諸文献から抄出、列挙している。これは「ヒポクラテスの誓い」の東洋版ともいえるだろう。三十巻のうち三分の二は、隋代の『病源論』(諸病源候論)を軸にして諸文献の説と処方を抄録。相反する説も併記し、問題提起している。

▲『醫心方』一千年記念の碑
(京都・泉涌寺)

治療の対象は内科、外科、産科、婦人科、小児科、皮膚科、泌尿器科、性病科、寄生虫科、耳鼻咽喉科、眼科、歯科、鍼灸、指圧、養生、飲食、未病対策、救急医療などのほか、性愛術、あらゆる願望の対処法、占相、呪術、火遁水遁の術も医療の一分野であった。康頼の生きた時代は陰陽師・安倍晴明が暗躍した時代であり、藤原定子《ふじわらのていし》、清少納言、紫式部とも重なる歳月がある。

薬剤の原料は、朝鮮半島、日本、中国、北アジア、ペルシア、アフリカ、インド、スマトラ島、オーストラリア間近の熱帯アジアの島々も含むアジア全域の動植物・鉱物が、想像を超える早い時代に中国へ渡り、内服、外用薬として調合され、駆使されていたことが明らかになる。「絹の道」より遥かな昔、「心と身体の癒しの道」が伝道僧や求道僧によって開かれていたのである。

現代医学とのもう一つの違いは、中世のアラビアやヨーロッパでは卑金属から貴金属を作る錬金術が行われていたが、紀元前の中国では黄金や貴金属も爐で溶解して製薬する練丹術が行われたことである。枯れる草木よりも永遠性のある鉱物、水銀、玉石を原料とする丹薬は不老不死につながるという三皇五帝時代の思想は服石登仙譚を生み、わが国の記紀にも影響を及ぼしている。石薬の劇烈な副作用は、二〜三世紀には一〇〇以上知られ、解毒法に心を砕いていた。服薬には禁忌が多く、愚者には与えられない賢者の石とされ、本書には製法を載せず禁忌と解毒法に二巻を当てている。大気、土壌、水の汚染に悩む現代人にとっては、無関心ではいられない巻といえよう。

『医心方』は、医学・薬学史を覆すタ

イムカプセルであり、考古学、文化人類学、民俗学、国文学、動植物学、鉱物学、宗教学など、あらゆる分野の資料の宝庫でもある。

なぜ『医心方』を解読できたか

江戸幕府の医療機関が「文字が尋常ではない」ため透き写しという方法を用い、一九〇六年刊行の『日本医学叢書　巻二医心方　活字本』でも失敗した『医心方』を、私が解読できたのはなぜか。

古代中国では、医書を心ない者に濫用されないよう、薬名も文も故意に難解にし、伝えるべき人物がない場合は洞窟の壁に塗り込めるなどして、匿した。『医心方』は難解な文字と古漢文で封印されているが、出典と同じ文字か否かは不明である。一一四五年(天養二)に宇治本(宇治入道大相国本)から後に半井《なからい》家に下賜された本書に移点した際には、「所見及之不審」と後記が付された。献上後百年に満たない訓点すら、試行錯誤のまま投げ出されていたからである。

本書には異字、動字、省画、増画文字、音通文字ほか、さまざまな絡繰りが施されているうえに、文法も通常と異なり、文字の意味も現代と違うものがある。

私が初めて見た『医心方』の文字を抵抗なく読むことができたのは、日本古典文学の中で最も多様な文字が使われている『今昔物語』をタネ本として繰り返し読んでいたからである。私の書架には『岩波古典文学大系』が並んでおり、その中の五冊が「天竺篇」一、「震旦篇」一、「本朝篇」三の『今昔物語』である。『源氏物語』の「もののあはれ」の裏側の、その時代を生きた人々の息吹きや生活感がありジャーナリスチックな文章なので作品化するには大いに助かるからである。

繰り返し読んでいるうちに文字の特徴にも馴染んでいたのだ。しかし、訳して出版するとなると「この字だろう」といい加減な推定では済まされない。それに『今昔物語』とは異なる文字も多い。

そこで『医心方』独自の文字の絡繰りを探るために、寝食を忘れて部首別に『医心方』巻一から巻三十まで、繰り返し繰り返し整理した。

全巻を照らし合わせて解読

また『医心方』は、一巻から順次、巻を追って訳したり、一巻だけを取り上げて訳すことはできない文献である。

たとえば『医心方』には「吹咀《こうしょ》」という医学用語がある。文字通りに解釈すれば「噛み砕く意」だが、巻九第四章の傍注は「含味也」である。薬剤を口に含んで味わうのは論外だが、その頭注では右に「麁擣之義」（麁《あら》ク擣《つ》クノ義）、左に「㕮咀者皆細切」（㕮咀、皆、細カニ切ル）とある。麁《あら》くも細かに、も主観である。

それが別の巻では「大豆如《バカリ》ニ擣《つ》クコト也」とあり、大豆くらいの大きさに砕くか刻むこととなる。ここで初めて大きさが明らかになるのだ。

意味がとりにくかった三十五文字の文章も同じ本からの類似の文章が別の巻にあり、重ね合わせると脱字と異なる文字が数か所あり、融通しつつ読んで意味が通ったこともある。一字を解くため夜を明かした日もあった。

＊　＊　＊

『医心方』を解きすすむにつれて現れる歴史の巨星たち。架空の仙人と想っていた人々の処方や理論、陶淵明（陶潜）や龍樹菩薩（ナーガールジュナ）の知られざる一面。時空を遡って宇宙遊泳でもしているように、日夜、新たなめぐりあいや発見がある。そのときめき。

幼い日、ままごとで使った草花が薬草であった驚き。風習とのかさなり。貝がらも生きものたちも、仮りそめの出会いではなく、古代医学の対象として蘇る驚き。

絶望の日々、アンダーラインを新たに引きながら読んだ聖書のヨブがかぶった灰さえ、東洋の医療や儀礼と重なるのだ。書架の書物たちは『医心方』によって新たな生命を授かった。老子の「谷神《こくしん》」の解釈も、従来の説とは全く異なる。記紀や『源氏物語』も『医心方』と重ねると、また新しい形で立ち上ってくるのだ。

その魅力を、ぜひ本書で味わってほしい。

＊序文より

（まき・さちこ／古典医学研究家・作家）

■『医心方』の全体像を一望する労作！

『医心方』事始

——日本最古の医学全書

槇佐知子　Ａ５上製　予三六八頁　三六〇〇円

〈目次〉

わが国最古の医学書『医心方』とは？——序にかえて

1医学概論篇／2薬名考／3鍼灸篇Ⅰ　孔穴主治／4鍼灸篇Ⅱ　施療／5風病篇／6美容篇／7耳鼻咽喉眼歯篇／8五臓六腑気脈骨皮篇／9性病・諸痔・寄生虫篇／10脚病篇／11咳嗽篇／12積聚・疝瘕・水腫篇／13痢病篇／14泌尿器科篇／15虚労篇／16蘇生・傷寒篇／17癰疽篇　悪性腫瘍・壊疽／18腫瘤篇／19皮膚病篇／20外傷篇／21服石篇Ⅰ／22服石篇Ⅱ／23婦人諸病篇／24胎教出産篇／25産科治療・儀礼篇／26占相篇／27小児篇Ⅰ／28小児篇Ⅱ／29仙道篇／30養生篇／31房内篇／32中毒篇／33食養篇

「千年も誰も読めなかった本」——あとがきにかえて

引用文献解説 他

生前縁の深かった二三人の方々への悼詞の集成。

「無常の使い」

石牟礼道子

あの世への旅立ちを告げる使者

五〇年くらい前までわたしの村では、人が死ぬと『無常の使い』というものに立ってもらった。必ず二人組で、衣服を改め、死者の縁者の家へ歩いて行ったものである。

たとえば、その縁家が、水俣の隣の津奈木村であったとする。そこへ行くのが、三里だとすれば、わらじの履き替えを三足用意した。おろしたての高下駄なら歯がすり切れて、草履のようになったとは、靴になってからの思い出話だった。

「今日は水俣から無常のお使いにあがりました。お宅のご親戚の誰それさんが、今朝方、お果てになりました。お葬式は何時ごろでございます」

口上の言葉はおろそかにしてはならず、死んだとはいわない。「お果てになりました」とか「仏さまになられました」という。

使いを受けた家では、これも丁重に、お帰りのお足元は大丈夫ですか、とねぎらった。

無常の使者は一組でなくて、何組も出発させねばならない。その人たちが帰ってきて、行った先の人たちが何時ごろ来るかを確かめて、葬儀の準備を整えていた。

村総出で死者を見送る

死者を出した村落では、男も女も仕事を休み、男たちは墓穴を掘り、棺を作り、棺に飾る造花作りなどをする。それぞれ得意な技があって、ここぞとばかり打ち込んで仕上げるから、死者の思い出話などをしながら、入念に葬儀の分担は整えられた。

花束は葬儀の時に、村の子どもたちに持たせる。花を持った子どもたちが葬列の先頭に立つのである。女の人たちは、葬儀に参加する全員の食事を作る。食事時になると村の子どもたち全員を集めて、『無常のごちそう』をふるまった。

そこには経験豊富な老婆たちがいて、炊き上げるご飯の量、お煮しめや、お精進のおみおつけ、漬けもの、お米から臼で粉にしてついて仕上げ、新仏様に供えるお団子など、あらゆる目配りをして、隅々まで滞らぬよう、采配をした。

　その全体のにぎわいを今考えると、無常の日はハレの日でもあった。一人の死者に子どもたちまで花を持って寄りそうことによって、その日がハレの日になるという不思議さ。

　人々の話題はおのずから、在りし日の故人の思い出話でにぎわうわけだけれども、死者の家族だけでなくて、村の共同体すべてが故人の思い出を持っていた時代がここにあった。

▲石牟礼道子氏（1927－　）

　個々の人生はひとしなみではないが、その葬儀に参加することで、人々はやがて来るべき自分の死をも思いの中に入れて、つかの間なりと生死《しょうじ》の共同体を共にしていたと思われる。
　死者たちは生者たちに、おのが生命の終わりを餞《はなむけ》に残して逝くのである。葬儀はその絆を形にしたものだった。人生の絆というものが、このように結ばれていた実感が今、急速に失われている。現世だけの絆に、荒廃の陰りが見えてきたのは、死者たちとの思い出をなくしたからではなかろうか。

隣のお婆さんの思い出

　たとえばわたしの場合は、小学校二年のときに、水俣の町中から水俣川河口の荒神という渚に移った。移って間もなくの夜、高潮があり、寝ていたわたしは畳の上で波間に揺られていた。下駄も靴も、お仏壇もノートも鍋やかまども浮かんでいた。隣の家ではちょうどお婆さんが亡くなっていて、高潮が来る前はお通夜であった。

「仏様を流すなよ」とさけぶ声を聞いた。翌日、人々は喪服の裾をからげ、裸足の葬儀が行われた。棺はどこの家で作ったのだろう。

　このお婆さんから、わたしはウニや貝の取り方を教えてもらっていた。男ことばを使う無愛想な人で、「こら、カゴ持ってけえ」と叱るようにいって磯に連れてゆくのであった。

　村々が自分たちで葬儀を行わなくなり、葬儀屋さんにゆだねるようになって久しい。無常の使いももう、すっかり死語になってしまった。


（いしむれ・みちこ／詩人・作家）

原発事故六年、「復興は、人である」。次世代へ、絆と希望をつなぐ書！

福島は、あきらめない！

――復興現場からの声――

冠木雅夫

復興をあきらめない人々

本書は、二〇一三年四月から一六年九月までの三年半にわたり、『毎日新聞』紙上で月一回連載された対談・座談会「福島復興論」計三九回に、その後の動きなどの補足原稿をそれぞれ新たに加えてまとめたものである。

二〇一一年三月十一日に起こった東日本大震災にともなって起こった、福島第一原子力発電所事故。**未曾有の大災害となった原発事故と闘い続ける人々の、事故直後から現在に至る行動の軌跡や、考え方を紹介したい**と考えて始めた連載だった。

今、「福島」の実情は、あまり知られているとはいえない。あいかわらず〝放射能におびえて暮らしている〟という、当初の印象を残している人が多いのではないだろうか。時間がたつにつれ、福島の実情も変わっているし、このような内と外との情報格差、ギャップが悲劇を生むこともある。これは何とか埋めなければならない。

原発事故の初期のころ、事故や放射能の影響を過大視して、「もう福島には住めない」といった議論が起きたことがあった。しかし、**ここに登場するのは、「困難な課題でも、人々の努力によって乗り越えられる」と信じる人々である。**

だからそういう意味で、〝福島をあきらめない人々〟、〝復興を引っ張る人々〟の対話集であるともいえる。

ここに収録した一連の対談・座談を終えて強く感じたのは、「結局のところ、**復興は、人である**」という、一見単純にも見える結論だった。

福島の地で、地道に活動している人々の応援

本書の基本的なスタンスは「復興の応援」、「がんばっている人たちの支援」である。

対談・座談会に出席していただく人は、東京、あるいは福島から遠い地で大声を

▲津波被害の跡を残したままの富岡駅前。2015年5月

出す人ではなく、福島の地で、地道に活動している人々に参加をお願いした。このような方々の声を通じて、復興の経過や現状、特に〝地元の空気〟を全国に伝えたい、伝えるべきだ、と思ったからだ。

原発事故ということで、放射能の影響について語られることが多いが、どうしてもデータに基づかない極論が注目を集めがちだ。しかしそのような傾向に乗ることは大変危険なことなので、地道に事実を積み上げ、議論し、行動している人たちを紹介するようにした。

また、避難指示の出た地域を中心に、避難生活、避難指示の解除など、それぞれの段階での課題や、当事者としての思いを語っていただいた。

まず、自らが動く

もちろん、原子力政策、復興行政、避難者支援などなど、問題を数え上げればきりがない。私もその一員であるジャーナリズムは往々にして、批判者に焦点を当てて大きく紹介しがちである。

だが、ここに登場するのは、政府や行政の批判に行動の主眼をおく人ではない。まず、自らが動くことで周囲を動かし、それによって行政、あるいは政府さえ動かそうという人々である。

新聞やテレビの全国ニュースというよりは、地域ニュースに埋もれてしまいがちな人々の声を、全国に届けていきたいということで、この取材を進めてきた。

事故後の初期段階、放射能汚染という初めての事態に直面した地元の人々は、どのように対処してきたか。中央が頼りにならない段階にあって、どのような努力をしてきたのか。そのような先駆的な事例も複数紹介している。

農業県・福島

福島県は農業県である。原発事故によって住民が強制避難させられた地域以外でも、広い範囲で放射能の汚染が広がった。さあ、どうするか、という時に、国や県など行政に先立って動き出した人たちがいた。国や県に対して先手先手で対策を進めた事情は対談に詳しい。それが県によるコメ（玄米）一〇〇〇万袋の「全量全袋検査」につながった。現在、他の野菜、果物などの農作物でも、放射性物質はほとんど検出されておらず、例外は山で採れるキノコや山菜など特定品目に限られている。

農産物の安全性は確認されているとはいうものの、大きな問題が残っている。福島県産品の「買いたたき」である。例えばコメであれば、産地を表示してスーパーの棚に並べれば福島産米は消費者に避けられてしまう（かもしれない）という理由で、流通業者はその用途では買い控えてしまう。とはいえ、美味しくて安全なことが確認されているので、産地表示が不要な部門（外食産業など）に流れていく。そこでは震災前よりも安値での取引を余儀なくされてしまう。

若い人たちの力

原子力災害では、放射能被ばくの程度がどれほどだったか、その影響はどうか、ということについて、正確なデータに基づく議論が必要である。

放射能については、正しく恐れて、必要な対策を取り、かつ恐れすぎずに生活するという立場で、バランスのとれた見方をする人々を紹介するよう心がけた。

大災害という逆境はまた、そこに住む人、関わる人々を鍛えるという側面もある。特に、意欲・体力のある若い人たちがUターンなどの形で福島の地に飛び込み、復興を支えるというケースが目立つ。そのような若者たちの活動や声を全国に紹介しようとしたのも、本書の目的である。

＊構成・編集部

（かぶき・まさお／毎日新聞専門編集委員）

「フィアット城下町」からの脱却はなぜ成功したのか？

トリノの奇跡

――「縮小都市」の産業構造転換と再生――

矢作　弘

ポストフォーディズムの都市

報告書『都市の物語――実践家のための都市再生案内』（二〇〇九）は、ポスト工業化時代の、ヨーロッパ七都市（シェフィールド＝英国、ベルファスト＝英国、ブレーメン＝ドイツ、ビルバオ＝スペイン、サン・テティエンヌ＝フランス、トリノ＝イタリア、ライプチヒ＝ドイツ）の盛衰、そしてその再生について語っている。その際、以下の共通軸で七都市の二〇世紀都市史を括っている。

重厚長大型産業の成長に伴走して都市が拡張し、戦時景気に沸いた。しかし、二〇世紀後半になると産業構造の転換、及び産業立地のグローバル化に直面して衰退。そして世紀末を迎えたころから、産業活動と都市構造の両方でポストフォーディズムの新たな相貌を示すようになった。換言すれば、「フォーディズムからポストフォーディズムへ」「その変容が都市空間に端的に表出している七都市」ということになる。

トリノでは、一九世紀後半に、市域を南北に貫く鉄道が開発された。二〇世紀になると、フィアットのワン・カンパニー・タウン化が急進展し、鉄道の両側に自動車工場、その部品工場、製鉄所などが連棟するようになった。労働者向けに陳腐な集合住宅も建ち並び、街は灰色になった。市域は真っ二つに分断され、トリノは、プロトタイプの「フォーディズム型都市構造」になった。ルイス・マンフォードは、フォーディズム都市の風景序列を「工業都市は工場、鉄道、貧民街で構成され、他の都市機能はそれに従ってつくられる」「工場が都市有機体の中核になる」と描いている。トリノは、その描写をまるごと具現していた。

それぞれの都市を訪ね歩いた経験からの印象だが、フォーディズムが都市構造に典型的に具現化した後、ポスト工業化時代を迎え、可視的、建築的なポストフォーディズムの風景を創出する都市再開発で際立っているのは、七都市の中でも特にトリノである。

フィアットの盛衰とトリノ

トリノは、イタリア北西部に位置している。東西に走るスイスアルプスが曲がって南下するところに位置し、晴れた日には総延長三〇〇kmのアルプス連峰の雄姿を眺めることができる。旧市街を歩くと街角ごとに、連棟するバロック様式ビルの先に、冠雪したアルプス連峰を見ることができる。

▲トリノの市街地とアルプス

一八六一年にイタリア統一の最初の首都になった。しかし、三年後に首都はフィレンツェ、そしてローマに移転し、その時代にトリノは政治的失墜を経験した。その後、フィアットが自動車産業を創業し、その業容の拡大と伴走してイタリア最大の産業都市にのし上がった。戦前は、ムッソリーニ・ファシスト政権と癒着してフィアットは財閥の地歩を固めた。戦後も、マーシャルプラン需要を満喫して経営の多角化に邁進した。「フィアットのワン・カンパニー・タウン」になったトリノは、国内外から移民労働者を受け入れ、右肩上がりで都市規模を拡大してきた。トリノ、ミラノ、ジェノバを結ぶ地域は、イタリア経済を牽引するゴールデントライアングルになった。

しかし、二〇世紀後半になるとフィアットは往時の活力を維持できなくなった。ヨーロッパの市場統合の進展、グローバル競争の激化などがフィアットの経営には強い向かい風になった。生産の縮退、雇用削減、工場の閉鎖が常態化し、いよいよトリノは縮小都市になった。トリノの人口は一九七〇年代半ばには一二〇万人に達したが、その後は人口減少を続け、現在は九五万人（トリノ都市圏人口は四五〇万人）。イタリア第四の都市である。

“トリノの奇跡”とは？

トリノは二〇〇〇年以降、人口が増加に転じ、脱フィアット（ワン・カンパニー・タウン）色を鮮明にしながら経済社会の構造転換を促進し、「トリノの奇跡」と称賛されている。その構造政策は、（1）市政府が戦略プランを策定して大学や企業、NPOを先導し、（2）資金面では、EUの構造資金を活用したものである。戦略プランは、ステークホルダーの参加と協働を基本思想に据えている。トリノでは、**「都市政府が都市再生の水先案内役」「EUが資金面で推進力」**になり、他のステークホルダーと協働する都市社会システムが機能している。

　本研究では、「縮小都市」に関し下記の理論仮説に立脚し、現地調査を重ねた。

（a）縮小都市では、人口のみならず、資本投下も減少する（disinvestment）。

（b）人口の流入、民間・公共投資を復活することが政策課題になるが、一方で縮小を前提して都市の持続可能性を追求しなければならなくなる。

（c）こうした人口動態、経済環境の変化は構造的な危機を生み出し、縮小都市にハード・ソフトの「空き」を生み出している。

（d）この「空き」を都市再生の資源に転換・活用する都市社会システムは、それぞれの都市の歴史的・地理的・社会的な固有性を反映したものになる。

　都市縮小を調査研究するのに際し、縮小を否定的に捉えず、「受容」するところから出発することにした。**成長・開発優先時代の都市が作り出した「負の遺産」＝「空き」を、都市再生のために「有用な資源」と捉え直すところに、パラダイムの転換がある。**すなわち、都市縮小を、持続可能な都市の「かたち」に転換活用するチャンス（創造的縮退）と考える理論仮説に、本研究の特色がある。

　＊本書「はじめに」より。構成・編集部

（やはぎ・ひろし／都市政策）

"コラムの名手"が遺した、単行本未収録の貴重な作品を多数集成！

主役としての近代
――『竹山道雄セレクション』第Ⅳ巻 〔第三回配本〕――

平川祐弘

主役としての近代

形而上学的な問題癖のある竹山には、思想を論ずる際にも、時勢を論ずる際にも、それを包む運命論的とでもいえるような思考があり、アメリカ占領軍も日本ジャーナリズムも口を揃えて日本の封建的体質のみを糾弾するに急であった敗戦直後、問題はむしろ『主役としての近代』（本巻所収）にあるのではないか、というような反時代的指摘をあえてした。キーナン検事は極東国際軍事法廷は「文明の名において」東條大将以下の日本人被告を裁こうとするものだと主張した。そのとき「**近代文明」こそ最重要の被告ではないのですか**、といい、竹山は、法廷がとりあげることのない「近代文明」の宿命に鋭い分析を加えた。ただし牛村圭氏が本セレクション第Ⅰ巻に寄せた『竹山道雄にめぐり会えて』で『ハイド氏の裁判』（同巻所収）を論じて正確に分析しているが、竹山は全責任を「近代文明」に負わせ、全面的悪として断罪することはしなかった。文明は「持てる国」においてはジーキルの姿をとって現われるが、「持たざる国」においてはハイドの姿に転じやすい。その歴史的機微を考察したのである。竹山はまた『焼跡の審問官』（本巻所収）ではキリスト教の根本義にまつわる哲学的疑念を述べている。

竹山は一面ではそのような文明史的な考察も行なっていたが、他面ではパーソナルな追憶も『新女苑』などの女性雑誌に連載した。その種の随筆は抒情性と思弁性を帯びて鮮やかである。昭和初年、二十代の留学生時代の幸せなパリ郊外の思い出の日々を敗戦後の日本で思い返して『知られざるひとへの手紙』（本巻所収）を書く。夢のように美しい。もちろん投函を意図しての手紙ではない。だが夢は事実と交錯する。竹山は六年後にこのフランス人一家と再会して旧交を温めるからである。その様を報じる『竹山道雄の手紙の世界』（藤原書店近刊）の解説で、足立節子は『手帖』の冒頭の『陸に上って』をとりあげて、昭和初年のベルリンからの友人あての手紙にすでに見られた竹山のメタフィジカルな営みの特性にふれているが、敗戦後の鎌倉の『磯』を語る一文もまたその種の思弁によって深みのある随筆と化している。明治末年、京城と呼ばれたソウルで過ごした幼年期は、『思い出』『あしおと』『砧』に語られる(以上四篇、本巻所収)。

新聞コラムの名手

本巻には竹山のそのような心の軌跡を示す文章やものの考え方そのものを論ずる文章とともに、従来の著作集・単行本におおむね収録洩れとなっていたコラムの類も拾った。教養人竹山の反専制主義のコラムは、いま読んでも爽やかで不思議に今日的な意味をもつ。

戦後は左翼専制主義をその現場を訪ねた上で批判した『ソ連地区からの難民』本セレクション第Ⅱ巻、『台湾から見た中共』同第Ⅰ巻、『ソビエト見聞(抄)』同第Ⅱ巻)。それらが竹山の本道を行く論であるとするならば、竹山の「話の小銭」が新聞コラムとなったといえよう。竹山の「**話術のうまさにいたっては、文章がうまいなんぞという段ではない、ほとんど悪魔的である**」と本多秋五は『物語戦後文学史』で舌をまいているが、コラムの一つ一つも捨てがたい作品と化している。

昭和三十年代以後の竹山は論壇の雄となったが、それは日本文化フォーラム理事長として雑誌『自由』を刊行、その編集委員長として健筆をふるったからである。竹山は依頼されるままに夥しい数の文章をさまざまな新聞に寄せた。竹山は一九七四年一月、七十歳の年に評論集『乱世の中から』を出した際、自分の著述活動もそろそろ終わりに近づいたと感じたからであろうか、「あとがき」の末尾に、自分が単行本に未収録のままにした原稿について「その他いろいろとあるのだが、みな乱雑な書斎の中のどこかにまぎれこんでしまった。それを発掘するのもめんどうくさい。それから、新聞のコラムなどに書いたものもかなりあるのだが、切り抜いてはおかなかったし、みな棄てる」と書いた。しかしそれは見落としてはならぬ執筆活動の大切な一端である。

三点測量の人

昭和の初年にベルリンとともにパリにも長く留学した竹山は、三点測量の出来る人であった。一高教授時代にもドイツ人との交際が深く、反ナチスの人やユダヤ人とも交際があり、それだけにナチス・ドイツのユダヤ人排斥を中世スペインのユダヤ人排斥の再来として巨視的な目で把握したのである。しかも、竹山の周囲には中学以来の飛び級で進学した秀才たちがおり、彼らは複数の外国語を解していたから、ドイツ一辺倒になることはなかったので、そのようなエリートたちとの親密な交友があったからこそ、ゲッベルス批判もあえて書き得たのであろう。もっとも日本の独文学界はドイツの旗持ちが圧倒的で、その年の六月、ドイツ軍がパリに入城した日、「竹山君の顔が見たい」とわざわざ電話してきた者もいた。

▲竹山道雄（1903–84）

日本の知識人はそれぞれその得意とする語学系で分類できるが、ドイツ語を第一外国語とし、英仏もかなりよくした竹山道雄は、ゲーテなどの翻訳者としてその語学的教養面でも森鷗外と通じるが、『椋鳥通信』などの鷗外とも一脈通じる広義のジャーナリストでもあった。アンテナを広く張って興味深いニュースを要領よく伝えたからである。いろいろな意味で鷗外の系譜に連なる知識人といえるであろう。鷗外は、おそらく半ば自分のことを意識して、近代日本には東西両洋の文化を一本ずつの足で踏まえて立っている「二本足の学者」が求められると述べたが、竹山道雄は昭和の時代においてそのような理想にもっとも近い人だったのではあるまいか。

＊構成＝編集部／全文は第Ⅳ巻所収

（ひらかわ・すけひろ／東京大学名誉教授）

◉配本順を変更し、第Ⅳ巻を今月刊行します。

リレー連載　近代日本を作った100人　35

伊波普猷

――「日本」の枠を嵌めた「沖縄学」の創始者

伊佐眞一

日本を絶対視する思考

「琉球・沖縄」を「近代日本」にガッチリと精神的に組み込んだという意味で、伊波は特筆せらるべき大功労者といってよい。そのことを確認するには、まず次の歴史事実を踏まえておく必要がある。ひとつは、西暦一八七九年、当時の琉球では光緒五年と呼んだ年号だが、それまでの琉球が日本とは別個の、れっきとした国家だったという点。もうひとつは、明治国家による武力併合をうけて以後、沖縄の政治や土地の制度など、社会・経済の根幹をなす機構が一律に日本と同じに敷きならされていくのと併行して、琉球・沖縄人の自己認識、つまり自分がウチナーンチュなのかどうかが、大きくグラつき始めたことである。

日本国家、もしくは広くヤマトの側からみた場合、伊波の「貢献」は、沖縄人としての根を脆弱にし、亜流日本人としたことにある。漠然とした話では仕様がないので、わかりやすい例をあげるが、琉球国がいわゆる「琉球処分」で滅亡したとき、当時の琉球王府の為政者たちはむろんのこと、島嶼文化圏に住む沖縄民衆のなかには、ひとりとして自己を「日本人」と言う者はいなかった。それが、早くも明治二〇年代後半になると、われこそは日本人と称する沖縄人、あるいは自分が沖縄人なのか日本人なのかよくわからないという人間が出現した。日露戦争時に及んでは積極的に「皇国民」を誇る者までが登場する。上からの有無を言わさぬ公教育の普及・徹底と併せて、それに反比例するかのような「沖縄的なもの」の隠滅と忘却が進行する。そのなかで、沖縄の民衆がおずおずと「日本」を絶対視する思考を受容していく。それを在野で強力に牽引したのが伊波普猷なのである。

沖縄に関する学際的なフィールドを開拓した伊波の学問を「沖縄学」と呼んでいる。それは要約すれば、「日本のなかの沖縄」と「沖縄の独自性」を両輪にしていることになろうが、貶められた沖縄の歴史と文化の一応の復権は、世界における唯一無二のユニークさの発揚となって、沖縄の人びとに誇りと希望を与えたともいえよう。しかし、その個性はあくまでもヤマト文化とのつながりというか、ヤマトを根源とする存在とみなされる。

沖縄人の精神的自立を喪失させる

伊波は当初、言語の面から琉球と日本を姉妹の関係と規定したが、大正後期には親子の上下関係へと修正した。彼は学問による科学的な結果だとして、日本を母体にした琉球のありようを説いてやまなかった。たかだか半世紀にしかならない日本との同居が、いつしか「祖国」にまで変化したのは、教育者など沖縄知識人たちの働きがじつに大きい。そして一九七二年の「本土復帰」以後には、日本の国家予算で琉球国の象徴である首里城を復元しても、何ら危険性が生じないまでに去勢されたのが、今日までの琉球文化圏に住む沖縄人の意識でもある。

こうしてみると、日本国は沖縄人の精神的自立を喪失させた伊波の業績に対して、勲一等を授与してもおかしくはない。

しかし、近現代史における日本（ヤマト）の沖縄への断固たる姿勢と処遇は、日本を絶対視してきた思考——日本は大昔から同祖たる祖国であり、沖縄は日本のなかでしか生きていけないとする伊波の思想を浮き上がらせ、沖縄人による正面からの自己批判と学習を誘発している。というよりも、沖縄にとっての「近代日本」は、伊波のいう「奴隷解放」でなく、新たな鉄鎖ではないかとの問いさえも出されるまでになった。

結局はどれほどの地理的条件や天皇とは無縁の歴史・文化上の固有性があったにしても、日本への依存根性の精神基盤があるかぎり、彼らに真の自立はありえない。そのことがまさにこれまでの沖縄にいえるわけで、近代沖縄に巣喰うドレイ根性から抜け出るには、わが内なる伊波を踏み越えていくしかないのである。

（いさ・しんいち／沖縄近現代史家）

▲**伊波普猷**（1876-1947）。1876年、琉球国時代の那覇・西村に生まれる。沖縄人蔑視の日本人校長を排斥するストライキ事件で中学を退学処分となり、1900年に第三高等学校へ進学。のち東京帝国大学文科大学で言語学を学び、本格的な沖縄研究の道に入る。卒業後、沖縄で広範な民衆の啓蒙活動を行う。11年刊行の『古（こ）琉球』は、「沖縄学」の出発をしるした記念碑的著作。大正末、妻子を捨てて愛人と上京し、『おもろさうし』を中心とする研究生活に専念。45年4月上旬、米軍の沖縄上陸の報に接し、「皇国民としての自覚に立」つ琉球人の奮闘を促す檄文を『東京新聞』に寄稿した。47年に脳溢血で死去。

連載 今、世界は（第Ⅲ期）11

構造の自然と人工の規範

田中克彦

構造主義とは、ごらんの通り、自然科学主義の一変形である。もちろん言語も文化も自然ではないが、そこからできる限り、人間の「恣意」あるいは「意図」を排除した、必然の規則性を見出そうと努力した結果である。だから構造とは、文化における自然的秩序とも言いかえることができる。

構造主義者は、言語は構造（体系）をなしているという。であるならば、myselfと言っておきながら、なぜhisselfとは言わずにhimselfと言うのだろうか。あるいはまたfoot-feetという見本をもっていながら、なぜbook-beekとは言わないのだろうか。これら非体系的形は、通則からはずれてはいるが正しい形、つまり「規範」と呼ばざるを得ない。規範とは、ある特定の権威ある階層が体系を破り、超秩序へと押し切った形のことである。

構造主義を技術化・手順化した記述言語学（ここに言う記述とはあるべき姿ではなく、現にあるがままの姿を記述すること）は、構造が含む歴史的ななぜを問うことを排除した上で成立する。体系を「たてまえとして均斉のとれた、静的なもの」として設けたときに含まざるを得なかった矛盾は、「体系は人間によって絶え間なくつくられつつある」とすることでよりよく説明ができるし、体系と規範との関係はより明確になる（コセリウ『言語変化という問題』岩波文庫一七七頁）。

体系と規範との間に比較的矛盾のないのが、日本語をも含む、いわゆるウラル・アルタイ型の諸言語である。このような言語は、「変化しないままで変化する」（コセリウ）。

体系と規範との間の矛盾を決定的に排除するように計画されたのがエスペラント語である。エスペラントの運動には歴史があるが、エスペラント語じたいに歴史が加われば、矛盾はたちまちにして賦活し、この言語を破壊してしまうであろう。ここから、歴史とは、自然の原理に反して、人間が主体となって興す独特の活動であるということになる。

（たなか・かつひこ／言語学）

Le Monde

■連載・『ル・モンド』から世界を読む［第Ⅱ期］ 6

オランド大統領のケース

加藤晴久

一九九六年一月一一日、パリのノートル=ダム寺院で、世界六五カ国の国家元首・首相が参列して、ミッテラン大統領の国葬が営まれた。最前列のダニエル夫人と二人の息子の傍らに、一月号で紹介したアンヌ・パンジョとその娘マザリーヌの姿があった！「正妻」と「妾」が厳粛な国事の場で肩を並べていた！『ル・モンド』はダニエル夫人の「高潔な包容力」を称えた（一九九六・一・一三付）。

フランソワ・オランド（一九五四生）は第五共和政でミッテランに次ぐ二人目の社会党大統領。高級官僚養成の超エリート校、国立行政学院の同期生セゴレーヌ・ロワイヤル（一九五三年生）と七八年から同棲。九二年までに、三男一女をもうけた。ご両人、おしどり政治家として活動した。

ところが、自分は社会党第一書記（＝党首）、彼女は二〇〇七年の大統領選立候補をめざしていた〇五年四月、オランドは『パリ・マッチ』誌の政治記者ヴァレリー・トリエルヴェレール（一九六五年生）と不倫関係になり、結局、一〇年一〇月、ロワイヤルとの「絶縁」（「離婚」）を公表した。

二〇〇七年の大統領選、ロワイヤルはサルコジに破れたが、一二年、オランドは再選を目指したサルコジに勝利した。愛人のトリエルヴェレールは「ファースト・レディ」ならぬ「ファースト・ガールフレンド」になった！

ヴァレリーは、得意満面。人道的活動など大統領「夫人」の任務に励んでいたが、一四年一月一〇日、ゴシップ週刊誌が大統領のあらたな不倫を暴いた。皮ジャンとヘルメットで変装しスクーターに乗って官邸を抜け出し、美人女優ジュリー・ガイエ（一九八二年生）のもとに通っていた！　気の毒に、トリエルヴェレールは大統領官邸を去らざるをえなかった。

一六年一二月一日、オランドは再選断念を表明した。女性問題ゆえではない。失業の解消など公約を果たせず、世論の支持を失ったからだ。ガイエ問題についての世論調査では、国民の七七%が、私生活上のこと、政治に関係ない、と答えた！（一四・一一・八付）

（かとう・はるひさ／東京大学名誉教授）

■連載・花満径 11

ノット・ペリッシュ

中西 進

心身の疲労を訴えながらも遠い南太平洋の島々での戦死者への慰霊、また日本国内での災害地への慰問に出かけられる陛下のお立場が、平和憲法の定めに従うものだとは、国民のみんなが理解するところである。

が、周知のこのことを、もう一歩進めて理解すると、重大な事柄に気づく。

この連載第一〇回でものべたとおり、もはや常識であるほどに、天皇像の理想はリンカーンのゲティスバーグの演説にあるが、ゲティスバーグで彼は戦死者に向かって、新しく平等な国家が誕生した暁には、諸君の戦死が、けして「残酷な死」(perish)にはならないだろうと語りかけた。

天皇陛下が、御自分の立場が新平和国家樹立のための憲法に規制されており、その理想像がリンカーンにあるのだと憲法を理解された時、リンカーンが胸にしたこの抱負、責任、理想を、ゲティスバーグ演説から、読み取られなかったはずはない。

ちなみに**perish**とは「不慮の事故、災害、戦争などで死ぬ」非業の死のことを意味する。とくに戦争による死に使われることが多い。

とにかくいま、リンカーンは戦没兵士の墓地を建設しようとしているのだから、**perish**はごく自然な表現でもあろう。

しかし、若者が無惨に殺し合いを強いられて苦しんで死んでいったといって、すまされるものではない。

その死を平等な社会の実現のために求められた、有益な死だと告知することは、大統領にとって必ず果されるべき責務だった。

このことを逆にいえば、リンカーンが自由平等な社会を実現できなければ、兵士たちを残酷に死なせたことになる。

天皇のお立場としてもリンカーン同様に、民主的平和国家を実現しなければ彼らを残酷に死なせたままになるのである。

災害による不慮の死もひとしい。陛下は戦場や災害地で死者に向かって、**“Shall not perish”**と呟かれつづけておられるはずだ。

これを誰もお止めすることはできない。

（なかにし・すすむ／国文学者）

〈連載〉生きているを見つめ、生きるを考える ㉓

オートファジーは細胞のリサイクル機能

中村桂子

ノーベル賞の受賞で「オートファジー」という言葉が急速に広まったが、その理解には細胞のはたらき全体の中での位置づけが必要である。

基本の基本から行こう。ほぼ一〇ミクロンの小さな細胞の中は膜で区切られ、はたらきの異なる区画に分けられている。小器官（オルガネラ）と呼び、有名なのはエネルギー生産に関わるミトコンドリアだろう（植物には葉緑体もある）。それ以外に、小胞体、ゴルジ体、ペルオキシソーム、リソソーム、エンドソームなどがそれぞれ特有のはたらきをしている。オートファジーにはリソソームが関わる。

細胞のはたらきとしては当然タンパク質の合成に眼が向くが、使い終わったタンパク質の分解も不可欠である。われわれの日常生活でも生産優先で廃棄物処理は二の次にされてきたが、研究でも同じだった。その中でまず解明されたのが、ユビキチン・プロテアソーム系である。ユビキチンという小型タンパク質で標識されたタンパク質だけをプロテアソーム（円筒構造体）が分解する巧妙な仕組みである。つくり損ないのタンパク質の処理にも活躍する。

次いで登場したのがオートファジー（自食作用）である。こちらはタンパク質だけでなくミトコンドリアなども分解する細胞全体の清掃係の役割をする。まず、細胞内の一ミクロンほどの領域が膜で囲まれ、これをオートファゴソームと呼ぶ。この膜にリソソームの膜が融合し、オートリソソームになって内容物が分解されるのである。

近年、オートファジーが単なる分解以上の役割をもつことがわかってきた。この能力をもたない系統のマウスは、正常に生まれはするが育たないのである。胎盤から栄養を供給されていた胎児は、出生と共に飢餓にさらされる。この時、オートファジーを活性化しタンパク質からアミノ酸をつくる必要があり、それができなければ栄養不足を免れない。単なる廃棄物処理ではなく、リサイクルで持続可能性を維持しているのであり、人間社会への教えである。

（なかむら・けいこ／JT生命誌研究館館長）

連載　力ある存在としての女性11

誰かの理想にはならなくても

メアリー・ビーアド『歴史における力としての女性』を読む

三砂ちづる

『歴史における力としての女性』について、メアリー自身が語っている。「この本は、誰かの理想にはならない。おそらく全く注意をひかないかもしれない。フェミニズムへの裏切りとして攻撃されるかもしれない。この本は、〝女〟という課題を私がどのように理解しているかを示すものである。それが状況をより良い方に向かわせるか、より良くない方か、あるいは何も変えないとしても。」

誰かの理想になる、とは現状を改革すべきもの、と位置づけ人間の成長欲求とでも呼べる変化への希求を喚起することである。時代を問わず「抑圧からの解放」は常に理想であり得る。メアリーはそれを退けようとしてこの本を書いた、という。メアリーがこの本でやろうとしたことを彼女の言葉であらためて振り返る。

この本はまず歴史を通じて女性は抑圧された性であった、という〝伝統〟についての研究である。この〝伝統〟は百年以上にわたって男性と女性の関係性について考える上で、実に大きな影響力を及ぼしてきたからである。

次に、この〝抑圧〟についてどのように考えるのか、歴史的事実を引用しながら検証を試みている。法律、宗教、経済、学問、軍事、政治、倫理、哲学などさまざまな方面からのアプローチを試みた。そのプロセスにおいて、アメリカのフェミニストたちがイギリスのウィリアム・ブラックストーンがあらわしたイギリスのつまりは慣習法に関する著作を「女性が男性に従属してきた」といわば誤読したことを重要視した。一八四八年以降、百年以上にわたって「〝平等〟をなしとげなければ女性が〝抑圧〟から逃れることはできない」という考え方が広がってきたことに、疑問を投げかけた。

本の最後では、いったいどのような研究や著作や教育が「人間のありよう」を理解するために必要なのか、という興味について記したという。ギリシャやローマの歴史にまで遡り丹念に女性についての禁欲的とも言えるほどの記述を続ける。驚くべき作業であるが、彼女の「意図」は見えているようでまだ見えない。もう一歩、彼女の魂に近づきたいのだが。

（みさご・ちづる／津田塾大学教授）

連載　女性雑誌を読む　106

『番紅花《サフラン》』4

尾形明子

一九一四（大正三）年五月号、一巻三号から『番紅花』の表紙がガラッと変わる。目次説明に「人魚のよろこびと花をまつ蒲《たん》（公《ぽ》）英《ぽ》の葉」とある。朱色で番紅花の文字、小さな壺も描かれていて黒、赤、緑が躍る。扉絵は「歌ひかつ昇りゆく雲雀と咲かぬタンポポ」。裏絵「女の顔」を含めてすべて富本憲吉の自画自彫である。「編集室にて」によると、三色だけの版木が間に合わず、印刷所の都合に合わせて尾竹一枝（紅吉）が仕上げたようだ。

　なんと魅力的な表紙絵であり、裏絵なのだろう。編集後記を通して一枝の興奮も伝わる。美術学校図案科在学中の一九〇八年にイギリスに私費留学していた富本憲吉（一八八六―一九六三）は、ウィリアム・モリスの工芸思想にひかれ室内装飾を学んで一九一一年に帰国。バーナード・リーチとともに六世乾山に師事して陶芸の世界に入ったのち、故郷の奈良県生駒郡安堵村に窯を持ち製作していた。当時二十八歳。

　六月号の「編集室より」には、一枝が続けて二回、憲吉を訪ねた時の様子が記されている。焼きあげられたばかりの陶器が並んだ書院での若い二人の芸術家の胸の鼓動までが伝わる。一枝は二十一歳。神近市子が「尾竹さんは頻《しきり》に奈良に行きたがって居る」と書いている。

　いきいきと躍動する表紙に包まれて、内容も充実している。五月号では、人気絶頂の田村俊子が短編小説「若葉に渡る風」を載せる。義兄と妹とのかすかな心のふれあいを春愁に包んで描いた佳作。

　しかしながら尾竹ふくみ「なげき」、小林哥津「苦労」の短編もあわせて、描かれる女主人公は、家や世間、感情をただ漂い、その生のはかなさを嘆くだけである。「新しい女」からは遠い。「新しい女」たちは、作品に一般化するにはまだほんの一握りの女性であったのかもしれない。青山菊栄訳「中性論」（カーペンター）が抄訳だが興味深い。目次にO・P・Qと署名された「海外通信」には、ダ・ヴィンチの盗まれた『モナ・リザ』発見が詳しく記されている。編集後記から、神近市子が編集の中心にいたことがうかがえる。

（おがた・あきこ／近代日本文学研究家）

一月新刊

ブルデュー唯一の「ジェンダー」論

男性支配

P・ブルデュー
坂本さやか・坂本浩也訳

全世界に最も影響を与えた社会学者であり思想家ブルデューによる、唯一の〝ジェンダー〟論。アルジェリア・カビリア伝統社会と、V・ウルフ『灯台へ』という二つの事例の精緻な分析を通して、男性優位の社会秩序がなぜ〝自然〟なものとされてきたのかを解き明かす。欧米で大論争を招いた問題作の完全訳！

四六上製　二四〇頁　二八〇〇円

韓国の国民的作家による長篇代表作

関釜連絡船（上・下）

李炳注《イビョンジュ》　橋本智保訳

植民地支配と学徒兵としての従軍、戦後のイデオロギー対立、そして朝鮮戦争……国家分断に至る苦難の過程を経験した韓国の国民的作家が、同時代を生きた当事者の視点で、朝鮮半島の歴史的経験を「世界文学」として描いた傑作長編、遂に邦訳。植民地とは、民族とは、国家とは？　歴史への断罪を超えた、普遍的な問いかけ。

四六上製　各三八四頁　各三二〇〇円

かつて小説を読む女性は堕落しているとされていた

読書する女たち

十八世紀フランス文学から
宇野木めぐみ

識字率が上昇した十八世紀フランスでは、「女性が読書する」習慣も根づきつつあった。しかし「女性の読書」は感情的・官能的な夢想を恣にする「小説」の読書として、好ましからざるイメージが大きかった。『新エロイーズ』『マノン・レスコー』『危険な関係』…などから、「女子教育」の黎明期の「女性読者」を軸に、十八世紀フランス文学の世界を描きだす。

四六上製　三二〇頁　二八〇〇円

国際的な執筆陣で呈示する

日本発の「世界」思想

哲学／公共／外交
東郷和彦・森哲郎・中谷真憲＝編

中国の巨大な影が兆し、米国の影が薄れ、日米同盟への盲目的依存では立ちゆかない今、「日本という場所」から発信し、世界に問えるものはあるのか⁉

秋富克哉／ロルフ・エルバーフェルト／氣多雅子／ブレット・デービス／福井一光／川合全弘／小倉紀蔵／金泰昌／岑智偉／焦従勉／植村和秀／中西寛／滝田豪／王敏／ロー・ダニエル／高原秀介／北澤義之

A5上製　三八四頁　四八〇〇円

読者の声

岡田英弘著作集Ⅷ
世界的ユーラシア研究の六十年■

▼岡田教授の中国史関係の論文は、拝読させていただいていたが、今回の著作集として体系的にまとめられたものが出版されたことは、大変貴重なものであり、後続して学ぶ者にとってもありがたい。出版社様にも感謝を申し上げたい。

（長崎　文筆業　**弓削典久**　61歳）

▼最終刊は、学会の発表等で、素人の私には手におえなかったですが、岡田先生が他の学者の先生に尊敬されていることは、判りました。私は歴史に少し興味がある一般人ですが先生の著作を通して、歴史観が一変しました。お弟子の先生を通してでも、これからEUがどうなるか等を教えて頂けたらと思います。

（兵庫　公務員　**岡本哲弥**　57歳）

▼かねてから同氏のご健康を案じていましたが、「あとがき」を読み、まだご健在であることに安心致しました。川勝平太氏お誉めのとおり、日本歴史学界最高の学者として心から尊敬を申し上げていました。

　いつまでもご健勝で、日本の歴史学、日本国のためにご活躍されることを心から願って止みません。氏の著作は勿論、ご愛妻の宮脇淳子氏の著作は数多く読まさせていただいております。

（北海道　弁護士　**本田勇**　77歳）

▼本当に前代未聞の学会報告集の大著。とてもすぐ全文完読には至りませんが、感銘を受けております。山の上ホテルの祝賀会には体調不良で受付迄うかがいながら帰り、とても残念でございます。

（東京　**浜田麻記子**）

自分を信じて■

▼イスキアの初女さんはあこがれの方でした。〝犠牲の伴わない奉仕には意味がない　奉仕のない人生には意味がない〟ヴァレー師のことばを心に深くとめて生きて行かれた初女さんと朴さんに感動致しました。

　〝在日〟と云う悲しい呼び方に胸が痛みます（わが町、トクヤマもそうした問題をかかえています）。私の父は常々、山口県は古代から渡来民で成り立っている県民なので、天に向かってツバを吐き……差別するのは、オカシイと言い、育てられました。

　〝自分を信じて〟のタイトルいいですネ。故初女さん、朴さん、お会いしてみたい方ですネ。ほんとにすばらしい本です。

（山口　**三宅阿子**　75歳）

▼～佐藤初女　いのちの言葉～

　ありがとうございました。こころを受けとらせていただきました。

　先日こじんまりとした一室で、一時間、客は私一人、演奏者一人、ヴァイオリンの演奏をききました。
いちょうとかえでのヴァイオリン
白い馬の毛のゆみ。

（奈良　主婦　**田中乗子**　67歳）

▼ご高著、じっくりと読ませて頂きました。佐藤初女さんと朴さんの共著のような気もするあったかで深みのあるご本、いつかNHKの深夜便でこの方とおむすびのことを紹介したことがあり、〈森のイスキア〉って一体どんなところだろうと思っていましたが、御本を読んでその答えを頂いたような気がしました。年齢も民族もちがう女性が食を通し、大地を通し、心を通わし、〈生きるってこういうこと〉とやさしいコトバで教えてくれている嬉しさ！　カムサハムニダ！

（東京　**石川逸子**）

心に刺青をするように■

▼吉増剛造の絶え間ざる未開の詩作にうちこんだ探査の足跡が語られている。日々の作品そのものが、時には詩そのものであり、毎月掲載され

た写真とともに心うつものが多かった。朝から読みはじめ夜に一気に読破した。感動の読書であった。著者の今後の更なる躍進を期待するものである。

（千葉　添野博　81歳）

古代史研究七十年の背景■

▼亡くなる前に記されたと、それもそんなに遠くない時期、体力の低下を文章が良く示している。痛た痛たしく感じられます。上田先生の全集の発行をぜひ……。

（神奈川　古要祐慶　79歳）

▼非常におもしろく読んだ。上田先生の最後の書き下ろしということで予約してすぐ購入。期待を裏切らず満足。

（神奈川　会社員　金森泰憲　58歳）

▼故・上田正昭さんの学問の軌跡がよく分りました。とくに「部落差別」事件に対する真剣な姿勢がその後の上田さんの歴史観を形成したことがよく分りました。政治の諸問題にも「学問」的に関わってこられたのですネ。「真実」です。他の著作も読んでみます。

（北海道　白川ただし　74歳）

▼以前からのファンの先生の一人で、講演会で質問もさせて戴きました。

（大阪　木下茂男　80歳）

「大正」を読み直す■

▼田中伸尚氏より紹介あり読ませて頂いた。神崎清著『革命伝説』、大逆事件の名著とされるこの書の「事実」認定への厳しい視線から、危険な側面を鋭く指摘されている。国家権力を批判しつつ、同じ「事実」認定という誤りのもつ要素を取り上げ、はっとする想いに目を醒まされた。

（京都　奥村正男　72歳）

大清帝国隆盛期の実像■

▼非常に読み易い。

（千葉　土木施工監理　高崎融一　75歳）

レンズとマイク■

▼永さんと大石さんの写真本は、私の学生時代に見ています。たしか、永さんの旅の本でした。大石芳野さんの写真家としての戦争、士、人との戦いの中での一枚一枚が、やさしさの中にこわさと問いかけがあるものです。お二人の長い歴史をこの本『レンズとマイク』で改めて知りました。

（千葉　団体職員　田島俊彦　62歳）

▼大石芳野さんに、沖縄大浦湾の辺野古へ、レンズむけて撮ってほしいと思います。

（鳥取　庄司丈太郎　70歳）

▼熱心な読者でも何でもないが、永六輔氏が亡くなり一寸ふれてみたく購入した。たぶん、永遠に残るだろう「上を向いて歩こう」の、あの出だしのマリンバの音は大へんここちよく、ある意味刺激的で限りなく私は好きだ。たしかに当書中にもでてくるが、その歌詞は決して歌詩でなく誰でもが、いつでも、ふと、つぶやけるごとき、ごくごく平俗でなく平易な親しみやすさを与えてくれる。それは大橋巨泉とも通底する真の民の立場にたつ、あるいはたとうとした生きざまの一つのモデルを示したものかも、と、つくづく思っている。

（香川　西東一夫　80歳）

これからの琉球はどうあるべきか■

▼昨年（二〇一五）の夏、辺野古新基地建設反対の国会前集会に参加。久々に「沖縄を返せ」を歌った時、沖縄復帰前の「北緯二十七度線海上集会」に参加した時の様子が浮かんだ。そして、その時歌った「沖縄を返せ」が「島唄」となるまで沖縄の厳しい問題が解消されていない現実を目の当たりにした。かつての国境（二十七度線）は、地図上では無くなっているが、われわれの心の中、眼に見えない二十七度線が日々作られているのではないか――という思いも強い。

この本を読んで、「琉球の八賢人」の思いのたけを襟を正しながらじっくりと聴かせてもらった気分。そして、今歌われなければならない歌は、「沖縄を返せ」ではなく「琉球に返せ」だと思った。

『機』の二〇一六年四月号から始まった中西先生の連載と、近刊の『サマルカンドへ――ロング・マルシュ長く歩くII』が楽しみです。

（千葉　**園田昭夫**　73歳）

※みなさまのご感想・お便りをお待ちしています。お気軽に小社「読者の声」係まで、お送り下さい。掲載の方には粗品を進呈いたします。

書評日誌（一二・一〇〜一・八）

(書) 書評　(紹) 紹介　(記) 関連記事
(TV) テレビ　(イ) インタビュー

一二・一〇　(記)読売新聞「竹山道雄セレクションI　昭和の精神史」（「五郎ワールド」／「帝室は政治社外のもの」／橋本五郎）

一二・一一　(紹)毎日新聞「「フランスかぶれ」の誕生」（「二〇一六　この三冊㊤」／池内紀）
(紹)毎日新聞「家族システムの起源I　ユーラシア」（「二〇一六　この三冊㊤」／鹿島茂）

一二・一三　(記)中日新聞「山姥」（「中日春秋」）

一二・一五　(記)週刊新潮「プーチン　人間的考察」（「連載コラム『日本ルネッサンス』」／「日露関係を左右するプーチンの人柄」／櫻井よしこ）

一二・一七　(紹)福島民報「出雲を原郷とする人たち」
(記)日本経済新聞「プーチン　内政的考察」（「春秋」）

一二・一七〜　(紹)共同配信「海霊の宮／花の億土へ」（「石牟礼さんの映画を上映へ」／「インタビューで構成」）

一二・一八　(書)山陰中央新報「出雲を原郷とする人たち」（「全国に残る証し訪ねて」／平野芳英）
(紹)信濃毎日新聞「地域に根ざす民衆文化の創造」（「ふるさと　長野の本」）

一二・一九　(記)毎日新聞「プーチン　内政的考察」（「風知草」／「探り合い」／山田孝男）

一二・二二　(記)朝日新聞「商人たちの共和国」（「天声人語」）

一二・二三　(紹)女性情報「幕末の女医、松岡小鶴」（「from editor」）

一二・二四　(紹)図書新聞「ドストエフスキーとキリスト教」（「16年下半期　読者アンケート」／小森健太朗）
(紹)図書新聞「幕末の女医、松岡小鶴」（「16年下半期　読者アンケート」／鶴見太郎）

一二・二五　(紹)東京新聞・中日新聞「家族システムの起源I　ユーラシア」（小浜逸郎）
(紹)東京新聞・中日新聞「作られた不平等」（服部茂幸）
(紹)朝日新聞「家族システムの起源I　ユーラシア」（柄谷行人）
(紹)読売新聞「竹山道雄セレクションI　昭和の精神史」（橋本五郎）

一二・二六　(紹)朝日新聞（夕刊）「海霊の宮／花の億土へ」（「映像詩で迫る『石牟礼文学』」／野波健祐）
(紹)幽顕「出雲を原郷とする人たち」

一・一　(書)明治大学広報「地域に根ざす民衆文化の創造」（山泉進）
(書)日本薬剤師会雑誌「米軍医が見た占領下京都の六〇〇日」（渡邊大記）

一・八　(紹)朝日新聞「男らしさの歴史I　男らしさの創出」
(紹)山梨日日新聞「漢詩放談」
(書)信濃毎日新聞「自己分析」（「書評委員10人が選んだ新年の一冊」／北田暁大）
(書)クリスチャン新聞「ドストエフスキーとキリスト教」（「聖なるキリスト者から犯罪者まで　ドストエフスキー世界の実存克明に」／荻野倫夫）

三月新刊予定

＊タイトルは仮題

「生物物理」第一人者のエッセンス！

〝生きものらしさ〟をもとめて

大沢文夫

単細胞生物ゾウリムシの運動を観察すると、外からの刺激なしで方向転換しており、〝ゆらぎ〟を内部にもつ生き物のあり方が見えてくる。これは外部の〝仲間〟との関係でも変化し、「仲間がいるから自発性が大きい」としか表現できないように見える。ゾウリムシからヒトまで、〝自発性〟のあり方に段階はあっても、断絶はない。〝心〟もまた同じである。

存在者であること、平和であること

存在者 金子兜太

黒田杏子 編著

題字＝金子兜太

〈CD付〉句集『少年』より 作曲・伊東乾

二〇一五年度朝日賞を受賞し、激戦地トラック島にあって、ありありと〝存在者〟であった戦友たちを語った俳句界の最長老、金子兜太。もうすぐ白寿を目前にして、権力に決して侵されない生（＝平和）を守るために今なお精力的に活動を続ける。超長寿・現役俳句人生の秘訣とは何か、を俳人黒田杏子の手で明らかにする。

©Kuroda Katsuo

名著、待望の増補復刊！

文化的再生産の社会学〈増補新版〉

ブルデュー理論からの展開

宮島　喬

格差はいかに形成され、正当化され、再生産されるのか？　難解といわれるブルデュー理論を、その根本的視座〈文化的再生産論〉を軸に初めて包括的に整理し、いち早く日本社会に適用・展開、その領域拡大にも大きく寄与した名著に、エスニシティ、子どもの貧困と再生産など新たなテーマを大幅に増補した待望の復刊！

決闘で誇示されていた十九世紀の「男らしさ」

男らしさの歴史

Ⅱ 男らしさの勝利——19世紀

A・コルバン編　小倉孝誠監訳

古代ギリシアから現代までを対象に、「男らしさ」の価値と規範がどのように形成され、どのように変貌してきたかを跡づけるシリーズの第Ⅱ巻。革命後の転換期、民主化と産業革命の時代に「男らしさ」がどのように涵養され、教え込まれてきたか、またいかなる機会と空間において発揮されることが期待され、そして社会集団によってどのように差異化されていたかを論じる。

2月の新刊

タイトルは仮題、定価は予価。

無常の使い ＊
石牟礼道子
B6変上製 二五六頁 一八〇〇円

トリノの奇跡 ＊
「縮小都市」の産業構造転換と再生
脱工業化都市研究会＝編著
A5上製 二七二頁 三三〇〇円 カラー口絵八頁

竹山道雄セレクション（全4巻）
Ⅳ 主役としての近代 ＊〔第3回配本〕
平川祐弘編
解説＝平川祐弘 寄稿＝大石和欣
四六上製 六一六頁 五八〇〇円 口絵二頁

『医心方』事始 ＊
日本最古の医学全書
槇 佐知子
A5上製 予二六八頁 三六〇〇円

福島は、あきらめない！ ＊
復興現場からの81人の声
冠木雅夫編
四六判 予二八四頁 三二〇〇円

3月以降の予定

"生きものらしさ"をもとめて ＊
大沢文夫

好評既刊書

存在者 金子兜太 ＊
黒田杏子編著 題字＝金子兜太

文化的再生産の社会学〈増補新版〉 ＊
宮島 喬

男らしさの歴史（全3巻）
A・コルバン＋J-J・クルティーヌ＋G・ヴィガレロ監修
19世紀
Ⅱ 男らしさの勝利 ＊
A・コルバン編 小倉孝誠監訳 カラー口絵

春の城
石牟礼道子

男性支配 ＊
P・ブルデュー 坂本さやか・坂本浩也訳
四六上製 二四〇頁 二八〇〇円

読書する女たち ＊
十八世紀フランス文学から
宇野木めぐみ
四六上製 三二〇頁 二八〇〇円

関釜連絡船（上・下） ＊
李炳注 橋本智保訳
四六上製 各三八四頁 各三二〇〇円

日本発の「世界」思想 ＊
哲学／公共／外交
東郷和彦・森哲郎・中谷真憲＝編
A5上製 三八四頁 四八〇〇円

「じゃなかしゃば」 新しい水俣
吉井正澄
四六上製 三六〇頁 三二〇〇円

東京を愛したスパイたち 1907-1985
A・クラーノフ 村野克明訳
四六上製 四三二頁 三六〇〇円

エジプト人モーセ
ある記憶痕跡の解読
J・アスマン 安川晴基訳
A5上製 四三二頁 六四〇〇円

竹山道雄セレクション（全4巻）
Ⅱ 西洋一神教の世界 〔第2回配本〕
平川祐弘編
解説＝佐瀬昌盛 寄稿＝苅部直
四六上製 五九二頁 四八〇〇円 口絵二頁

モンゴルから世界史を問い直す
岡田英弘編
四六上製 三七六頁 三二〇〇円

男らしさの歴史（全3巻）
A・コルバン＋J-J・クルティーヌ＋G・ヴィガレロ監修
Ⅰ 男らしさの創出
古代から啓蒙時代まで
G・ヴィガレロ編 鷲見洋一監訳
A5上製 七九二頁 八八〇〇円 カラー口絵48頁

世界はなぜ過激化《ラディカリザシオン》するのか？
歴史・現在・未来
F・コスロカヴァール 池村俊郎・山田寛訳
四六上製 二七二頁 二八〇〇円

＊の商品は今号に紹介記事を掲載しております。併せてご覧戴ければ幸いです。

書店様へ

▼2／5(日)『朝日』で**岡本雅享『出雲を原郷とする人たち』**が原武史さんに「柳田國男をはじめとする民俗学者も、本書で記されたような神道と民俗学の接点に当たる問題を正面から論じようとはしなかった。出雲出身の著者の執念が、初めてこの空白に大きな光を当てたのである」と絶賛大書評！ 同日『東京・中日』での佐藤洋二郎さん絶賛大書評も相まって大反響！ 歴史だけでなくノンフィクションや一般読みもの棚でもさらに大きくご展開を！

▼2／5(日)『毎日』「今週の本棚」欄では**アレクサンドル・クラーノフ『東京を愛したスパイたち』**が「もしや今も、と思わぬでもない逸話が満載で、しばしスパイ映画を生きている気分に浸れる」と絶賛書評！ 『週刊ポスト』2／17号「この人に訊け！」欄でも川本三郎さんに「読み始めたらこれが面白い」と絶賛紹介！ こちらもまだまだパブリシティ続きます。歴史はもちろん、ノンフィクションや政治（軍事・スパイ）などの棚でも大きくご展開ください！「スパイ」フェアぜひ！ **（営業部）**

石牟礼道子卒寿記念フェスティバル

石牟礼道子の宇宙《コスモス》

映画／詩劇／シンポジウムの集い

3・11は、石牟礼道子さんの誕生日である。六年前の東日本大震災と、未来への祈りをこめて。

I部　映画「花の億土へ」
監督＝金大偉

II部　詩劇「石牟礼道子の宇宙《コスモス》」
◎朗読『苦海浄土』より「神々の村」
朗読＝伊東恵都子　音楽＝金大偉
◎浄瑠璃《じょろり》「不知火」座公演
構成・演出＝笠井賢一
・詩「花を奉る」　朗読＝金子あい
・新作能「不知火」より
謡＝櫻間金記　笛＝設楽瞬山
・浄瑠璃芝居「六道御前」　金子あい
三味線＝佐藤岳晶　尺八＝設楽瞬山

III部　シンポジウム
『苦海浄土』から『春の城』へ
赤坂真理／いとうせいこう／町田康　司会＝**赤坂憲雄**（敬称略）

【日時】3月11日(土)　14時開演（13時半開場）
【場所】後藤新平・新渡戸稲造記念講堂
（拓殖大学／丸ノ内線「茗荷谷」徒歩3分）
【会費】三〇〇〇円（全席自由）
【定員】三五〇名（先着順）
＊お問合せ・お申込は藤原書店まで

『「じゃなかしゃば」新しい水俣』出版記念会

元水俣市長・吉井正澄さんによる「もやい直し」と水俣再生への軌跡。
【日時】4月1日(土)
【場所】水俣「あらせ」会館
＊お問合せ・お申込は藤原書店まで

多田富雄コレクション発刊記念会

珠玉の精選集が四月発刊。
（内容見本は二月末出来）
【日時】4月21日(金)
【場所】浜離宮朝日ホール
（東京都中央区築地）
＊お問合せ・お申込は藤原書店まで

＊三月発刊予定の金時鐘コレクション（全一二巻）は五月発刊になりました。内容見本は三月中に出来る予定です。
＊リレー連載「沖縄からの声」は、大田昌秀氏のご体調により今月は休載いたします。

●〈藤原書店ブッククラブ〉ご案内●

▼会員特典は、①本誌『機』を発行の都度ご送付／②（小社への直接注文に限り）小社商品購入時に10%のポイント還元／③送料のサービス。その他小社催しへのご優待等。詳細は小社営業部まで問い合せ下さい。
▼年会費二〇〇〇円。ご希望の方はその旨お書添えの上、左記口座までご送金下さい。
振替・00160-4-17013　藤原書店

出版随想

▼早や二月に入った。この齢になるとなんせ一年が過ぎるのがとにかく速い。入ったと思うとああもう暮れかというこの頃である。今年も色々な人との別れがあると思うと辛い。しかし又、出会う人も居るのが救いである。一昨日新聞を開くと、三浦朱門氏死去の報に接した。享年九一。氏とは、七、八年前に「山崎陽子の世界」でお会いして以来、何回かおめにかかった。聡明で矍鑠としたお姿。一年余前、とある席でお会いした時、ご体調がすぐれないようで心配していた。合掌。

▼昨夏のことだ。日本子守唄協会主催の「アイヌの方たちの子守唄」という会に出席した。その時、〝最後の語り部〟宇梶静江さんと出会った。ご子息は俳優の剛士さん。『環』誌でも、何回か小特集をしたが、アイヌの人々の生活や考え方を今こそ、われわれは学ばなければならないのではないかという感を深くしている。

▼「所有」「占有」という考え方が所与のもの、前提として生活しているわれわれ現代人。そのことが、喧嘩、盗み、強奪、ひいては殺人にまで至り、今や国家ぐるみで、大量殺戮を繰り返している。アイヌ社会では、そうした「所有」という意識をもたず、「もやい」「相互扶助」が生活のすみずみに至るまで浸透していた。人間も自然の一員であり、自然の中で過ごさせていただけることへの感謝と祈りの日々。

▼いつからわれわれは、この大切な心を忘れてしまったのだろう。〝日本人のアイデンティティとは何か〟と云われて久しいが、現在の日本人は、これからどこに向かおうとしているのか。一人一人に、つきつけられている大きな切実な問題である。（亮）

福島は、あきらめない

復興現場からの声

冠木雅夫（毎日新聞編集委員）編

藤原書店

編者はしがき

復興は人である。取材を続けてきて、つくづくそう思うようになった。

原子力災害に不意打ちされ、想像を超えた事態が起きている福島である。事故が起きてしばらく、放射能の影響を過大視し「もう福島には住めない」といった議論をする人もいた。だが、その一方で、困難な状況でも、あきらめず、復興を信じて前進する営みも少なからずあった。放射能との闘いで先駆的な成果を挙げた人、ふるさとの危機を救おうとUターンした若者、避難区域でいち早く農業を始めた人。いわば復興の先駆者、パイオニアとでもいうべき人々である。苦難に満ちた環境の中だからこそ、そうした人材が育ち、鍛えられてきたのかもしれない。

本書はそのような、福島の地で地道に活動をしてきた方々を中心とした八一人との対話の記録である。二〇一三年四月から三年半、毎日新聞で月一回連載した「福島復興論」の対談、座談会をもとにした。新聞では原発事故直後からの行動の軌跡や、考え方を紹介してきたが、本書ではその後、現在に至る動きを新たに書き加えている。

本書の基本スタンスは単純かつ素朴なものだ。「福島の地で頑張っている人を紹介し、応援したい」ということに尽きる。同じことだが、「福島から遠い地で大声を出す人」は避けようとも考えた。震災直後から、現地の実情を知らずに頭でっかちな議論をする著名人が多かったからだ。「反原発対原発推進」という枠組みの中で過熱したり、経済合理性の視点から復興の無意味さを論じたりといったものもあり、どうも地元の気分と離れている気がしたからだ。やはり、福島で地に足のついた活動をしている人の声を聞くのが先だろう、と考えたのである。そんな声を通じて、復興の経過や現状、特に「地元の空気」を全国に伝えたいということだ。そのために、全国的にはあまり知られていない人を優先して訪ねることにした。実際に取材を進めてみると、出会う人、出会う人が魅力的、個性的で、「応援したい」という思いをますます強くした。

もちろん、原子力政策、復興行政、避難者支援など、問題を数え上げればきりがない。私もその一員であるジャーナリズムはそうした批判をするのが仕事とされている。批判者に焦点を当てて大きく報道することも、支援を求める弱い立場の人々に光を当てることも、もちろん大事な仕事である。だが、それだけでは抜け落ちていく部分が出てしまう。負の側面ばかりを強調することで、ゆがんだ福島像を固定してしまったかもしれない。ここに登場するのは、抵抗や批判に行動の主眼をおく人ではないし、助けを求める人とも違う。まず、自らが動くことで周囲を動かし、それによって自治体を、あるいは政府さえ動かそうという人々、と言っていいだろう。

実は「福島」の実情は、あまり知られているとはいえない。あいかわらず「福島は危険で、放射能におびえて暮らしている」という、初期の印象を残している人がいる。実際は、時がたつにつれ福島はどんどん変わり、避難区域を除いたほとんどの地域では、何年も前からかつての日常生活が戻っている。地元で採れた農産物も安心して食べている。県の人口は震災前の二〇二万人から減ったとはいえ、一九〇万人が暮らしている。県外への避難者は四万人を切って県人口の約二・一%になった。空間線量率はセシウム134の半減期（二・一年）や除染効果、風雨などの自然作用で相当程度減衰している。地元紙が連日掲載する各地点の数値を見れば、避難指示解除準備区域でも長期目標値である年一ミリシーベルト以下（毎時〇・二三マイクロシーベルト以下）の地点がほとんどであることが分かる。

福島県内の人々はそのような変化を体感しているが、外の人には伝わりにくい。内と外では時の経過とともに、情報格差、認識のギャップが広がってしまったようだ。それに起因して「風評被害」はじめ、さまざまな問題や悲劇も生まれている。そこは何とか埋めなければならない。私が「地元の空気」を伝えたいと考える理由もここにある。

福島で行われている「安全」「安心」への努力を伝えることも重視した。メディアの習い性として「安全」はニュースになりにくく、「危険」（あるいはその可能性）はなりやすい。警鐘を鳴らすことはメディアの責務として当然だが、安全になってからのフォローは弱くなりがちである。

福島産米の一千万袋の放射線検査で、この二年間、全量から不検出となっていることをどれだけの人が知っているだろうか。

しかし、いろいろ書いては来たが、誤解しないでいただきたいのは、私は「福島の復興が進んでいる」とは全く思っていない、ということである。復興の本丸は、原発事故最大の被災地である避難区域である。そちらに目を転ずれば、ようやく帰還が可能になって入り口にたどり着いたか、まだ入り口さえ見えないという状況である。復興はまだ始まったばかりなのだ。

以下、本書の各部の構成や内容について簡単に説明したい。

I　長期避難——苦悩と支える人々

これほど多い長期避難者が出たのは、日本の災害史上、前例がないだろう。支援や対策は、想定外の事態を追いかけて進んで来た。ここで登場するのは浪江町や大熊町、富岡町などの人々であり、支援をした人々、さまざまな課題の解決に尽力している人々である。

たとえば、震災後早い時期に浪江町の復興ビジョン作りに関わった三人は、ふるさと再生よりも避難者の生活再建が第一であることを重視したと語っていた。各自治体の復興計画は結局、そうした方向になっていった。そこで語られたふるさと喪失感の大きさや賠償の理不尽さは、今も変わらぬ課題といえる。

避難者への支援では、行政の限界を補う民間の力が大きく発揮された。国際NGOやNPOなどもその例である。ここでは初期の避難者支援活動から関わってきた方々の話を紹介したが、阪神淡路や中越などの教訓も生かされていたことがわかる。最後に、「二重の住民票」の必要性など、避難者支援の制度設計に関わるいくつかの提言を紹介している。

II 放射能との闘い——農業の再生、健康、賠償

原子力災害は「放射能との闘い」である。たとえば、農業における先駆的な実績を残したJA新ふくしま（当時）と福島大の取り組みを紹介している。いち早く始めた自主検査が、県によるコメの全量全袋検査にもつながっていった。除染における伊達市の取り組みも素早かった。市単独で進めた除染は、国のガイドラインにも影響を与えた。全市民に配った個人線量計のデータも貴重である。協力したコープふくしまは、食事の線量を測る「陰膳調査」でも知られる。

重要なのは健康不安への対応だ。郡山市では震災直後、比較的線量が高く、子どもの屋外遊びが制限されていた。そこでは、若手の小児科医が、東北最大級の室内遊び場を開設した。企業や市の協力を得て、その年のクリスマスに開業するという素早さである。自主避難者は福島市、郡山市などの中通りから母子で避難した人が多い。避難者団体と支援団体の女性二人が、苦境にある母子をどう支え、福島へどう迎えるかを話してくれた。

南相馬市立総合病院の医師が、二つの対談で登場している。同病院は早期から住民の内部被ば

くを測定、「通常の生活を送れば放射能の問題はない」という結論を出した。同病院には今、被災地での地域医療を学ぼうと、若い医師たちが集まっている。

賠償問題は大きな課題である。ここでは、研究者と実務家が語る問題点と、浪江町の大半の町民が参加した賠償増額の申し立てに対する早稲田大の支援を紹介する。

Ⅲ　文化と若い力

避難し離散した人々が直面したのは、ふるさと喪失の危機だった。生活の再建とともに、人々をつなぐもの、心を支えるものは何かということである。アイデンティティーを取り戻す作業が求められていた。ここでは、文化や歴史、スポーツなどを通じた個性的な営みを紹介した。

震災を機にUターンした若者の活躍が目立つ。大堀相馬焼、会津木綿という地域の伝統工芸に取り組む若者。郷里いわき市で「夜明け市場」を作った若者は、地元の農家などの仲間とともにさまざまな活動を広げている。

復興人材の育成が福島の大きな課題になっているが、「福島復興塾」や、「右腕」派遣という復興支援プロジェクトを進める二人は、「逆境の地こそ人材が育つ」という話で意気投合していた。復興支援員や学生ボランティアとして復興に取り組んでいる若い皆さんにも登場いただいている。震災を機に、福島に集まって来た若い力が今後どのように育っていくのかも楽しみである。

Ⅳ　立ち上がる避難地区

現在、福島県の面積、一万三七八三平方キロメートルのうち、避難指示区域は約五％の七二六平方キロメートルである（二〇一七年一月現在）。二〇一七年春には、浪江町、富岡町、飯舘村、川俣町のかなりの地区で避難指示が解除される。だが、六年という長期避難で生活の根を張った人々にとって、帰還のハードルは高い。たとえば「浪江町人口ビジョン」（二〇一六年三月）は、調査で「まだ判断がつかない」と回答した人の半数が帰還すれば人口は四〇〇〇人（町の人口の四分の一弱）になると推計しているが、実際にどうなるかは分からない。歯車を回すのは人々の動き次第だろう。同ビジョンはまた、高齢者が多いため、その人口は徐々に減っていくと予想している。避難指示の解除は、まだ復興の入り口、スタート地点にすぎないのだ。

ここでは、まさにそうした困難を打開しようと前に進んできた人々を紹介している。南相馬市小高区や浪江町、富岡町では民間のエネルギーに注目した。震災後、半年後に戻れるようになった広野町ですら、今なお復興の途上にある。復興が難しいとされてきた帰還困難区域が九六％を占める双葉町について、町長から「町内復興拠点」を作る構想が語られたが、記事掲載後、これは国の施策として後押しされることになった。帰還困難区域を今後どうしていくのか、最後まで残る課題となるだろう。

福島は、あきらめない　目次

編者はしがき　I

I　長期避難――苦悩と支える人々　23

浪江の避難者二万一〇〇〇人、どう支えるか……2013.4.4　24
鈴木 浩さん　福島大名誉教授（地域計画）
今野秀則さん　浪江町下津島区長
佐藤博美さん　浪江町立幾世橋小ＰＴＡ会長

会津に避難した大熊町民の思いは……2013.10.3　34
田澤憲郎さん　大熊町の震災語り部、仮設住宅の防犯隊顧問
山本千代子さん　大熊町商工会女性部長
馬場俊光さん　会津若松市中心部にある神明通り商店街振興組合理事長

富岡の避難者をつなぐ……2014.3.6　44
市村高志さん　ＮＰＯ法人とみおか子ども未来ネットワーク理事長
金井利之さん　東京大大学院教授（自治体行政学）

東京での避難生活と今後の課題――「東雲の会」に聞く……2014.9.4　52
高橋佑治さん　「東雲の会」副代表
豊田吉彦さん　福島県生活環境部避難者支援課主任主査

被災者支援の四年と今後……2015.3.5　60
稲垣文彦さん　中越防災安全推進機構復興デザインセンター長
天野和彦さん　福島大特任准教授・前おだがいさまセンター長

国連防災会議と原発災害……2015.2.5　68
丹波史紀さん　福島大准教授（社会福祉論）
大橋正明さん　ＪＣＣ２０１５（二〇一五防災世界会議日本ＣＳＯネットワーク）共同代表

長期避難　政治・行政の課題……2013.9.5　76
今井　照さん　福島大学教授（自治体政策）
牧原　出さん　東京大学教授（政治学）

被災者の生活再建への課題……2014.4.3　82
田中直毅さん　国際公共政策研究センター理事長
鈴木　浩さん　福島大名誉教授

一人ひとりを支える仕組みを……2015.12.3　88
津久井進さん　日弁連災害復興支援委員会副委員長
渡辺淑彦さん　福島県弁護士会原発事故対策プロジェクトチーム委員長

II　放射能との闘い――農業の再生、健康、賠償　97

食の安全と初期の対応――自主検査の意味……2013.6.6　98
菅野孝志さん　JA新ふくしま代表理事組合長（現JAふくしま未来代表理事組合長）
小山良太さん　福島大准教授（現教授、農業経済学）

適正な除染とは――食の安全と安心を……2013.8.1　106
半澤隆宏さん　伊達市市民生活部理事放射能対策政策監
野中俊吉さん　コープふくしま専務理事

森林汚染と都路の林業……2015.7.2　114
早尻正宏さん　山形大准教授（現北海学園大准教授、林業経済学）
吉田昭一さん　ふくしま中央森林組合参事（現同組合嘱託）

風評被害、どう克服するか……2016.4.13　124
野地　誠さん　福島県風評・風化対策監
関谷直也さん　東京大総合防災情報研究センター特任准教授（災害社会学・災害情報論）

子どもの健康と運動能力……2013.7.4　132
菊池信太郎さん　小児科医、菊池医院副院長（現院長）
安斉悦子さん　大槻中央幼稚園園長

南相馬の子どもを支える……2014.2.6　140
半谷栄寿さん　福島復興ソーラー・アグリ体験交流の会代表理事（現あすびと福島代表理事）
及川友好さん　南相馬市立総合病院副院長

南相馬、健康不安に向き合う……2015.11.5　148
坪倉正治さん　南相馬市立総合病院非常勤医
番場さち子さん　ベテランママの会代表

母子避難と帰還を支える……2016.2.4　156
中村美紀さん　山形避難者母の会代表
富田　愛さん　NPO法人ビーンズふくしま　みんなの家事業長
原発事故、賠償のあり方は……2013.5.2　164
渡辺和則さん　富岡町の司法書士・行政書士
除本理史さん　大阪市立大教授（環境政策論）
原発賠償と大学の支援――浪江町の場合……2013.11.7　172
馬場　有さん　福島県浪江町長
須網隆夫さん　早稲田大法科大学院教授（EU法）
原発事故への備え、欧州の経験から……2015.4.2　180
デュラノバさん　NERIS理事
デュブレイユさん　NERIS理事
エイケルマンさん　NERISメンバー
III　文化と若い力　187

浪江の絆と再生への思い――焼きそばとショッピングセンター……2014.8.7　188
松原　茂さん　マツバヤ社長
八島貞之さん　浪江焼麺太国太王、八島鉄工所社長（現八島総合サービス社長）

夜明け市場とファーム白石――いわきを引っ張る若い力……2014.10.2　196
白石長利さん　ファーム白石代表
松本　丈さん　「夜明け市場」事務局長

大堀相馬焼、再生を志す……2014.12.4　206
松永武士さん　企画・販売会社「ガッチ」社長　大堀相馬焼「松永窯」四代目
山田慎一さん　大堀相馬焼・いかりや商店一三代店主

会津木綿と仕事づくり……2016.1.7　214
谷津拓郎さん　IIE代表
廣嶋めぐみさん　IIE作り手

歴史・文化遺産の救出と活用……2014.11.6　222
阿部浩一さん　ふくしま史料ネット代表、福島大教授（日本中世史）
三瓶秀文さん　富岡町生活支援課住宅支援係長・教育委員会主任学芸員
（現教育委員会生涯学習係長）

平の七夕と避難者の共生……2015.8.6　230
長谷川秀雄さん　みんぷく理事長、いわき自立生活センター理事長
会田勝康さん　「ワンダーグラウンド」七夕担当、洋品店「もりたか屋」

エンターテインメントの力……2015.10.1　240
倍賞千恵子さん　チームスマイル・東北ＰＩＴ応援団　女優、歌手
矢内　廣さん　チームスマイル代表理事　ぴあ社長

地域をつなぐスポーツ……2014.5.1　248
鈴木勇人さん　福島ユナイテッドＦＣ代表
川本和久さん　福島大教授、同大陸上競技部監督

創造的人材を育てる教育……2013.12.5　254
佐川秀雄さん　いわき市教育委員会学校教育推進室長（現ジュニア・アチーブメント日本代表理事）
南郷市兵さん　文科省生涯学習政策局参事官付専門職（現ふたば未来学園高校副校長）

逆境の地で人材を育てる……2014.7.3　262
加藤博敏さん　「ふくしま復興塾」実行委員長、ピーエイ社長
山内幸治さん　被災地に「右腕」を派遣　NPO法人ETIC.理事

復興の仕事に飛び込んだ若い力……2015.9.3　272
新田勇太さん　ならはみらい
渡邉奈保子さん　田村市復興応援隊
奥田加奈さん　ふくしま連携復興センター

福島大　学生ボランティアの五年……2016.3.3　280
狗飼小花さん　福島大学災害ボランティアセンター総務マネジャー
鈴木典夫さん　福島大行政政策学類教授（地域福祉論）
小島　望さん　福島大学災害ボランティアセンター統括マネジャー

Ⅳ　立ち上がる避難地区　289

ものづくりと雇用確保……2014.6.5　290
佐藤理夫さん　福島大教授
菊池　功さん　菊池製作所社長
地域再生めざす富岡町「ふたば商工」……2015.6.4　298
山本育男さん　富岡町商工会会長、富岡町議会副議長
遠藤晴久さん　ふたば商工社長
小高（南相馬市）の避難指示解除を前に……2016.5.10　308
桜井勝延さん　南相馬市長
和田智行さん　小高ワーカーズベース社長
浪江の現状と帰還への課題……2016.6.15　316
間野　博さん　福島大特任教授（都市計画）県立広島大名誉教授
佐藤秀三さん　浪江町行政区長会会長　佐藤種苗店店主

福祉と農業での浪江再生……2016.9.13　322
川村 博さん　NPO法人Jin代表
橋本由利子さん　NPO法人コーヒータイム理事長
広野町の課題に取り組んで……2016.8.10　328
尾田栄章さん　元広野町派遣職員、元建設省河川局長
賀澤 正さん　NPO法人浅見川ゆめ会議事務局長
双葉、町外と町内の拠点作り……2016.7.14　334
伊澤史朗さん　双葉町長
丹波史紀さん　福島大准教授（社会福祉論）

解説篇　341

1　原発事故からの避難　342
避難者数の推移／自主避難者と強制避難者――郡山市の例／事故からの避難の態様
2　賠償の仕組みと支払い実績　349
①避難区域居住者の場合／②「自主的避難等対象区域」の居住者と同区域からの自主避難者の場合

＊本書中の年齢、肩書等は、新聞掲載当時のものである。
その後の変更については、調査可能な範囲で注記した。

福島は、あきらめない

復興現場からの声

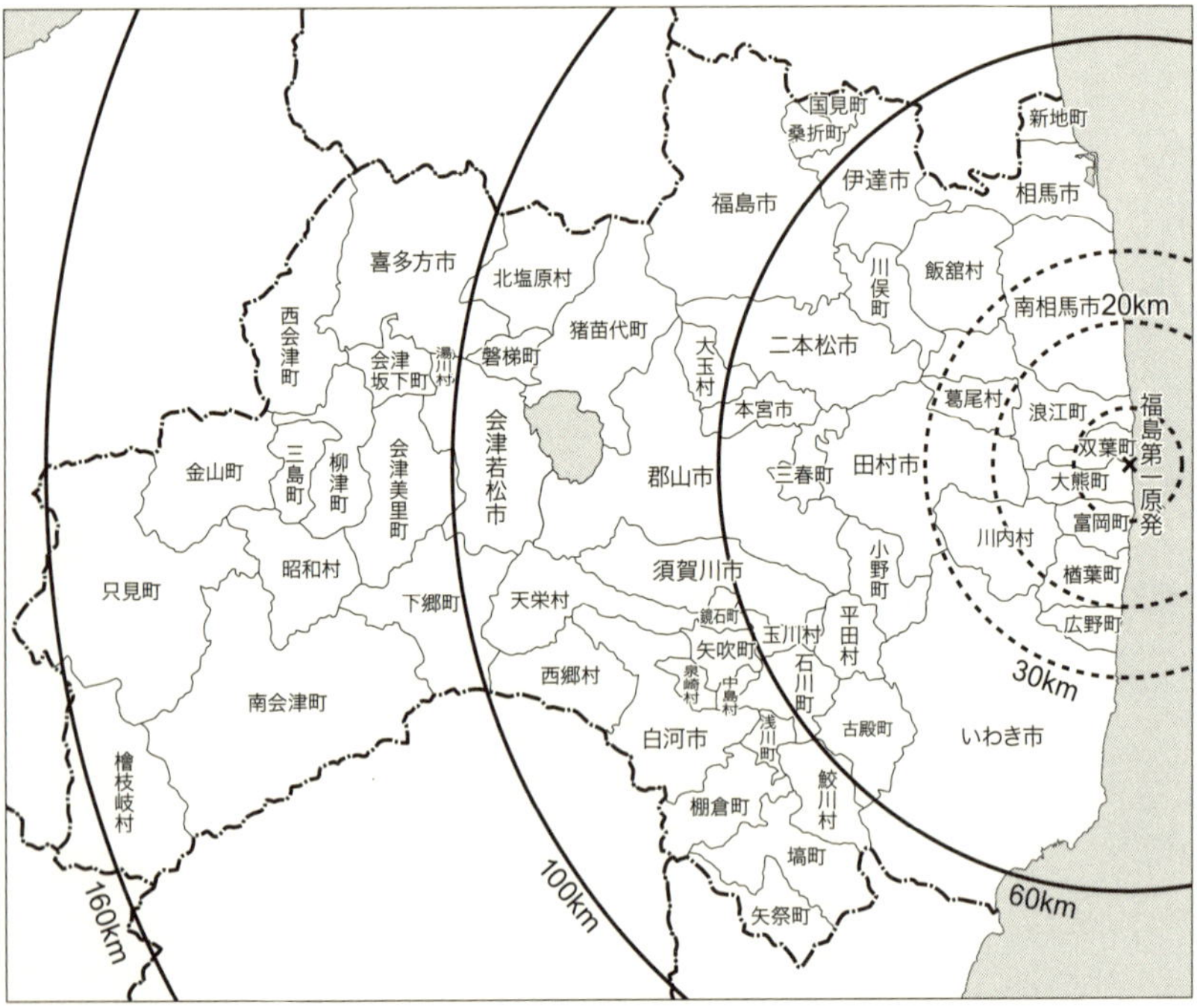
国見町
桑折町
新地町
伊達市
相馬市
福島市
喜多方市
北塩原村
飯舘村
川俣町
南相馬市
20km
西会津町
猪苗代町
大玉村
二本松市
会津坂下町
湯川村
磐梯町
葛尾村
浪江町
福島第一原発
本宮市
会津若松市
双葉町
金山町
三島町
柳津町
会津美里町
郡山市
三春町
田村市
大熊町
富岡町
川内村
小野町
昭和村
須賀川市
只見町
楢葉町
下郷町
天栄村
鏡石町
玉川村
平田村
広野町
矢吹町
西郷村
石川町
泉崎村
中島村
30km
南会津町
白河市
浅川町
古殿町
いわき市
檜枝岐村
棚倉町
鮫川村
塙町
160km
100km
矢祭町
60km
福島県地図

I

長期避難——苦悩と支える人々

浪江の避難者二万一〇〇〇人、どう支えるか

2013.4.4

鈴木 浩さん　福島大名誉教授（地域計画）

すずき・ひろし　福島県復興ビジョン検討委員会座長、浪江町復興計画策定委員長を務めた。六八歳。

今野秀則さん　浪江町下津島区長

こんの・ひでのり　浪江町町教育委員。本宮市の借家で避難生活中。福島県庁退職後、県社会福祉協議会勤務。六五歳。

佐藤博美さん　浪江町立幾世橋小ＰＴＡ会長

さとう・ひろみ　山形県中山町のアパートで避難生活中。夫はいわき市に単身赴任。主婦。四三歳。

◆生活の再建が大前提
「支援法」早く動かせ――鈴木 浩さん

◆補償の方式、立場が逆
ふるさと喪失感に理解を――今野秀則さん

◆教育への支援を厚く
被災者の目線で考えて――佐藤博美さん

原発事故は今も大きな被害をもたらし続けている。福島県内外に避難している人々は今も約一五万人。依然として厳しい状況に直面している福島の人々をどう支え、被災地をどう再生していくのか、毎月一回のシリーズで考えていく。今回は全町民二万一〇〇〇人以上が離散した浪江町で、町の復興ビジョンや計画作りに関わった三人に、現状と課題を語ってもらった。

――今野さん、佐藤さんの避難の経緯はどうでしたか。

今野 三月一二日に原発が危ないというので私が住む津島に八〇〇〇人以上が避難して来ました。一五日に全町避難の指示が出て、自分が担当する行政区の五〇戸を回りました。その晩は家に残り、一六日朝にもう一度、各戸を回った後、福島市の妻の実家に避難しました。

佐藤 自宅に津波は来ませんでしたが、実家のある請戸《うけど》は被害を受けました。幾世橋《きよはし》小学校に避難したら、一二日朝、警察官が来て、逃げろと言うので、大渋滞の津島方面でなく南相馬に向かい、その後、両親が避難した二本松に行きました。放射線で外に出られず、子どもの体のことを一番に考え、ここにはいられないと思いました。家族会議で福島を離れる決断をし、一七日に知り合いを頼って山形県に行きました。

――一一年秋に町の復興ビジョンを作る委員会が始まりました。

今野 実は私は最初は大いに疑問を持っていたんです。ビジョンを作っても復興できるのか、何の意味があるのかと。でも、手をこまねいていたのでは前に進まない。大きな方向性だけでも示さないと、町民がバラバラになってしまうと思い引き受けました。

佐藤 母親でPTA会長をしているのは私一人だったので声がかかったと思います。子どもたちが一番の被害者なので、子どもや母親の声を伝えたく思い参加しました。私の息子は当時小6で、楽しみにしていた卒業式もできず、つらく不安な気持ちを抱えたまま避難先の中学校に入学したのです。

鈴木 その前に福島県の復興ビジョン策定の座長をしました。復興には長い時間がかかると考え、施策の最初に避難生活への支援をあげました。八月に一区切りついて、浪江町から協力してほしいという要請がありました。県の総合計画作りで一緒に仕事をした職員の方が浪江町に出向していたことが関係していたようです。

――議論はどんな流れで？

佐藤　はじめは、とにかく浪江に帰るという話です。でも、ちょっと待てよ、そうは言っても帰れない状況だ。帰りたいというだけではだめだ。今いる場所で何とか頑張っていかないといけない。そんなふうに流れが変わりました。

鈴木　町が考えていたのは、ふるさと浪江の復興でした。それに対して委員の皆さんから、避難している私たちの生活の復興はどうするのかという意見が強く出ました。そんな議論を経て、一人一人の生活を再建させることが大前提であると確認しました。復興には、みんなの生活・なりわいの再建、ふるさと・町の再生と、二つの課題があるということです。

今野　教育委員をしていて悩むことがあります。連絡帳を作って子どもたちに浪江のこと、伝統行事や文化を伝えようとしていますが、本当にいいことなのかと。せっかく新しい土地で根付いて生活している妨げにならないだろうかということです。今、二本松市内で浪江町の小学校、浪江町の中学校ということで一校ずつ開校していますが、いずれも数十人しかいません。本当は合わせれば二〇〇〇人以上いるはずなんですが。

佐藤　でも、うちの娘は当時は小1で、浪江には七年しか住んでいないんですが、今でもとっても浪江を思っていますよ。まず浪江に帰りたいというんです。私が「お友達帰ってこないかもしれないよ」と言っても、「大丈夫、浪江に、幾世橋小に行きたい」と。

――町外コミュニティー（仮の町）についてはいかがですか。

鈴木　仮設住宅、見なし仮設は延長してもいずれ期限がきます。復興公営住宅をどこに造るかという時に、それを町外にあるコミュニティーとして、従来の結び付きをつなげていこうというものです。いわき、二本松、南相馬と浪江町沿岸部の棚塩《たなしお》を考えました。

佐藤 大人も子供も近所の人や知っている人に会いたいわけです。行政区とか小学校区程度が望ましい。実家の両親は「請戸の人がここに集まれと言われれば、おれらは行く」といってます。

今野 私は津島地区ということで三〇戸とか五〇戸、こっちが下津島ですというのであれば行くと思いますが、浪江町全体の集まりだったら行かないと思います。

佐藤 私は、やはり子どもの教育が条件になります。

鈴木 あくまでも選択肢の一つとして町外コミュニティーがあるということですね。

——何を訴えたいですか。

今野 地域住民には何ら責任も落ち度もないのに、放射能という毒をまき散らした側が、補償の基準を作り、これはいい、これはダメという。本来の立場と逆です。国はきちんと見据えて、今後の補償、賠償を考えてほしい。歴史や文化、絆や生活、住民の愛着があるふるさとの地域や土地を奪われた喪失感がどれだけ大きいか、きちんと理解していただきたい。

佐藤 物事を決める人は被災者の目線で考えてほしい。現地にもっと足しげく通ってもらいたい。変わったのは私たち避難民の生活だけで、行政のやり方は変わっていない。せめて子どもたちが安心して教育を受けられるよう願うばかりです。夫は単身いわき市で仕事のため、二重の避難生活となり、正直大変です。

鈴木　この問題を福島に封じ込めてはいけません。もし国会議員そして政府や担当省庁などに正義の感覚と倫理観があり、この原発災害が深刻だと思うのであれば、原発事故子ども・被災者支援法をなぜ早く動かさないのか。昨年六月に法が成立したまま、支援地域や支援内容、支援すべき人は誰かなどの基本方針が決まっていないんです。最低限、この法律を動かして、被災者への支援を強める必要があります。

◆**浪江町**
福島県双葉郡最大の町。福島第一原発が立地する双葉町北側に隣接。地震・津波で死者四四一人の被害を受けた。原発事故により避難者は県内に一万四五六三人、県外に六六〇〇人(昨年末現在)。以前は海側が警戒区域、内陸が計画的避難区域だったが、一日の見直しで、内陸から海側に向けて「帰還困難区域」(年五〇ミリシーベルト超)、「居住制限区域」(同二〇ミリシーベルト超五〇ミリシーベルト以下)、「避難指示解除準備区域」(同二〇ミリシーベルト以下)となった。町は同県二本松市に町役場の主要業務を移し、一二年一〇月、「すべての町民の暮らしを再建する」「ふるさとなみえを再生する」などが柱の復興計画を策定した。

(二〇一三年四月四日掲載)

■座談・その後

浪江町は全住民が避難を強いられた自治体の中で最も大きな町である。今野秀則さんと佐藤博美さんは、鈴木浩さんが委員長を務めた浪江町の復興ビジョン・復興計画策定の委員を務めており、鈴木さんの紹介で避難先から福島市に足を運んでもらった。

鈴木さんは福島県の復興を初期から牽引してきた人物である。福島大教授時代から県の総合計画に関わり、震災直後の二〇一一年五月、県の復興ビジョン検討委員会座長に招かれた。七月に「原発に依存しない社会づくり」などを三本柱とした提言をまとめた。この取材のころは公益財団法人 地球環境戦略研究機関（IGES）のプロジェクトFAIRDO（除染に関する効果的ガバナンスに関する研究）の研究代表として、ドイツ、フランス、ベラルーシなどの研究者との共同研究を進め、除染実施中の伊達市霊山町で住民との車座会議を開催していた時期だった。

浪江町の復興ビジョンの議論は震災の年の秋から始まった。「町民が離散している状況下でなぜ復興なのか？」という疑問が出されていたが、鈴木さんは「困難な状況だからこそ、国や東電、県がどんな手当をすべきか、それを町が住民の意見を集約して、明確なメッセージを示すことが重要」「避難している人々に町が目指すものを伝え、希望を持ってもらう必要がある」の二点を示したという。「計画も何もなかったら、今よりもっとひどい状況になっていたかもしれない」というのが今の思いだ。議論は町民代表や有識者、役場職員ら約一〇〇人が分科会に分かれて進められた。議論が沸騰し、時には涙を流しながら訴える参加者もいたという。会議の都度、役場が避難している二本松市に集まった。計画策定のプロセスそのものが、町やコミュニティーを維持する営みだった。

浪江町の復興計画策定の部会会議。中央が丹波史紀福島大准教授。
2012 年 6 月、二本松市で

復興ビジョン・計画の第一の課題は、地域としての町の復興ではない。全国に避難している町民の生活を支えることだった。震災の翌年四月に発表された内容は、〈最優先に復興すべきものは『一人ひとりの暮らしの再建』〉であり、地域としての町の復興を〈今後どこに住んだとしても心の拠り所としてのふるさとなみえの再生〉と位置付けた。まず生活再建、そして、離散した町民の心の拠り所としてのふるさと復興、という考え方は浪江に限らず、被災自治体に共通していた。

この取材から三年半以上経ったが、三人はそれぞれの場で奮戦している。

今野さんは下津島区長や町の教育委員を続ける一方で、津島地区の住民一六人の生い立ちから震災までの聞き書きをまとめた『三・一一ある被災地の記録』を出版した（二〇一四年、福島県社会福祉協議会刊）。今は津島地区住民による集団訴訟の原告団長も担っている。二〇一五年九月、国と東電を相手に、原発事故の責任を問い津島地区の原状回復や損害賠償を求めて福島地裁郡山支部に提訴した。二〇二〇年三月までに追加被ばくを年一ミリシーベルト以下にするよう除染し原状回復するなど、ふるさとやコミュニティー喪失への対処を求めるものだ。帰還困難区域の住民として初めての集団訴訟である。

今野さんは二〇一六年一〇月、それまで住んでいた本宮町の借家（避難用の借り上げ住宅）から、大玉村の新居に移り住んだ。区長として地域の世話をし、伝統芸能「津島田植え踊り」の保存会活動を担ってきた今野さんにとって、家ができたときの気分も複雑だったという。「田舎では、家を作れば三〇軒、五〇軒が集まって祝ってもらうものでした。それが新しい土地では、家がポツンと立つだけ。寂しいもんですよ」。住民票は浪江町から動かさないという。

佐藤さんは、山形県中山町で長男、長女とともに避難生活を続けている。単身赴任の夫は住まいをいわき市から南相馬市に移したが、お子さんの教育を考えてのことだ。四月に長女が入学した町立中学校ではPTA副会長を引き受けている。住民票は浪江町のまま。「中山町民にはなれないので、せめて学校の役員をして役に立ちたい」と話す。一方で、浪江町の復興拠点の一つとなった町営の宿泊・研修施設「いこいの村なみえ」の理事も引き受け、浪江町の問題にも関わっている。「会合に出ると男性ばかりなので、女性の意見をもっと聞いてほしい。私は子どもたちのことを考えるためにも、母親の代表として参加している」と話している。

浪江町では現在、当時に続く新たな復興計画（第二次）の策定作業が続いている（二〇一七年三月策定予定)。鈴木さんは今回は一委員として参加している。最近感じるのは「災害対策基本法や原子力災害法制は復興の主体を市町村と位置づけ、財政や事業制度などは国が方向付けをしているが、現場の自治体はそれらに翻弄され、青息吐息といった状況に見える。原発災害からの復興は市町村の能力を超えていることを痛感するようになってきた」ということだ。それぞれ弱い自治体だが、「合併」という方式ではなく、「ふるさとを存続させながら、広域連携していく仕組みが必要だ」と考えている。避難住民については、帰還か避難かの二者択一ではなく「二地域居住」の仕組みも模索すべきだという。

なお、浪江町の住民登録人口は二〇一七年一月末現在、一万八四六四人である。(冠木雅夫)

会津に避難した大熊町民の思いは

2013.10.3

田澤憲郎さん　大熊町の震災語り部、仮設住宅の防犯隊顧問

たざわ・のりお　町役場を退職後、財団法人福島県原子力広報協会の常務理事を務めた。六六歳。

山本千代子さん　大熊町商工会女性部長

やまもと・ちよこ　大熊町で居酒屋とスナックを営む。仮設住宅敷地内で同商工会が運営する「おみせ屋さん」店長。六一歳。

馬場俊光さん　会津若松市中心部にある神明通り商店街振興組合理事長

ばば・としみつ　一九五二年に父が開業した衣料品店、サロン・ド・ニット常務（現・社長）。四八歳。

◆帰還、理想と現実の区別を　つながり、将来に残したい――田澤憲郎さん
◆行政、早く方向性示して　この事故を風化させない――山本千代子さん
◆会津に観光に来てほしい　福島県産、排除しないで――馬場俊光さん

原発事故で全町民の避難が続く福島県大熊町。多くの町民が約一〇〇キロ離れた会津若松市で避難生活を続けている。帰還の見通しが立たない中、会津の地に根を下ろす人もいるようだ。避難先でさまざまな活動をしている二人と、中心商店街の理事長に、それぞれの思いを語ってもらった。

――大震災・原発事故から避難の経緯などを教えてください。

田澤　震災の翌朝に全町避難と言われ、娘の家族含め六人で避難バスで出発しました。小野町、飯舘村、栃木県鹿沼市と転々とし、四月末から喜多方市の熱塩温泉、七月に今の松長近隣公園仮設に入りました。町役場で四二年間、原発の防災や推進の仕事をし、原子力広報協会でPRをしていましたから、避難する人々の姿を見て、自分のやってきたことが本当に正しかったのかと思

いましたね。

山本 震災の晩は車内で過ごし、翌朝から移動して旧常葉町、四月に裏磐梯のホテルに入りました。夫が会津若松の病院に入院したので私も市内のホテルで暮らし、七月に東部公園の仮設に入りました。商工会では東電と密着型でやってきて、店のお客も東電関連が多かった。三六年間、夫と苦労してやってきた店を一瞬のうちに失いました。原発で事故が起きたことが一番ショックでした。

馬場 震災で私の店では壁が崩落しましたが、会津では直接の被害はそうありません。ただ、原発事故をきっかけに風評被害で観光客が来なくなり、地場産品が売れなくなった。でも、少しずつ和らいできて、今年はNHK大河ドラマ「八重の桜」の効果で、観光関係はかなりいいですが、商店街までは波及していません。私は震災一年後に振興組合の理事長になり、理事も四〇代に若返って、物事がパッパッと決まるようになりました。この七月のガモコレ（巣鴨コレクション）もそうです。

――「ガモコレ」はシニアレディーのファッションショーですね。どうでした?

馬場 仲介してくださる方がいて、振興組合の五〇周年イベントとして、大熊町商工会の女性部に声をかけて開催しました。大熊の方に元気になってもらうことと、商店街の活性化が狙いで、国の補助金をいただきました。モデルは会津若松の五人と大熊の一二人にお願いし、神明通りの店で洋服などをお貸しするという形です。

山本　引き受けたものの、モデル集めが大変でした。私も、退院二カ月の夫を巻き込んで出演しました。でも、恥ずかしがっていた皆さんも、本番では生き生きとした笑顔でした。出演してよかったという言葉をいただいて、涙が出るほどうれしかった。会津若松と大熊が一歩近づいたと思います。

馬場　女性の皆さんは、きれいな洋服を着て、華やかな場で本当に楽しそうでしたよ。

山本　試着の時に感激して涙を流す人もいました。避難してから化粧したことがなかったのに、化粧品を買っておしゃれする気分になったという七〇代の方もいました。周りの方も喜んでました。

――田澤さんは震災の語り部をされているそうですが。

田澤　避難先の熱塩温泉の山形屋は瓜生岩子（明治の社会事業家）の母親の生家でした。そこの大おかみが岩子の紙芝居をしてくれて、「岩子を伝えていくことが私の役目です」と話しておられた。ああ、そうだ、私も震災と原発事故のことを伝えていかなければと思いました。県の観光復興支援センターに語り部の登録をして活動しています。原発に携わった経験も踏まえ、大熊の現実はこうだということを伝えていきたい。

――会津と大熊の交流についてどういう感想を。

馬場　会津はずっと人口が減っているんです。大熊の方に来ていただいて、会津に根付いていただければ我々からすれば喜ばしい。雪が多く大熊とは気候が違うので大変だと思いますが、少

会津若松市の松長近隣公園仮設住宅の集会所で。左が編者。2013 年 9 月

大熊町立学校が入る、会津若松市の旧河東三小校舎。2013 年 9 月

しずつ溶け込んでいただければと思います。ただ、大熊の方は周りに遠慮しながら暮らしておられるのかなと感じることもあります。

山本 それはありますね。ちょっと派手な買い物をすると、賠償金が入ったからという目で見られるんじゃないかと心配して、控えめにしている。でも、「避難者出て行け」という落書きのような話は一切聞きません。会津の皆さんの心は温かいなと思います。

田澤 会津の人は優しいなと思いますよ。戊辰戦争で国を追われたりした心境が私らと似てるんでしょうか。最初はとっつきにくいけれど、今はお茶飲んでけとか、会津に住め、と言ってくれる。

――将来の居住地については？

山本 大熊には一〇〇％帰れないと思っています。これからの人生、夫婦で楽しく穏やかに生活したい。夫は病気を抱え、病院も充実しているので、会津に残ろうと二人で決めたところです。

田澤 娘夫婦がこの六月に市内で理容店を出したので、私たち夫婦も一緒に残ろうと思います。剣道の友達もできたので、第二の古里として頑張っていこうと。

――最後に全国の方や行政に対して言いたいことを。

馬場 多くの方に会津に観光に来てほしい。来れば心配ないことが分かります。次に、福島県産というだけで、排除しないでいただきたい。きちんと検査し安全なものしか出していないですから。

山本　行政には早めに方向性を出してもらいたい。大熊町だけでなく、双葉郡がどういう方向に向かっていくのか。はっきり示してもらわないと、皆さん動きようがない。大熊には帰らないから仮の町をつくりましょうとか、一歩一歩でいい。もう一つは、この事故を風化させないことです。これを日本全国に発信していきたい。

田澤　理想と現実をはっきり区別し、戻れないなら戻れないとはっきり言ってもらいたい。そうすれば、我々は自立して生きていく道を探していく。今は仮設で亡くなっても、お骨を埋める所がなく、皆、会津のお寺にお骨を預けています。全国の人に、そんな現実を知ってほしい。この仮設もいずれなくなりますが、「大熊の森」のような、大熊と会津のつながりの目印を将来に残していきたい。

◆大熊町と町民の避難先

大熊町は人口一万九四八人（二〇一三年八月末現在）。東京電力福島第一原子力発電所の一～四号機が立地する。居住地域の九六％が帰還困難区域になっている。震災直後に会津若松市に臨時の町役場や小中学校を開設した。町民の避難先は同市二三八七人、いわき市三八八二人、郡山市八九二人などで、県外は二六四二人（九月一日現在）。一月の住民意向調査では、現時点で「戻らないと決めている」四二・三％、「戻りたいと考えている」一一・三％、「まだ判断がつかない」四三・五％だった。

（二〇一三年十月三日掲載）

■座談・その後

震災直後に会津地区へ避難した人でも、なじんだ気候の浜通り、いわき地区に移る人が多い。二〇一六年一一月一日現在の大熊町民の避難先は、いわき市四六〇四人、会津若松市一一五四人、郡山市一〇六〇人などで、県外が二五九八人。会津若松市は記事掲載時から半減している。田澤さん、山本さんを取材した同市の松長近隣公園仮設住宅も二四〇軒のうち五〇軒弱しか住人がいなくなっている。改めて三人の話を聞いた。

田澤さん一家は、田澤さんが役場など外で働き、奥さんと娘さん夫婦で「田澤理容店」を開いていた。「震災三年前の新築で、町で初めて車イスで入れるスロープ付き」が自慢の店。娘さん夫婦は今、会津若松市内で理容店を開業、奥さんも仮設の自宅で住人向けの理容店をしている。田澤さん夫妻は市内に住宅を購入したが、「昔、役場にいて町の人に世話になったので、できるだけ手伝いたい」と考え仮設に通っているという。

田澤さんは町の人権擁護委員や、修学旅行生に震災や原発事故の話をする震災語り部、大熊中学校の剣道の講師を続けており、中学校の評議員にも就いた。「自分は原子力広報協会で安全安心でやってきた。震災直後は、原子力の仕事をしていたことを一言も言えなかった」というが、避難生活では「いつも率先して役割を果たし、身体を使って面倒を見るのが楽しかった」と話す。「後ろを見ても仕方がない。今を大切に生きていきたい。会津も住めば都、自分から飛び込んでいけば友達もできる」と感じている。と言っても大熊へ帰る希望がないわけではない。「会津藩士が（明治維新後）に斗南（下北半島）に流され、戻ってきたように、我々も大熊を復興させていつかは戻りたい」。そのためには子どもの教育が一番で、夢を託したいと話してくれた。

山本さんは、震災当時、大熊町でスナック「より道」と居酒屋「やまちゃん」を営業していた。仮設住宅で開業した「おみせ屋さん」の店長を続けているが、二〇一五年七月に同市内の大熊町民対象の復興公営住宅に転居した。

取材時点では、大熊町への帰還はあきらめていると話していたが、今は少し希望が出ているという。大熊町が同町内では比較的線量が低い大川原地区（居住制限区域）に復興拠点を置き、高齢者を中心としたまちづくりをする計画を出しているからだ。二〇一八年度完成を目標に、町役場庁舎を作り、周辺には災害公営住宅や商業施設、医療・福祉施設、パークゴルフ場などを作って、高齢者が住みやすい町を作るというのだ。

山本さんは「もし私の身体がいうことを利くなら、バリアフリーの居酒屋を開業したい」という。身体の不自由な人には送迎付き、車イスのままカラオケができる店だ。店名も「より道」を復活させる。「三六年間商売をしてきましたから、それが夢なんです。町の皆さんも賛成だ、楽しみだ、と言ってくれます。少しでも町が活性化したら嬉しい。残された人生を自分も楽しく生きたいのです」。

同市の中心街、神明通りに店を構える馬場俊光さんは、社長に就任、商店街の理事長も続けている。「皆さん自立されてきていると思いますし、もう大熊の方も区別することなく、我々も大熊の方ということで特別な見方はせず、同じ会津若松市民という見方をしている」と話している。

（冠木）

富岡の避難者をつなぐ

2014.3.6

市村高志さん NPO法人とみおか子ども未来ネットワーク理事長

いちむら・たかし　一九七〇年神奈川県生まれ。一九九三年に両親の実家に近い富岡町に移住。生損保の代理業とIT関連の自営業を営む。震災後、妻と三人の子ども、母とともに東京都に避難し同ネットを創設するなど活動。共著に『人間なき復興』。

金井利之さん 東京大大学院教授（自治体行政学）

かない・としゆき　一九六七年群馬県生まれ。東京大法学部卒。同学部助手、東京都立大助教授などを経て二〇〇六年より現職。各地の自治体の研究を進めてきた。自治体再建研究会共同代表。著書に『財政調整の一般理論』『実践自治体行政学』『原発と自治体』など。

◆百人百通りの新しい人生
準備に時間と環境が必要──市村高志さん

◆生活支える自治体が重要に
引け目感じさせない行政を──金井利之さん

原発事故で全町民の避難が続く福島県富岡町。全国に離散した住民をつなぐ「とみおか子ども未来ネットワーク」を設立して活動を続けている市村高志さんと、富岡の関係者も交えた「自治体再建研究会」の共同代表を務める東京大学大学院教授の金井利之さんに、避難者の思いや自治体の役割、復興のあり方を語ってもらった。

──市村さんの活動はどのように始まったんですか?

市村 避難して、何でおれらはここに居るんだろうかというところから始まりました。私が富岡第二小のPTA会長をやっていた関係で、三〇代の若い役員と、仕事で付き合いのある人など計四人が核になった。震災から一カ月たたない段階で、今どこにいる? 無事でよかったねという話からです。そのうち避難している子どもたちへのいじめの話が聞こえてきて、このままでは富岡出身だと言えなくなってしまう、バラバラでなく住民で集まろうよ、と一〇月ごろから団体を作る話を始め、知り合いに声をかけて結成しました。

――金井さんが被災地自治体に注目するきっかけは？

金井　あくまでも被災者の生活再建が大事なのですが、実際に住民の生活を守り再建するには自治体の役割が重要です。私は、震災前に北海道夕張市を研究しましたが、自治体が借金返済計画を押しつけられ、住民に負担を強いてまで、自治体だけ存続するのは本末転倒ではないかと思いました。その前の「平成の大合併」でも感じていたことです。双葉郡は原発があったおかげで町村合併をしていませんが、危険というまた別の問題があったのです。住民生活を支える上で大事な自治体が、しばしば形式的に組織だけ残されていく流れの中で今回の事態が起きました。その意味では、震災直後に市町村が果たした役割は再評価されていると思います。

――活動には研究者や専門家が協力していますが。

市村　震災の年の夏、郡山市の避難所に山下祐介さん（首都大学東京准教授・社会学）が大学院生とともに来て、町役場の菅野利行さん（総務課主幹）に出会い、菅野さんが県外避難者の状況把握などの協力を求めたのがきっかけでした。

金井　山下さんは、私が座長をしていた被災地の住民意思反映についての研究会に加わっていて、その縁で山下さんが市村さんを紹介してくれました。

市村　私は住民として自治体の勉強をしたかった。役場の菅野さんにも私たちの自治体再建研究会に入ってもらいました。

――同ネットワークの活動をどう思いますか？

金井 一時、町からの委託事業をする話が進んだのに、議会の反対でうまくいかなかったのは、とても惜しいことでした。今は住民との協働ということで、自治体が住民団体に事業を委託する形態がよくありますから。それは残念でしたが、市村さんたちの活動については、率直にすごいなと思います。やはり子どもを持つ世代が将来のことを真摯《しんし》に考えています。

市村 子どもだけではなくて、あの地域は三世代同居で親のことも考えなければなりません。それで板ばさみ状態にもなる。放射能の影響を巡って二者択一の決断をせざるを得ないこともあります。

――避難者については、同じ研究会の福島大の今井照教授（行政学）らが「二重の住民登録」を提唱していますが。

金井 住民だから大手を振ってサービスを受けられる、そうではない避難者は肩身が狭い、そういう現実を解消しなければならないという思いは私も一緒です。しかし、それが「二重の住民登録」であるべきかどうかについては結論が出ません。

そもそも、避難先の住民でないからゴミを出してはいけない、サービスを受けてはいけない、ということはない。もう少しどんぶり勘定でいい。一国の中での互助の話です。総務省は原発避難者特例法で、避難先の自治体に避難者への行政サービスをさせました。自治体が使うお金やマンパワーについては、全国ベースで調整すべきことですが、それは行政の楽屋内の話なので、避難者に引け目を感じさせないようにしなければならない。感じさせているとすれば日本の行政の恥ずべきことです。

市村 私は「二重の住民登録」について、震災から半年くらいの段階に制定してもらいたかったと思います。「なぜここに居るんだろう」という理由が欲しかったし、あつれきが多かった中では欲しかった。しかし、実際には特例法という形で対応することになって、今に至ると当初の意味が変わり、広域避難の実情を踏まえて考えを深めていかなければならないと思います。

――今後の復興について、どう考えますか？

市村 コミュニティーは再建ではなく再構築が必要です。新たな関係性を新たな枠組みの中で組み上げていかないといけない。被害を受けた方たちは、あそこで暮らしがあったのです。外で三年暮らしたことで、あそこが「ふるさと」になってしまった。奪われたのはふるさとでなく当時の暮らしであり、「ふるさと」と変化したように感じます。三年の節目を迎えますが、人それぞれ新しい人生を始めていくための準備が必要です。

金井 リアルな日常生活が断絶したのですが、簡単に回復できると考えるのは永田町・霞が関の誤解です。賠償で打ち切りたいということでしょうが、水俣病なども終わっていません。復興の加速化と言いますが、加速できると思うことに思い違いがあります。簡単に回復できないという現実の中で、息長くどう最善を尽くすのかというふうにスタンスを変えるべきです。

市村 復興したいのは私たち皆そうなんですよ。言いたいのは復興をなめるなということです。政府は、帰還一本やりだったのに、移住を加えただけで選択肢を増やしたと言わないでほしい。

百人居れば百の選択肢があるはずです。避難し続けざるを得ない人たちの切実な声は、次のステップに進むための時間と環境が欲しいということです。

◆富岡町と「とみおか子ども未来ネットワーク」

富岡町は人口一万五四〇五人、いわき市や郡山市など福島県内に一万九八二人、県外に四四二三人が避難している（二月一日現在）。昨年八月の住民意向調査では、「戻りたいと考えている」一二・〇％、「戻らないと決めている」四六・二％、「まだ判断がつかない」三五・三％だった。

同ネットワークは市村氏ら町民有志が二〇一二年二月一一日に設立し、のちNPO法人に。各地の「タウンミーティング」で避難町民の声を集約、学習支援の「子ども未来塾」、交流サロン、中学同窓会イベントなどを行ってきた。大阪、静岡など各地に支部がある。

（二〇一四年三月六日掲載）

■対談・その後

とみおか子ども未来ネットワークは、その後もタウンミーティングを中心にさまざまな事業を続けている。

富岡町では二〇一七年四月に帰還困難区域を除いた区域（居住制限区域と避難指示解除準備区域）の避難指示を解除すべく、商業施設などの準備を進めている。放射線量の比較的低い地区に

「産業団地」「交流公園」など新たな復興拠点を整備する計画もある。二〇一六年三月策定の「富岡町帰町計画書」では、平成三十一年度末（二〇二〇年三月）の居住人口の目標を三〇〇〇〜五〇〇〇人としている。しかし、市村さんはこうした行政の動きに距離を置く。

「個人で考えると何でそんなことをやってるかなという気持ちがある。他方で、町が復興拠点を作ってやっていることは当然だとも思う。でも、それが私たち多くの住民のためになるのかなとなると疑問符が付く。否定しないけれども、肯定はできないという感じです」。

二〇一四年三月の記事掲載後、新たな事業を始めた。富岡町の暮らしの記憶を次世代に継承するプロジェクトだ。町の高齢者に町出身の高校生・大学生が、生い立ちや小さい頃の遊び、学校や仕事などについて聞き書きし「おせっぺとみおか」と題する冊子にまとめる。戦争体験や祭りの歴史など話題は広範囲で、二〇一六年度は三回目の冊子作りをしている。「話の内容もそうですが、子供たちがやってくれることが貴重です」と市村さんは語る。同年度には日本たばこ産業（ＪＴ）の助成対象に選出された。帰還者が少ないからこそ、町の記憶を子どもたちに継承したいという。

事務局員は二人、それに三人の役員や手伝ってくれる若者の一〇人ほどで運営をしている。団体情報誌「とみログ」を年四回発行し、町民や関連団体に配布。金井利之氏や今井照氏（＊〇〇参照）、山下祐介氏、富岡町職員の菅野利行氏らとの研究会は継続しており、その成果として『原発被災地の復興シナリオ・プランニング』（金井利之・今井照編著、公人の友社）を二〇一六年一一月に出版した。

町が予測するように、避難指示が解除になっても戻る人は少ないと見る。「避難先で家を建てた人など、避難先に住民票を移す人が増えると思う。そういう人に対して町はどう対応していくのか」。今後も、新たな課題に応じた活動を続けていくと話している。

（冠木）

東京での避難生活と今後の課題――「東雲の会」に聞く

2014.9.4

高橋佑治さん　「東雲の会」副代表

たかはし・ゆうじ　富岡町生まれ。理科（生物）教諭、二〇〇四年県立富岡高を最後に退職。その後数年間、非常勤で教える。七一歳。

豊田吉彦さん　福島県生活環境部避難者支援課主任主査（退職後、再任用）

とよだ・よしひこ　いわき市生まれ。東京都の都内避難者支援課を拠点に都内や千葉県などの避難者を支援。五八歳。

◆帰還の前提は生活環境
移住者にも手厚い支援を――高橋佑治さん

◆必要なものは人それぞれ
丁寧に寄り添っていかねば――豊田吉彦さん

大震災・原発事故から三年半。帰還の見通しが立たない中で、東京都内に避難している人々の思いは複雑だ。国家公務員宿舎「東雲《しののめ》住宅」に住む避難者の自主団体「東雲の会」副代表の高橋佑治さん、福島県職員で支援を担当する豊田吉彦さんに、生活や支援の課題を聞いた。

――この東雲住宅に入居したいきさつは？

高橋 避難所を転々としてここが六カ所目です。震災の翌朝、夫婦と息子たち二人の四人で車で避難を始め、田村市や郡山市、さいたま市、そして最後は東京ビッグサイトです。住宅を申し込んだら、ここが当たり二〇一一年四月二四日に入居しました。ストレスがたまって体のあちこちが痛くなっていましたが、ここに来てよくなりました。

――豊田さんは避難者支援の仕事を志願したそうですが？

豊田 震災直後から県の県外避難者支援チームに所属して山形県や静岡県を担当しました。その後、東京都を受け持っている時に公募があったので、この仕事を続けようと思って志願しました。それで東京都の専任になり、東雲のサロンにも伺うようになりました。

志願したのは、自分がいわき、妻が浪江町の出身で、被災者と同じ浜通りということがありますが、気持ちとしては震災直後の三月一六日、田村市にあった大熊町の避難所に行った時の体験が大きかったですね。私たち県職員二人が受付にいたら、女性から「これを使ってくださいね」と熱い湯を入れたペットボトルをいただいた。寒い体育館で寝ている方々が、我々みたいな県職員に気遣いをしてくださったことが本当にうれしかった。この仕事は、皆さんに喜んでいただくことで、私も助けられる気がします。

——東雲住宅に入ったころはどういう生活でしたか?

高橋　来た時は皆、暗い雰囲気だったですよ。エントランスですれ違っても一言もしゃべらない。エレベーターで乗り合わせてもみんな気まずい思いで下を向いている。六月ごろ、ひそひそ話があって、管理人さんに聞いたら孤独死があったという。それから都の担当の方が来て、各階の代表者八人が集まった。そこで役員を決めて発足したのが東雲の会です。翌年一月にサロンに顔を出している女性の中から八人に役員になってもらった。

——東雲の会はどんな活動を?

高橋　最初のころは江東区にいろんな苦情が入ったそうです。それで、地域の人ににらまれないようにと考えた。ゴミ捨てのルールなど注意事項を広報誌に載せたり、月一回のゴミ拾い、クリーン作戦も始めたりした。東雲住宅だけでなく近くのスーパー、郵便局の周りもね。地域と仲良くするため祭りに参加して浪江焼きそばを作ったりした。

豊田　東雲の会は避難者の自主団体として最初にできたもので、活動も多彩ですね。その後から新宿区百人町の青空会などが次々とできて、いま全部で一七団体あります。それぞれ定期的に交流サロンなどをしています。ただ、どこでも、だんだん参加する方が固定し、少なくなってきているようです。各団体の連絡会も月一回開いていて、いま計画しているバスハイクの実行委員会には高橋さんが参加してくれています。

――最後に、今後の生活や支援の課題について。

国家公務員宿舎「東雲住宅」

高橋　私は戻れない地域だから、宇都宮に土地を買って家を建てました。退職後は野菜作りを楽しんでいたので、畑も作ります。中通りに兄弟が五人おり、宇都宮は東京との中間なので。息子たちは都内で暮らすことになります。

線量が低くなればいいのではなくて、生活できる環境になっているかどうかの問題ですね。だから、私は避難者に「町に戻れ」なんて言わない方が良いと言っている。行政は、原発の廃炉などに専念した方が良いと思う。そうすれば、その仕事の人がたくさん来て店や病院ができてきて、だんだんと住みやすい町になる。

必要な支援はその時期によって変わります。最初は物が足りない、次は心の支援。今は、これからの生活を決めることが大切なので、戻る人、戻らない人、差別なく関わってほしい。移住しようとする人に向けての相談窓口があればいい。

豊田　福島県は、戻ろうかどうか迷っている方に、戻る場合はこういうのがありますよという情報提供をしています。復興公営住宅の募集案内、除染やライフラインの状況などです。長期にわたる避難の中で、必要とするものが違うので、丁寧に寄り添っていかなければならないと思います。

◆**東雲住宅と都内避難者**

東雲住宅は、震災後に入居開始した東京都江東区にある国家公務員宿舎。三六階建て、世帯用、単身用など九〇〇戸。都が応急仮設住宅として借りて避難者を受け入れ、入居管理している。ピーク時には約一三〇〇人、現在も一〇二三人、五二三世帯の避難者が住む。九割以上が福島県内から。

都内への避難者は七七四一人で福島県からが六三四〇人を占める（七月一〇日現在、都調べ）。都は都営住宅などの提供のほか、相談窓口や情報提供などの支援、高齢者の孤立化防止事業を行っている。

◈**東雲の会**

東雲の会（藤田泰夫会長）は東雲住宅に住む避難者が作る自主組織。都、江東区社会福祉協議会と避難者が話し合い二〇一一年九月に設立。週二回の交流サロンの開催、広報誌「きずな」の発行、一人暮らし宅を訪問する「見守り隊」などの活動をしている。

（二〇一四年九月四日掲載）

■対談・その後

東京都内で暮らす福島県からの避難者は二〇一六年一二月九日現在で五二三五人。東雲住宅にはそのうち八五〇人、四二〇世帯が暮らす（一一月末現在東京都調べ）。記事掲載当時より一七三人、一〇〇世帯少なくなった。当初は過半数を占めていた自主避難者は、この時点で三二〇人となり四割を下回っている。二〇一七年三月の退去期限に向けて動きが早くなっている。

「東雲の会」では今も当時と同様、誰でも参加できるサロンを、江東区社会福祉協議会の協力で週二回開いている。しかし、自主避難の人の参加は相変わらずほとんどないという。同じ避難者ではあるが、見えない壁があるようだ。

副代表で広報担当を務める高橋さんは、富岡町の帰還困難区域から避難し、夫婦と息子さん二人の四人で暮らしている。宇都宮に土地を買い、自宅を新築したが、東雲住宅での世話役は今後も続けるという。富岡にある一戸建ての自宅と二階建てアパート（四戸分）は傷みが激しい。取材当時は永久に戻れないと思っていたが、富岡町が帰還困難区域について五年後を目標に避難指示の解除を計画していることを知り、「解除になったら、墓参りの時に泊まれるような小さな家を建てたい」という気持ちになった。「自分は親からの資産があるから（賠償で）家を建てられたが、ない人は大変だと思う」と話している。

豊田吉彦さんは、二〇一五年度で退職したが、再任用で仕事を続けている。二〇一七年度も継続を志望した。担当地域は東京都と静岡県で、臨床心理士や社会福祉士とともに戸別訪問し、健康や生活再建などさまざまな相談に応じている。都内には福島県やいわき市などから避難者支援のために若手職員が派遣されているが、経験の長い豊田さんは頼られる存在になっている。「避難している方々の状況は、以前とは相当違ってきています。借り上げ住宅の期限が迫り、お子さんが大きくなっている。一人一人が変化している」と話している。

自主避難の人は、二〇一七年三月で借り上げ住宅の支援が終わる。当然、東雲住宅も退出しなければならないが、二〇一六年末に追加措置が決まり、転居先に困っている人に限り国家公務員宿舎に継続居住できることになった。家賃は国家公務員並み（三ＤＫで五万数千円など）で、年明けから居住者の意向調査を始めている。一七年四月から自主避難者に対して福島県が提供する支援は、月二一万四〇〇〇円以下の所得の人を対象に上限三万円（二年目は二万円）の家賃補助と、転居費用一〇万円。追加的な支援の有無は自治体によってさまざまだ。自主避難者や支援団体は、これまで通り無償での住宅提供を求めており、支援担当職員の仕事の現場では板挟みになることが多いようだ。

（冠木）

＊当時の紙面は、双葉郡の避難区域から避難した人を交え三人の座談会でしたが、再録の許諾をいただけなかったため、発言や写真を掲載しませんでした。

被災者支援の四年と今後

2015.3.5

稲垣文彦さん　中越防災安全推進機構復興デザインセンター長

いながき・ふみひこ　一九六七年新潟県長岡市生まれ。二〇〇四年一〇月の新潟県中越地震からの復興のため〇五年五月、中越復興市民会議を創設し事務局長に。一〇年現職。中山間地域の集落支援員や東日本大震災の復興支援員の育成を進める。ながおか市民協働センター長。共著に『震災復興が語る農山村再生』。

天野和彦さん　福島大特任准教授・前おだがいさまセンター長

あまの・かずひこ　一九五九年福島県会津若松市生まれ。特別支援教育に一五年携わる。震災後避難所を運営し二〇一四年三月まで同センター長。一二年四月福島大うつくしまふくしま未来支援センター特任准教授・地域復興支援担当。共著に『生きている生きてゆくビッグパレットふくしま避難所記』。

◆数字でとらえきれぬ復興
住民の話聞くことが原点――稲垣文彦さん
◆人々の絆ますます大事に
自分守る力育てる教育を――天野和彦さん

震災直後、福島県郡山市の「ビッグパレットふくしま」（県産業交流館）は原発事故から逃れた二五〇〇人以上が集まり、最大規模の避難所になっていた。そこに運営責任者として県から派遣されたのが天野和彦さん、支援に駆けつけたのが中越防災安全推進機構の稲垣文彦さんだ。「おだがいさまセンター」など四年間の活動を振り返り、被災者支援の課題を話し合ってもらった。

――震災後にお二人がビッグパレットに入ったのはどういう経緯でしたか。

天野　二〇一一年の震災直後は相馬市の避難所で運営支援をしていました。四月九日に県の災害対策本部に呼ばれ、ビッグパレットで運営責任者をしてくれと指示された。厳しい状況でノロウイルス患者も出ていて死人が出るかもしれないという。富岡町、川内村の役場の人も限界だと。それで一一日に県庁の支援チームとして入りました。

稲垣　私は新潟県長岡市で支援のバックアップをしていましたが、三月末に内閣府のボランティアの会合があり、NPOの仲間から、福島に行ってほしいと頼まれた。政府の現地対策本部で、大規模避難所が大変なので民間の知恵を借りたいと言われて現地に行って、一一日午前に天野さんと出会ったわけです。

天野 どんな状態の人がどこにいるか把握してほしいと救護班の会議で頼んでも動いてくれない。そこで災害看護で有名な黒田裕子さん（阪神高齢者・障害者支援ネットワーク理事長、一四年九月死去）が発言したんです。「名簿を作るのは医療の仕事じゃないと、私がいつ皆さんにお教えしましたか。それが命を守ることにつながる」と、すごい調子なので驚きました。そしたら反対していた医師が「喜んでお手伝いさせていただきます」と言ってくれた。一つのターニングポイントでした。

稲垣 いろんな職種の方が活動していましたが、横のつながりがなかった。医療福祉の関係が経験上一番難しいと思ったので、黒田先生に一日だけ来てもらったんです。

天野 何から手を着けようかと思っていたら、稲垣さんが中越から若い人を呼ぼうと言う。サロンを作り、「足湯」をして話を聞くことを始めた。あれがまた大きかったですね。

——避難者の交流と自治を掲げた「おだがいさまセンター」はどういう経緯で?

天野 ボランティアが大勢来てくれていたからさばく仕組みも必要だろうし、避難者の生活支援の仕組みも必要だと思いました。稲垣さんと一緒に富岡町長、川内村長に会い了解してもらったんです。「お互い様」というのは見返りを期待するギブ・アンド・テークではありません。日本中に通じる精神だと思っています。

稲垣　避難所で安全に生活するだけでなく、お互いに役割を持って支え合うことをきっかけに再建が進んでいく。それが多少できたのかもしれません。

――支援の課題について四年間で変化はありましたか。

稲垣　本質的には何も変わっていないと思います。震災だけの被災地だと、被災した一分一秒後から再建の道が刻まれていくと思いますが、福島ではまだ刻まれていない。それと、本当に一人一人で状況が違っていて一くくりにはできない。

天野　震災関連死は、岩手、宮城では亡くなった方の八％ぐらいですが、福島の場合は五〇％を超えています。故郷に帰れるのか帰れないのか、帰れるとしたらいつなのか、もやもやとしたままいろんな感情を抱えている。原子力災害の深い影が震災関連死を生んでいるわけです。その根っこの部分は全く変わっていない。まさに心の復興が福島の課題だと思います。

稲垣　新潟の自主避難の方々も変わっていません。むしろ時間がたつにつれてより複雑になっている。まだまだ孤独に避難している方がいる。避難したことが正しかったのかと悩んでいる。それぞれの思いを抱きしめて話を聞いていかないといけない状況です。避難区域からの人も、何を失ったのかを話し切れていない。富岡から来た人が「富岡の青い空をなくした」と言っていましたが、大きな喪失感があるのです。

――これからの支援は、どうしたらいいでしょうか。

稲垣　福島の問題は数字でとらえてはいけないと思います。県外避難の人が県内に戻る、仮設住宅の人が復興公営住宅に入る。それで数字が減れば復興が進んだというんですが、問題を押し込めているだけで何も変わっていない。もちろん、そうせざるをえない部分はあるので全否定はしないですが、やはり、住民の話をしっかり聞けていないことが根本だと思います。比喩的に言えば、もう一回、原点に返って「足湯」から始めるべきだと思います。お互い心を開いて、もう一回いろんな話をしていただき、聞いていく。

天野 確かに役所は数値目標をあげて、避難者がどれだけ減ったのかを数で見るということはあります。一方で、おだがいさまセンターでは生活復興支援と言って人のつながり、絆を重視してきました。四年を経てますます大事になっています。

――今後の課題について付け加えることがあれば。

天野 福島の子どもたちを大人たちが守っていくこと、これも大事です。もう一方で、福島に対するいわれなき差別がないわけではない。例えば結婚についてそういう話も聞く。そんなことがあったとき、子どもたちが自分たちで自身を守っていける力を付けてやらなければいけない。教育の大きな課題です。

稲垣 これだけ苦労し、いろんなことを考えたお子さんだから、他人にはやさしい大人になるでしょう。お子さんは親が思う以上にしっかりしています。親御さんは、重荷を負わせたとは思わないでほしいし、お子さんをひとりの人間として信じてほしい。

◈おだがいさまセンター

福島県郡山市のビッグパレットふくしまに避難した富岡町、川内村などの住民を支えるため、二〇一一年五月一日に発足した「生活支援ボランティアセンター」の通称。着替えや授乳ができる「女性専用スペース」や喫茶コーナーを設置、敷地内の除草、花植え、夏祭りや情報紙発行、ミニFM局「おだがいさまFM」などの活動を行った。

同年八月末の避難所閉鎖後も活動を続け、翌一二年二月に同市富田町の仮設住宅敷地内に新築移転。富岡町社会福祉協議会が運営し、「交流と自治」「生きがいと希望づくり」などを掲げて活動。年間二万人が利用している＝写真。

（二〇一五年三月五日掲載）

■対談・その後

天野和彦さんは、記事掲載の後、二〇一五年四月から一年間、NPO法人「みんぷく」（長谷川秀雄理事長）に籍を置き、コミュニティー交流員の仕事の土台作りを行った。コミュニティー交流員は、復興公営住宅に住む住民を支援し、住民が自立できるようにするのが仕事だ。「みんぷく」は県から業務委託を受けて交流員を雇用し指導や運営をしている。いわき市平の七夕飾り作りで紹介した会田勝康さん（二三〇頁参照）とのつながりも深い。

二〇一六年度から福島大学に戻り生活復興の仕事を続けている。「この仕事をやめるわけにはいかない」と思うからだ。「この地域は『人間の尊厳』だけでなく『地域の尊厳』が奪われてしまった。福島の人はそれがとても悔しいのです」。浪江町の中心商店街の店主らで作る「まちづくりＮＰＯ新町なみえ」の人々と共にワークショップを開催している。帰還を迷っている人、戻らない人が多い中で、「三年後の生活イメージを考え、それをかなえるための施策を行政に提案し、実際に動かしていく所までやろう」というものだ。新町なみえは、避難先で「セカンドタウン」を作る構想を掲げ、帰還を進める町の方向性とは距離があると言われる。

稲垣文彦さんとは、防災教育教材「大規模避難所運営シミュレーション　さすけなぶる」のプロジェクトを続けている。「さすけなぶる」は福島弁の「さすけね」（大丈夫だ）と「サスティナブル」（持続可能な）を組み合わせた造語。大規模避難所「ビッグパレット」運営の教訓を生かして、対応力をつけるための訓練ゲームだ。すでに全国各地で試行が行われている。

中越防災安全推進機構で震災アーカイブズ・メモリアルセンター長を務める稲垣さんは、二〇一六年は熊本地震の被災地支援に奔走した。福島との関係では、双葉町などの復興支援員の指導・サポートや、被災町村のメモリアル施設作りなどで協力している。中越地震の後、震災の記憶と復興の軌跡を後世に継承するため、メモリアル拠点として長岡、山古志、小千谷、川口の四施設が設立され、三つの公園を結んで「中越メモリアル回廊」としている。そうした施設づくりの実際や運営の経験を福島の被災地の人に伝えている。

「おだがいさまセンター」は、その後も続いている。二〇一七年春に富岡町の一部地区で避難指示解除が予定されているが、運営している同町社会福祉協議会の一部が残り、センターも維持するという。帰還可能となる地区でもすぐに帰還する人は少数と予想され、センターがある仮設住宅に住み続ける人もいるとみられるからだ。

（冠木）

国連防災会議と原発災害

2015.2.5

丹波史紀さん

福島大准教授（社会福祉論）

たんば・ふみのり　一九七三年愛知県生まれ。日本福祉大大学院中退。二〇〇四年に福島大助教授。福島県双葉郡八町村の全世帯調査や浪江町の復興計画策定に携わる。福島大うつくしまふくしま未来支援センター地域復興支援担当マネジャー。ふくしま連携復興センター代表理事。大熊町復興計画検討委員長。

大橋正明さん

ＪＣＣ２０１５（二〇一五防災世界会議日本ＣＳＯネットワーク）共同代表

おおはし・まさあき　一九五三年東京都生まれ。早稲田大政経卒。インド、米国に留学後、バングラデシュなどで貧困者救援活動に従事。シャプラニール＝市民による海外協力の会代表理事（現・評議員）などを経て、国際協力ＮＧＯセンター（ＪＡＮＩＣ）理事長（いずれも現・理事）、日本ＮＰＯセンター副代表理事。聖心女子大教授。

◆世界的な教訓にする必要　広島、長崎の歴史にも学ぶ――丹波史紀さん

◆「原発」も国連で位置付けを　被害軽減のため経験共有――大橋正明さん

三月一四日から仙台市で第三回国連防災世界会議が開かれる。ホスト国の日本は、東日本大震災からの復興や防災の取り組みを発信する機会としているが、福島の原発災害をどう伝えていくのか。準備段階で及び腰に見えた日本政府に、NGOの声をとりまとめて注文を付けてきた大橋正明さんと、復興活動に取り組んでいる丹波史紀さんが語りあった。

――国際協力NGOの大橋さんが福島を支援することになったのはどうしてですか。

大橋　大震災の時には「とにかくやろう」「グローバル化の中で国内外にこだわっている場合ではない」と考え支援活動を始めました。国際協力NGOのネットワーク団体の「国際協力NGOセンター」（JANIC）としては、すぐに募金を開始し、調整役をやろうとまず仙台に行きました。

また、当時は南アジアの貧困問題に取り組むNGO「シャプラニール＝市民による海外協力の会」の副代表をしており、福島は最初はためらいましたが、一番困難な所に行くべきだと考え、

震災約一週間後にいわき市に救援物資を届けました。そのうち、NGOもボランティアも福島が少ないことが分かったので、JANICも福島支援に集中しました。

丹波 今回の大震災の被災者三十数万人の半分は福島県の人ですが、圧倒的にボランティアの数が足りていなかった。何で福島を通り過ぎて宮城や岩手に行くんだろうと思いましたね。当時は、外からの支援には頼らずに自分たちでやらなければならないと覚悟を決めたと思います。しかし今考えると、支援をしたいが放射能に対処する行動指針がない。その心配に対して、現地の人間が応えきれなかったという反省はあります。

大橋 自身の身の安全を優先して支援に行かないというのは、現地から見ればひどいことです。確かに私たちは放射能の指針も測定器もなく、若い人を送る立場として悩みました。

丹波 国際NGOの場合、紛争国などでの経験から、行動原則を確立しながら入って行くと思うんです。今回、私たちは、放射能の知識を踏まえ、ここまではできる、できないという原則をNGOと一緒に確立して活動しました。原則ができたことで他の団体も支援に入りやすくなったと思います。私たちが学ばせてもらったことです。

大橋 そんな経験を伝えることも今回の会議の課題ですね。

――その後、国連防災世界会議に関わるようになった経緯はどういうことから?

大橋 きっかけは復興を支援しているNGOの誘いで二〇一三年五月にスイス・ジュネーブで開かれた国連の防災世界会議の準備会合に出席したことです。そこで日本政府の方が、福島のことはもう心配ないと発言したりし、本会議でも分科会でも福島のことが極力避けられている印象で、大きな衝撃を受けたんです。これではいけない、新たに策定する世界の防災行動の枠組みではぜひ福島の経験を取り上げ、原発災害も国連が対象とする災害の中にきちんと位置付けるよう働きかけなければならないと思いました。

そこで、八〇以上の団体に呼びかけて結成したのが、私が共同代表を務めるＪＣＣ２０１５というネットワークです。福島の活動で知り合った丹波さんに声をかけ、昨年六月にタイ・バンコクで開かれたアジア防災閣僚会議に出かけました。

丹波 私たち福島のメンバーはバンコクでフォーラムを開催して被害実態を説明し、行動の指針、避難や防災計画について日本からの発信を強めなければならないと感じました。

繰り返し質問されたのは「じゃあ、その時我々はどうしたらいいのか」ということでした。教訓としなければならないのは、原発推進か脱原発かという立場を問わず、安全のための具体的な提案なんだなと反省もしました。

――会議で採択される行動枠組みで原発災害はどう位置付けられるのでしょうか？

大橋 準備会合でイタリアと欧州連合（ＥＵ）は、議論の対象の「自然災害に起因する人工災害」という文言のうち「自然災害に起因する」を削除すべきだと主張しました。これだと福島だけでなくチェルノブイリも入ります。日本政府などが反対していますが、削除を求める国が出てきたのは前進です。

丹波 原発災害を世界的な教訓にしていかなければならないと思いますが、教訓が十分引き出されていない。海外から注目され、福島や日本の行動が問われているにもかかわらず、我々日本人の方が消極的になっているのではと感じます。

大橋 私の活動地域である南アジアでも原発が増加中で、次の事故がこの地域で起きないとは限りません。被害を軽減するには福島の経験を伝えなければならない。昨年の国内準備会合で、福島県の内堀雅雄副知事（現・知事）が、まず福島の体験をもっと共有したいと発言し、私も「私たちもそのことが使命だと思う」と申し上げました。今の段階では会議で福島第一原発へのツアーが組まれるなど、原発災害に消極的だった日本政府の対応も大分変わってきました。

丹波 福島でも防災世界会議に合わせてシンポジウムやワークショップを開催します。世界から仙台に集まった方には福島にもぜひ来ていただきたい。

――最後に福島復興の課題を防災会議との関連も含めて。

丹波 人口流出や高齢化、ケアの担い手がいなくなるなど、福島には一〇年後、二〇年後の日本社会の課題を先取りしている部分がたくさんあります。この問題の解決がモデルになりうるので、福島での取り組みを発信していかなければなりません。

大橋 広島や長崎に行けばミュージアムがあって原爆のことを学べるように、原発事故を学ぶなら福島でという世界的なコンセンサスを作っていかなければならない。福島県が音頭を取って、日本政府が後押しする形が一番いいと思います。

丹波　僕の祖父は広島で被爆しました。原爆が落とされた直後は、五〇年、六〇年、草木も生えないと言われていましたが、見事に再生し、ヒロシマは今は平和のシンボルとして世界で通じる言葉になっています。被爆者をはじめとする広島、長崎の方々が取り組んできた歴史があるからだと思います。福島でも二〇年、三〇年たった時に、再生が果たされたと、きちんと言えるようにしなければなりません。

◆国連防災世界会議

国際的な防災戦略を議論する国連主催の会議。一九九四年に横浜市、二〇〇五年に神戸市で開催。第三回が三月一四日から一八日まで五日間、仙台市で開かれ、〇五年に神戸で採択された「兵庫行動枠組」に続く今後一〇年間の行動計画や政治宣言が採択される。国連全加盟国、国際機関、認定NGOの代表が参加する本体会議や誰でも参加できる関連イベントが開かれる。福島市でも福島県と福島大の共催による関連事業として、三月一六、一七の両日、シンポジウムなどが開催されるほか、一三日には民間ネットワーク・JCC2015による「市民が伝える福島　世界会議」が開かれる。

（二〇一五年二月五日掲載）

■対談・その後

国際NGOが力を発揮したのも東日本大震災の一つの特徴だった。大橋正明さんは国際NGO

の重鎮で、被災地、特に福島の支援の先陣を切った人物だ。一方、丹波史紀さんは福島大学の研究者として支援に取り組み、大学・民間・自治体をつなぐ重要な役割を担ってきた。対談はそれぞれの経験を語り合ってもらう狙いもあった。

丹波さんは震災直後、福島大学内に設置した避難所運営に関わったのをきっかけに、二〇一一年三月末に大学内の教員有志十数人で「福島大学災害復興研究所」を立ち上げた。九月には双葉郡八町村の全住民調査に取り組んでいる（解説篇の三四七―三四八頁参照）。福島大学ではまもなく復興支援を担う「うつくしまふくしま未来支援センター」が設立され、そこでも地域復興支援部門の中核メンバーとして活動している。一方、二〇一一年七月に県内の民間支援組織のネットワークである「ふくしま連携復興センター」を設立し代表理事に就任した。当時、政府はボランティアとの協力を重視し、内閣官房に震災ボランティア連携室を設置。全国的なネットワークとともに、地元での中間支援組織として「連携復興センター」設立を勧めていた。岩手、宮城では設立されたが、福島では遅れていたところに、丹波さんらに声がかかったという。同センターの初期の活動としては、強制避難者の仮設住宅で支給された日本赤十字社による生活家電セット（テレビ、冷蔵庫など）と同様の物を自主避難者に配布した事業がある。国際協力NGOジャパン・プラットフォームの資金を得て実施した。災害復興研究所として、福島の取り組みを世界に発信していく事業の一環として、国連防災世界会議の準備に関わっていた大橋さんとの接点ができた。

記事掲載翌月の三月一四日から一九日にかけ、国連防災世界会議が開かれた。一四日の「技術的な災害」に関する作業部会で、内閣府審議官が原発事故後の防災の見直しを説明した。採択された仙台行動枠組では原子力災害を含む「人為的災害」という表現が使われた。「原子力」の言葉がなかったことに対して評価は割れたが、準備段階から日本政府に注文を付けてきた大橋正明さんは「それまでの自然災害に加えて人為的災害という表現が行動枠組に盛り込まれたことは極めて重要な進歩」と評価している。大橋さんはその後も仙台行動枠組を受けたフォローアップに参加している。

シャプラニール＝市民による海外協力の会が大震災直後からいわき市で続けてきた被災者支援活動は二〇一六年月末で終了した。

（冠木）

長期避難　政治・行政の課題

2013.9.5（寄稿）

今井　照さん　福島大学教授（自治体政策）

いまい・あきら　一九五三年神奈川県生まれ。東京大文卒。東京都立学校事務、大田区役所職員を経て、九九年に福島大学行政政策学類教授。二〇一二年、立教大学池袋キャンパスに開設の「福島復興学」大学院サテライトを担当。著書に『「平成大合併」の政治学』など。

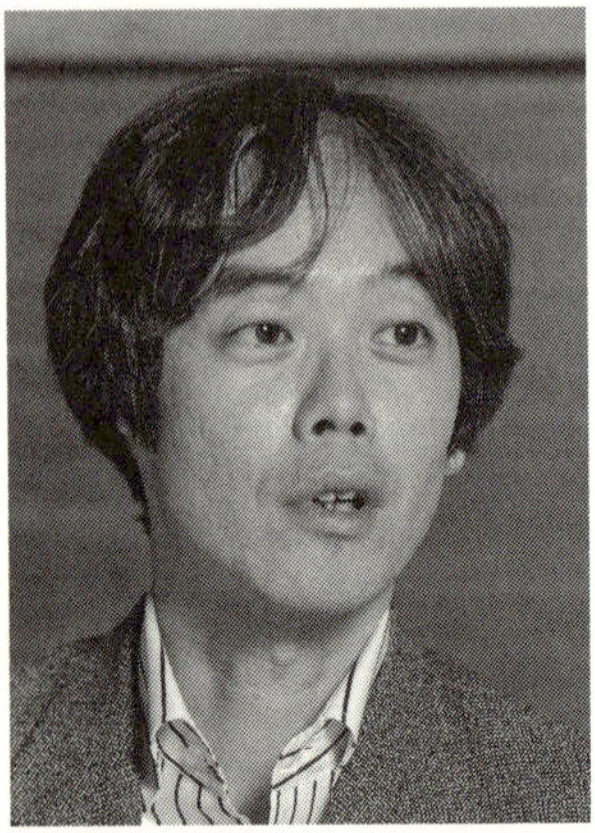

牧原　出さん　東京大学教授（政治学）

まきはら・いづる　一九六七年愛知県生まれ。東京大法卒、東北大教授を経て四月から東京大学先端科学技術研究センター教授。仙台市震災復興検討会議副議長を務めた。著書に『内閣政治と「大蔵省支配」』『権力移行――何が政治を安定させるのか』など。

東日本大震災、福島第一原発事故が起きてから二年半になるというのに、福島では今なお一四万七〇〇〇人もの人々が避難生活を余儀なくされている。長期避難者を支えるために必要なことは何か。政治や行政の課題について、福島大学教授の今井照さんと東京大学教授の牧原出さんに寄稿をお願いした。

◇「戻る・戻らない」強制せず 二重の住民登録、整備を――今井 照さん

揺れ動く心情に配慮が必要

哲学者の内山節は、復興とは、「元気な町」の再建ではなくて、「復興とともに生きたという存在の自己諒解《りょうかい》のなかにある」という。しかし原発災害では、一部の地域で、長期間にわたって帰還できないことが予想される。復興のスタート地点にも立てない場合、復興のなかに自己の存在を見いだすとはどういうことを意味するだろうか。それは、時間をつないでいくという実感に希望を託しつつ、現在の避難生活を支えていくということではないか。

原発災害避難者の多くは、いまもなお住民票を元の市町村に残したままにしている。行政的に考えれば、まずは避難先に住民票を移し、その後、帰還したら、住民票を戻せばよい、となるだろう。しかしそうしていないのは、賠償に対する不信もあるが、避難者がそこに何らかのこだわ

りをもっているからだ。

このこだわりは、単に情緒的な問題ではなく、ひとりひとりの避難生活を支える源ともなっている。汚染水の流出などのニュースを聞きながら、ひょっとしたら自分が生きているうちには戻れない、あるいは戻らないと考えている人たちでさえも、過去から未来へ地域社会をつないでいくという希望を捨てたわけではない。避難生活は、震災前までいっしょに住んでいた地域の人たちとのネットワークや、避難元の役場を媒介とした情報網によって支えられている。

一方、避難生活が長期化してくると、誰かに背中を押されて「割り切りたい」という心情も芽生えてくる。たとえば、避難先の支援者から、そろそろ住民票を移して、いっしょにやっていこうよ、という声がかかり始める。いまはまだ、それを言わないでくれ、と答えているが、心は揺れるという話を聞いた。地域社会や自分への矜持《きょうじ》がくずれ、将来の復興における自己の存在を見失いかねないからだ。

このように揺れ動く長期避難者の現在に適応した政策・制度を政治・行政は用意すべきなのではないか。たとえば、二重の住民登録がそのひとつだ。性急に「戻る・戻らない」の選択を強制するのではなく、避難先でも避難元でも、それぞれの住民としてのまちづくり参加権など、多重的な市民権を保障するのが、二重の住民登録のポイントである。最近では日本学術会議の中からも提案されている。

もしこれが整備されないまま、財物補償や生活再建の支援を進めると、自治体は自らの市民を失うというリスクを負うことになる。これは避難者にとっても自治体にとっても本意ではない。二重の住民登録に似た制度として、既にふるさと納税制度があり、また終戦直後の地方自治法には、天災事変による避難者が、住所要件に関わらず、避難元の選挙権を取得できるという規定もあった。二重の住民登録は、いずれ、都市と地方の二地域居住や、高齢者施設の域外設置などにも応用可能になるかもしれない。

ライフサイクルより長い復興過程が予想される原発災害においては、その復興に自己の存在を見いだすという原発災害避難者の希望を制度として保障することで、長期化する避難生活を支えていく必要がある。それが、根本的な解決策をもたない原発事故を引き起こした政治・行政や社会の責任ではないか。（寄稿）

◆当事者意識薄い現政権　国の役割は市町村の調整——牧原 出さん

長期避難者に、きめ細かな配慮を

二〇一二年一二月に成立した第二次安倍晋三内閣は、首相自ら毎月東日本大震災の被災地を訪問することで、復興の諸課題に前向きに取り組む姿勢を明らかにしてきた。また被災自治体を回ると、新内閣の担当大臣、副大臣、大臣政務官が要望を親身にとりあげようとしているという評価を聞くことが多い。

政権は三月に、復興推進委員会のメンバーを、被災三県知事を除いて一新した。民主党政権の影響下にある人材を登用しないという意思表示であろう。だが、広域にわたる被災地では、震災後二年が経過し、復興の状況もきわめて多様となっている。新しく任命された新委員が、すぐに現状を、総体として理解するのは不可能である。

事実、委員会は、六月に「『新しい東北』の創造に向けて」の中間とりまとめを発表した。被災地の子どもの成長への支援、高齢者対策、新エネルギーの導入などが打ち出された。いずれも取り組むべき重要な課題ではある。だが、前政権時の委員によってとりまとめられた「平成二四年度審議報告」と比べると、問題をピンポイントに絞って指摘したという印象をぬぐえない。課題の全体像をとらえようという意思が感じとれないのである。

また、自民党政権になってから、閣僚、党幹部からの心ない発言が被災地とりわけ福島をいら立たせている。高市早苗政調会長による「福島第一原発事故による死亡者はいない」といった趣旨の誤解に満ちた発言や、石原伸晃環境相の、除染で出た汚染土壌などを保管する中間貯蔵施設整備について、「福島県民が、福島県のために自ら行動するという認識をしっかり持っていただくことが重要」という突き放した発言である。ここでは、課題に取り組む責任者としての自覚が欠けている。与党に返り咲いてもなお、震災復興については当事者意識が薄いのが現政権の特徴と言うべきであろう。

現在、仮設住宅も含めれば、三一万人の避難者がいる。津波の被災地では、高台移転などにより、災害公営住宅や自立再建など正常への復帰に向けた計画が進みつつある。だが、原発事故によって避難を余儀なくされた福島県内市町村の場合、放射線量の漸進的低下を見越して、復興に向かう道筋がいまだ不明確である。

三月に国は、避難解除等区域復興再生計画を決定した。個々の市町村にとり、具体的にどのような事業を組み合わせて避難解除と地域復興を組み合わせるかは、今後の国との協議による。事業メニューも今後、更新される可能性があるという。国が市町村による除染・帰還・産業と生活の復興への工程表づくりをどう支援できるかが、問われている。

さらに、不透明な将来と放射線への恐怖の中で生活再建を強いられる長期避難者については、一層きめ細かい配慮が必要である。子どもと高齢者へのケア、医療体制の充実、コミュニティー作りなど、市町村が主体となるプロジェクトに対する国の役割は、事業の予算化だけではない。ちょうどまちづくりで住民の協議を推進するファシリテーターのように、広範囲に避難している被災者に対応した多数の市町村間の調整なのである。

（寄稿）

（二〇一三年九月五日掲載）

被災者の生活再建への課題

2014.4.3

田中直毅さん　国際公共政策研究センター理事長

たなか・なおき　一九四五年愛知県生まれ。東京大大学院修士課程修了。国民経済研究協会主任研究員を経て経済評論家に。二〇〇七年から現職。研究についてのピアレビュー（仲間間審査）の新段階は、研究による付加価値を正面から問う時代だと自覚したいという。

鈴木　浩さん　福島大名誉教授

すずき・ひろし　一九四四年千葉県生まれ。東北大大学院博士課程修了。住宅政策、地域計画。福島県復興ビジョン検討委員会座長。浪江町や双葉町の復興計画に関わる。原発被災地の除染・生活再建などに関する車座会議や情報プラットフォーム形成に取り組む。

◆公共事業頼みでは、若者がいなくなってしまう──田中直毅さん

◆日々の暮らしに、生きがいを持てるように──鈴木 浩さん

東京電力福島第一原発の事故で大きな被害を受けた福島の復興と、被災した人たちの生活再建に向けた課題を議論するシンポジウムを昨年一〇月から今年二月までの三回、国際公共政策研究センター（ＣＩＰＰＳ、田中直毅理事長）と福島大学うつくしまふくしま未来支援センターー、毎日新聞社、福島民報社の四者で開催してきた。田中理事長と鈴木浩・福島大名誉教授に、ＣＩＰＰＳの提言や今後の復興に必要な視点について語ってもらった。

──連続シンポジウムを福島、郡山、いわきの三市で実施し、ＣＩＰＰＳが提言をまとめました。鈴木さんにはパネリストとしても参加してもらいましたが、提言をどのように評価しますか。

鈴木 地元で復興に関わっている立場で言えば、ありがたい提言をたくさんいただきました。冒頭に「被災者の選択による自立を支援する」と掲げ、一つの復興の方向を決定するよりも、いろいろな選択肢が存在しうることを示してくれました。

──提言までに三年かかりましたが、田中理事長は「発言には覚悟が必要だった」と話されています。

田中　一九九三年の北海道南西沖地震で、奥尻島（北海道奥尻町）の復興は高台移転、港湾整備などの公共事業で進みましたが、これは持続可能な復興ではなかった。高齢化が進む過疎地域で、その後、漁獲量は減り続け、若者がいなくなっています。東日本大震災でも、公共事業に頼る復興では奥尻島と同じことが起こるのではないか。しかし、苦しいなか頑張っている人がいる、公共事業に代わる案が容易ではない、などの理由から声を上げられませんでした。シンポジウムは遅すぎたかもしれませんが、地元の生活者の声を聞き取り、拾い上げていけば次の時代を見通すことが可能になるかもしれないと考えました。

鈴木　公共事業に予算をつけ高台移転が進んでいますが、地域コミュニティーや地域経済の再生のシナリオは何もできていません。これが「創造的復興」とされてしまうことに警告を発すべきでした。漁業者は高い防潮堤を望んでいないのではないか。憎い海ではあるが、かけがえのない海です。地震・津波の予知技術を高める、情報伝達機能を強化する、避難技術を高める――この三つの原則を重視していくべきではないでしょうか。

――福島で暮らす方たちの中で議論するよう心がけましたが、生活再建の課題はなお山積しています。

田中　例えば住民票を移すと損害賠償の対象にならないというような根拠なき話があって、福島から転出しても届けを出さない方がいるようです。このくらい基礎的なことでさえ、風評によって本来の姿が実現していません。これまでの復興の前提は「全員帰還」で、現実性を欠くものでした。これ以外の選択でも必要としている人には手当てをすることになり、政府はやっと現実を認めました。

鈴木　政府は選択肢を増やし、予算をつけて補償額を増やすことにしましたが、予算化すれば解決できると考えている点は気になります。予算ではなく、復興のための詳しいシナリオが必要ですし、復興の主体である自治体への支援を積極的に進めるべきです。

田中　子どもたちの健康管理の問題は、昨年五月に成立した「マイナンバー法（個人番号法）」を活用すべきだと思います。ここに子どもたちの健康診断の結果を記録すればよいのではないか。今すぐにでも取り組むべきです。

――この点は、郡山市のシンポジウムで国による管理を懸念する声も上がりました。

田中　抵抗感があることは承知しています。記録したくない人は記録しないことも選択できる手法にすればよいのではないでしょうか。地元で議論していただきたい。

鈴木　マイナンバー法は国にとって都合のよいものだと受け止められているのではないでしょうか。自分にとって必要なものだとは理解しにくいと思います。

――震災から四年目に入りました。今、最も求められる視点、訴えたいことは。

鈴木　被災地の人に話を聞くと、一番の要望は「除染を徹底してほしい」です。しかし、山林の除染は山の木を切らねばならない。そういう山にしてよいのか。場合によっては「時間にまかせて、少し待ってはどうか」とようやく言えるようになりました。最初は、こんな発言は許されなかった。一定の幅を持って議論できるようになりました。人々の生活の再建とは何か。住まいを再建するのが基本ですが、生活の価値を高め、日々の暮らしに生きがいを持てるようにならなければなりません。そのための意見交換と合意形成の場、確かな情報を得られる情報プラットフォームのようなものが必要になっています。

田中 国、自治体が指針を示してくれない中でも、全体の意見の分布が示されれば、自分の間合いで自分の選択ができます。これまでのシンポジウムでその幅を示し、一人一人の判断を促すことができたのではないか。復興のあり方で、これしかない、ということはあり得ません。どう決めていくか、少しずつ知恵がついて、今後に残っていくことを期待したいと思います。

■国際公共政策研究センターの提言（要旨）

1．被災者の選択による自立を支援する

被災者が自立して生活再建を果たすためには、選択に値する複数の選択肢が用意され、被災者が自ら選択することが欠かせない。帰宅困難区域外でも移住などが合理的と認められる場合の適用を広げて、住宅確保に関わる賠償を進める。国は避難指示区域の復旧・復興、帰還の見通しを示し、市町村が作成する長期計画を実現するための施策と予算を措置する。避難指示区域により帰還か移住かを特定するのではなく、被災者の選択を尊重して支援する。

2．科学的なアプローチを確立する

放射線防護や健康管理においては主流の見解を押し付けるのでなく、個人の被ばく線量や健康調査のデータを長期間積み重ねて、個人の判断に資することが大切。番号制度などを活用して調査対象者の管理を全国で一元化し、受診率の向上を図る。除染は無理の少ないレベルで実施する。事故収束・廃炉について国が責任を負うことを明確にし、法定の科学調査委員会を再設置して事故原因の究明を行う。

3．原子力災害対策制度を見直す

原子力災害対策特別措置法で、長期にわたる被災者の救護・支援、除染・放射線防護や健康管理などを定める必要がある。国が原子力事業者との責任を区分したうえ、自ら責任をもって対処することも明確にされねばならない。政府内の所管を整理するとともに、原子力災害対策本部の副本部長に復興相を加え、福島への対応を明確にする。県や市町村に対し、防災計画作成や実施に必要な技術支援を行う。

（二〇一四年四月三日掲載）

一人ひとりを支える仕組みを

2015.12.3

津久井進さん　日弁連災害復興支援委員会副委員長

つくい・すすむ　一九六九年愛知県生まれ。神戸大法卒。阪神大震災直後の九五年四月に弁護士登録。各地の災害復興支援に携わる。二〇〇二年兵庫県に芦屋西宮市民法律事務所開設。兵庫県震災復興研究センター共同代表。著書に『大災害と法』（岩波新書）など。

渡辺淑彦さん　福島県弁護士会原発事故対策プロジェクトチーム委員長

わたなべ・としひこ　一九七〇年福島県いわき市生まれ。一橋大大学院修士課程修了。二〇〇一年弁護士登録。一〇年いわき市に浜通り法律事務所を開設。東日本大震災後、被災者支援に携わる。共編著に『原発災害はなぜ不均等な復興をもたらすのか』（ミネルヴァ書房）。

◆人生再建の手助け不可欠
災害版のケアマネ創設を――津久井進さん

◆金銭的な解決には限界も
必要なのは生きがい回復――渡辺淑彦さん

原発事故からまもなく五年になるが、被災者の暮らしや生きがいはどれだけ回復しているのか。阪神大震災以来さまざまな災害復興に関わり「一人ひとりが大事にされる新たな災害復興法」を提唱している津久井進さんと、原発事故直後から福島県いわき市の事務所を拠点に被災者の相談・支援を続けている渡辺淑彦さんの両弁護士が支援の課題を語りあった。

――二〇一一年三月一一日の震災直後から支援活動を始めたそうですが、最初はどんな様子でしたか?

渡辺 私は福島第一原発一号機建屋の爆発直後の一二日夕、いわきを出て車で一〇時間かけて東京都内の妻の実家に三歳と五歳の子を連れていきました。一四日に日弁連の緊急会議に参加したら、えらく怒っている人がいた。弁護士のメーリングリストが必要なのになぜ作らないのかと。それが津久井さんを知った最初でした。

津久井 私は災害復興支援委員会の副委員長の立場で、大災害時のマニュアルに沿って動き始めていました。ところが、弁護士の情報共有の仕組みがなかった。結局、私たち有志でメーリングリストを作りましたが、あっという間に二〇〇〇人以上が参加し、各地の支援活動につながりました。

渡辺 私はそれからさいたまスーパーアリーナに法律相談のボランティアに行きました。いわきからの人も大勢いて、皆さん段ボールの間で放心状態でした。ボランティアが足湯や散髪をしていましたが、いわきではこんな支援さえもなくて大変に違いないと思い、震災の一〇日後に一人で帰りました。放射線の情報も不十分な中、東京や新潟の弁護士仲間が来てくれ、一〇人ぐらいで避難所を回り、毛布にくるまっている方々の隣に座り込んで困りごとや行政への要望を丁寧に聞き続けました。

津久井 四月八日の東京での研修会で渡辺さんがその体験を生々しく話してくれました。

渡辺 福島の浜通りは司法過疎地で、特に原発周辺は弁護士がいない。そこでいきなり全住民が損害賠償の原告になるような事態が起きた。私は「助けてください、一人じゃとてもできません」とお願いをした。

津久井 会場は一五〇〇人ほどでネットで全国にも流れました。大の男が泣いていて、私ももらい泣きしました。「何かしなければ」と思った弁護士も多かったはずです。

——支援活動全体を通じての印象はいかがですか?

渡辺 最初の段階では、原発事故の強制避難によって多くの命や健康が奪われました。もともと、そこにしか居られない高齢者、障害者が強制的に避難させられた。次の段階では、避難生活で脳出血や脳梗塞《こうそく》で倒れた人がたくさんいて、損害賠償はできないかと僕らに持ち込まれてきています。この立証が私たちの課題です。放射線被ばくは人の主観によって大きく左右される問題で、避難などの行動が違ってきます。コミュニティーや社会的レベルでも被害を受けます。個人では被ばくの不安が残っています。低線量被ばくによる健康問題が現実には出ていないとされている中で、不安感、生活上の制限を理由に賠償請求できるかが今後の課題です。

津久井 私が気付いたことの一つは、起こっている問題の多くは、平時の課題がそのまま増幅しているということです。たとえば、過疎高齢化や貧困などが加速してしまう。二つ目には、制度による二次被害を感じました。災害救助の仕組みが関連死を招いているし、今の賠償の仕組みも住民の分断の温床になっています。制度が被災者を苦しめる原因になっていることがある。三番目は、個々の災害の違いや特徴を無視することで被害を大きくしてしまうという問題です。阪神・淡路の教訓を押しつけるとか、自然災害の対応を原発被害に無理に当てはめるとかですね。

――被害の回復ということをどう考えればいいでしょう。

渡辺 被災者が求めているのはお金だけでなくて、元通りの生活に近い生きがいや仕事、地域コミュニティーなのですが、司法が果たしている役割はほんの一部でしかないと痛感しています。例えば今までバラの花を作っていた、ブランド米を作っていたという人が、生きがいを返せとハローワークに行っても答えは出ないのです。そういう方々にとって、金銭的な解決には限界があるなと思います。

津久井　弁護士の災害支援は金銭中心で闘ってきた傾向がありますが、賠償は問題解決のごく一部だと思います。国や行政には一人ひとりの生活や生きがい、コミュニティーの復興を支援する責任があるはずです。

――相談・依頼は多いですか？

渡辺　非常に多いです。相談の内容は震災と原発に関係ないものはないと言っても過言ではありません。離婚、相続、成年後見、建築紛争……全てそう。原発事故は社会のすみずみまで紛争の火種を作ったと感じます。喫緊の課題としては、東京電力が営業損害賠償の終期を一方的に決めてしまい、今後の請求に迷っている事業者からの相談が多く寄せられていることです。

津久井　弁護士だけが足りないのではなく、困っている人のために考える専門家がいないのです。被災者、弱い人の立場でものを考える仕組みがない。

――「災害ケースマネジメント」という仕組みを提唱しておられますが。

津久井　介護保険のケアマネの災害版です。災害では人生そのものが毀損《きそん》されるので、平時の日常まで再建していく必要があります。今も被災者に寄り添う復興支援員がいますが、被災者の人生の再建の計画づくりとその実現を支える人を配置します。支援金を出して終わりではなく、平時に戻るまで、支援の必要度に応じ対応していく。財政的にも、金のかかる施設を造るより安上がりになるはずです。これによって災害対応に変革を起こせると確信しています。

◆新しい災害復興法の考え方

津久井進さんらが共同代表を務める「一人ひとりが大事にされる災害復興法をつくる会」が構想する新法の要点は次の通り。

◎「災害時の住まいの確保に関する基本法」の制定

現行の災害救助法では限界がある大規模自然災害や原発災害にも対応した新たな「仮の住まい」の仕組みを作る。被災の程度は住宅への被害だけでなく、暮らしに与えた影響で判定する。

◎「災害ケースマネジメント」の創設

一人ひとりの「暮らしと住まい」の毀損状態を把握し、生活再建プログラムを計画し実施する。担い手として「被災者生活再建支援員」を配置。平時の支援制度と組み合わせ、被災者の生きがいの回復、自立への歩みを支える。

◎給付制度の改革

罹災《りさい》証明で一律に支給する方法を改め、一人ひとりの被災、生活困窮の程度に合わせて支援内容を組み直す。家族がバラバラになった場合も想定し、世帯単位から個人に支援対象を切り替える。

（二〇一五年一二月三日掲載）

■対談・その後

日弁連災害復興支援委員会の副委員長だった津久井進さんは二〇一六年五月から委員長に就いた。熊本地震などの対応に関わる一方で、掲載記事で紹介した「一人ひとりの復興」に関連しては、被災者生活再建支援法など支援制度の抜本的改善を求める意見書（二〇一六年二月）をまとめた。原子力損害賠償法改正の動きに対しても、事業者の無限責任の維持などを求める意見書（同八月）を出している。

今注目しているのは全国で約三〇件に及ぶ原発賠償の集団訴訟だ。前橋地裁判決が二〇一七年三月に予定されている。自身も兵庫県への避難者の訴訟に関わる。緊急課題として二〇一七年三月末に迫った自主避難者への住宅支援打ち切り問題に取り組む。「住宅は暮らしの根本に関わる人権問題。本来国が救済すべきですが、国がやらない場合は自治体がする責務がある」。自主避難者と支援団体によるネットワーク「避難サポートひょうご」世話人として、兵庫県などの自治体、議会などに働きかけている。

渡辺淑彦さんは、集団訴訟「いわき市民訴訟」の代理人を務める。自主避難区域であるいわき市民が原告だ。当然ながら地元の弁護士として様々な相談を受けている。特に当時の取材で指摘していた営業損害について、大きな問題を感じているという。避難区域外の場合、二〇一五年八月以降の将来分として「直近の年間逸失利益の二倍」が一括賠償された。だが「風評被害が簡単になくなるわけではない。東電の判断で二倍以下にされるケースも多い。被害者を事実上泣き寝入りさせることになっている」という。

避難指示解除後の課題も多い。楢葉町では帰還開始後一年半になるが、住民の一割しか戻っていない。社会的インフラを担う事業者が赤字を抱えて困窮することにもつながる。まさに「鶏が先か卵が先か」のジレンマが起きている。渡辺さんは「政府が帰還政策を採用した以上、地域再生は国の義務のはず。国はあまりにも消極的だ」と訴えている。

（冠木）

II

放射能との闘い

——農業の再生、健康、賠償

食の安全と初期の対応——自主検査の意味

2013.6.6

菅野孝志さん　ＪＡ新ふくしま代表理事組合長（現ＪＡふくしま未来代表理事組合長）

かんの・たかし　一九五二年福島県松川町（現福島市）生まれ。松川町農協を経てＪＡ新ふくしまへ。代表理事専務で迎えた震災後、チェルノブイリ視察などを基に独自の放射能対策を進めてきた。

小山良太さん　福島大准教授（現教授、農業経済学）

こやま・りょうた　一九七四年東京都生まれ。北海道大大学院博士課程修了。福島大経済経営学類准教授兼うつくしまふくしま未来支援センター産業復興支援部門長。編著に『放射能汚染から食と農の再生を』。

◆土壌測定、今年度中に一〇〇％　データで「安心」発信したい――菅野孝志さん
◆安全対策の進歩、理解を　廃炉は国がきちんと進めて――小山良太さん

福島県の農業は原発事故で大きな被害を受けている。安全検査体制は整ったが、風評被害は続いている。放射線量が比較的高い地域で農産品の自主検査を進めてきたＪＡ新ふくしま組合長、菅野孝志さんと、地元の農業振興に取り組んできた福島大学准教授の小山良太さんが復興の課題を語った。

――ＪＡ新ふくしまの管内はどんな農業の地域ですか。

菅野　福島市と川俣町が管内で、震災前には約二三二億円の農業生産額がありました。果物が半分で、モモ、ナシ、リンゴ、サクランボ、ブドウ、柿などがとれる。小菊などの花関係、コメ、野菜、畜産、養蚕と、何でもある地域です。それが震災の年には一七〇億円になり、まだ戻っていません。

――小山さんから見た福島の農業の特徴は？

小山　二〇〇五年四月に福島に来る前に一三年間、北海道の農業を研究していた目で見ると、

北海道は単品特化型の産地ですが、福島は多品種が売りだと思いました。全国一位はないものの、二位から五位、あるいはベスト一〇のものが多い。キュウリ、モモ、ナシ、トマト、アスパラ、コメもそうです。高品質な品ぞろえができ、生産から流通・加工・消費・食文化とフルセットの総合ブランドになっています。原発事故の影響では、この総合ブランドが傷ついたことが大きいと思います。

――農協では震災と原発事故が起きてどういう対応を？

菅野　ちょうどモモの「摘蕾《てきらい》」（余分なつぼみを摘み取る）をする大事な時で、そのすぐ後の三月二〇日ごろが防除の時期でした。燃料が不足していたので、農協で果樹農家に優先的に回しました。農家が不安を抱えていたので、四月五日に生産者集会を開きました。ふだんなら二〇〇人程度なのに、三二〇〇人も集まりました。私たちは「作ろう」という方向付けではぶれませんでした。安全を確認した上で、責任をもって売る。健康を考えて外での農作業にはマスクや手袋を使いましょうというような話をしました。

小山　「作ろう」というのは難しい判断だったと思います。国や県に対策がなくて、方向性を示せなかった時期でした。

菅野　震災の年は果樹の生産量は変わらなかったのです。お天気にも恵まれました。問題は価格です。モモの平均単価は震災前年がキロあたり三八四円だったのが、一一年は一九五円と半値になりました。一二年で三〇五円と大分戻りましたが、まだ震災前の七九％です。

――風評被害、どう見ますか。

小山 本当は安全だけれども消費者が不安に感じたりうわさを信じたりして買わないことで、生産者、産地に被害を及ぼすのが風評被害だと考えます。一二年度について言えば、県内各地の自治体・研究機関が検査、試験していて、品目ごと、土壌の成分ごとのリスクはほとんど解明されました。その上、コメは全袋検査をしています。安全性を確認できる体制になっているわけですから、ここで起きたことはまさに風評被害といえる。ところが、原発事故直後の一一年度は、検査機械も国の対策も足りなかった。そのような中で、福島県産米の安全宣言を出したところ、その直後に規制値超えが次々に見つかってしまった。このような対応だったので信頼を失ったのです。こちらの場合は風評被害とはいえません。消費者の多くは今もそのイメージを引きずっている。

――一一年秋のチェルノブイリ視察後、自主検査体制を整えたそうですが。

菅野 小山さんも一緒にベラルーシの農業を視察しました。やはり検査が大事だということで、検査機械を導入し、最初の年は一、二台だったのですが三千数百件。一二年度は四七台まで増やして三万件をチェックしました。モニタリングセンターは正職員とパートの一〇人体制で、データはホームページなどで公開しています。

小山 あれだけの自主検査をしているのは、国や行政が頼りにならなかったからですね。

菅野 今思えば、一一年秋にコメで規制値超えが見つかったことがきっかけで、福島県が全袋検査体制をとることにしたのです。当時の自主検査は、その意味でも価値があった。

小山 自主検査がなければ規制値超えは発見できませんでしたから。JA新ふくしまと福島大が検査したコメでした。

今年は、リスクのある圃場《ほじょう》はよりきめ細かく見ていく、(放射能吸収を抑える)カリウム肥料を使う、用水をチェックするなど、生産段階から放射能ゼロをめざす取り組みをし、出荷段階ではコメの全袋検査もする。安全対策は当時とは全然違って、さらに進んでいます。今後もきちんと測定し、不都合なデータも含めて全部公開して対策を取っていく必要がある。

――土壌の測定と汚染マップ作りについては?

小山 福島大が協力してJA新ふくしま管内の一筆ずつの汚染マップを作っています。水田で三割以上、樹園地で四五%。測定を終えました。

菅野 今年度中に一〇〇%測定を終える予定です。各地の生協の方もボランティアで参加してくれています。福島のコメや野菜、果物を売っている人、広報の人などです。福島の実情や私たちの努力を理解し、情報発信してもらえればありがたい。

――これからの課題としてどういうことが必要でしょうか。

小山 まず、原発の廃炉は国が主導してきちんと進めてほしい。問題が起きるたびに福島の農産品と結びついてしまいますから。もう一つ、原発事故直後の一一年と今では、福島の安全対策が大きく変わったことを知ってほしい。また、福島県以外も含めて、国の責任で土壌を検査し、汚染マップを作って安全対策を進める必要があります。

菅野　私たちは土壌の汚染や農産物のデータを発信し続けていきます。東京のお母さんが私たちの検査施設を見学して、「これだけの検査をしているのだから安心ですよね」と言ってくれましたが、新しい福島をもっと知ってほしい。これまでの二年は福島を応援するという心の部分が多かったと思いますが、これからは福島の本当においしいものを食べたいというところでつながるネットワークを築いていきたいと思っています。

◆福島県の農業とコメの放射能問題

二〇一一年の福島県の農業産出額は一八五一億円で前年比四七九億円、二〇・六％の大幅減。全国順位も前年の一一位から一八位に急降下した。コメの生産量も震災前年の全国四位（四四万五七〇〇トン）から七位（三五万三六〇〇トン）に転落。価格低下も打撃となっている。

一一年の県産米について同県は同年一〇月に安全宣言したが、直後の一一月、放射性セシウムが一キログラム当たり五〇〇ベクレルを超す暫定規制値超えのコメが見つかった。同県は一二年産米から全袋検査することを決定。結果は、約一〇〇〇万袋のうち新基準値（一キログラム当たり一〇〇ベクレル）超えは七一袋だった。

（二〇一三年六月六日掲載）

■対談・その後

福島県は農業県である。原発事故によって住民が強制避難させられた地域以外でも、広い範囲で放射能の汚染が広がった。さあ、どうするか、という時に、国や県など行政に先立って動き出した人たちがいた。その代表ともいえるのが菅野さんと小山さんである。

菅野さんが組合長を務めるJA新ふくしま（当時）では、かねて協力関係にあった福島大の小山さんとの協業が始まった。二人が同行した震災直後のベラルーシ視察で、検査の重要性を確認したことが今思えば大きかったという。国や県に対して先手先手で対策を進めた事情は対談に詳しい。それが県によるコメ（玄米）一〇〇〇万袋の「全量全袋検査」につながった。ちなみに、基準値の一キログラム当たり一〇〇ベクレルを超えたのは、記事で紹介した二〇一二年の七一袋に対し、一三年が二八袋、一四年が二袋、一五、一六両年はゼロとなっている。現在、他の野菜、果物などの農作物でも、放射性物質はほとんど検出されておらず、例外は山で採れるキノコや山菜など特定品目に限られている。

小山さんは①放射性セシウムは土壌から農作物にはほとんど吸収されない、②セシウムの吸収を抑えるカリウム肥料の使用を始めた、③放射性物質の自然な減少（放出されたセシウム総量の半分を占めるセシウム一三四は半減期約二年）などをその理由と説明している。

安全性が確認されている一方で、大きな問題が残っている。菅野さんが強調するのは福島県産品の「魔女狩り的」ともいえる「買いたたき」だ。産地を表示して店頭に並べれば福島産米は消費者に避けられてしまう（かもしれない）という理由で、流通業者は敬遠する。とはいえ、美味しくて安全なことが確認されているので、業務用（外食産業など）に流れていく。その結果、震災前よりも安値での取引を余儀なくされるという構造である。買いたたきは他の農産物にも及び、価格は震災前水準に戻っていない。

小山氏はこれについて「福島産の市場評価が低く定着してしまった構造的な問題」と見る。原発事故後、福島産品の出荷が止まって以来、福島に代わる産地との間で安定的な取引関係ができている。「六年も経って、福島産品は後発の新しい産地のような位置付けになってしまった」というのだ。「新規の市場開拓と同じ努力を余儀なくされる段階になっているのに、国は相変わらず消費者の理解を得る風評対策ばかり。今必要なのは、福島産品を新たに市場に出すための支援なのです」。一度毀損されてしまった福島産のブランド価値をどう回復させるかが大きな課題だ。

福島の農業では今後、避難指示が解除された区域での営農の再開というもう一つの大きな課題が待っている。菅野さんは、二〇一六年三月、新ふくしま、伊達みらい、みちのく安達、そうまの四つのJAが合併した「JAふくしま未来」の組合長に就任した。飯舘村や南相馬市、川俣町の(旧)避難区域の営農再開にも取り組んでいる。

一方、福島大では、二〇一九年四月から「食農学類(食農学部)」を新設すべく準備を進めている。これまでの生産に特化した農学部ではなく、食と農を含むフードシステム全体を対象とする新しい学部をめざす。当然、放射能という課題を克服するための人材育成も担う。これらの動きを進めてきた小山さんは、現在、「農学系教育研究組織準備室」の次長として準備の中心を担っている。

(冠木)

適正な除染とは――食の安全と安心を

2013.8.1

半澤隆宏さん　伊達市市民生活部理事放射能対策政策監

はんざわ・たかひろ　一九五八年福島県旧月舘町（現伊達市）生まれ。八一年月舘町役場に入る。二〇〇六年、合併で伊達市役所に。一一年の震災時は市民協働課長、同年五月から市民生活部次長として放射線対策にあたる。一三年四月より現職。

野中俊吉さん　コープふくしま専務理事

のなか・しゅんきち　一九五九年福島県旧田島町（現南会津町）生まれ。八二年コープふくしまに入る。二〇〇八年から現職。同コープによる「陰膳調査」（家庭の食事を一人分余分に作って放射性物質を測定）など、さまざまな放射能対策を主導する。

◆仮置き場、粘り強い説明で今後ホットスポットが中心——半澤隆宏さん

◆できる範囲で行政を補完 国は目標値を堅持して——野中俊吉さん

放射能災害に直面する福島県では除染が大きな課題だ。実施の遅れや、費用対効果への疑問が指摘される中、「適正な除染」とは何なのか。いち早く除染を進めた県北・伊達市の担当者、半澤隆宏さんと、民間の立場で独自の除染活動を行っているコープふくしま専務理事、野中俊吉さんが語り合った。

——伊達市が除染に取り組んだ経緯を教えてください。

半澤 緊急事態なので法律や補助金を待っていてもだめだ、自前のカネで除染をどんどん進めようと仁志田昇司市長がいち早く決断したことが大きいと思います。震災直後の四月末に小学校などの校庭表土をはぎましたが、手探りでした。そうこうするうち、今の原子力規制委員長の田中俊一さん（元原子力委員会委員長代理）が、隣の飯舘村で除染活動を始めた。帰りに伊達市に寄った際、市長が即断で市のアドバイザーに迎えました。田中さんなどの指導で七月から富成小で除染の実証試験に取り組みました。コープふくしまのボランティア募集で全国から五〇人も来

てくれて助かりました。

――生協がどうして除染を？

野中　田中さんは福島市の生まれ（小学校は現在の伊達市）です。自分が関わってきた原発のせいで福島県民に申し訳ないことをした、残りの人生を放射能を取り除くことにささげたいと、知人を通してコープふくしまに協力要請が来たんです。直接自治体に持ちかけても反応がなかったらしい。そこでコープのつてで飯舘村の最初の除染場所を探しました。まもなく伊達市が動き出し、田中さんから除染ボランティアを募集してくれないかと頼まれ、うちのホームページで呼びかけました。ボランティア登録は数カ月で一〇〇〇人、今は一二〇〇人です。

――仮置き場の確保に苦労したと聞きますが。

半澤　富成小の除染では廃棄物を裏庭に置けましたが、その後は仮置き場が確保できず、本格的な除染に入れなかった。土ごと取るので、廃棄物がどっさり出る。最初の山間部の三軒で六〇トン。ところが、住民の方々の激しい抵抗で仮置き場ができない。少しでも早く放射線量を下げなければいけないからと、粘り強く説明し、一〇月にやっと確保しました。この時もまたコープに協力をお願いしました。除染すると線量が下がるので、うちでも仮置き場をという機運が高まりました。現在は八〇カ所確保できています。住民説明会は二〇〇回以上開きました。

――コープふくしまは独自の除染もしているそうですが？

野中　幼稚園や保育園、住宅などもしています。先日も児童養護施設の通学路を除染しました。

道具を積んだ除染カーを三台持っています。自前で買ったのですが、日本生協連が全国からのカンパを集めて出してくれた。除染チーム職員二人の人件費も出してもらっています。

私たちの基本は、行政が除染をやった後でもストレスが減らない場合、その人が、自分のものさしで安心できるやり方でお手伝いすることです。まず測定し、結果を説明する。このホットスポットは屋内への影響はないですが、心配ならば取ります。お宅の庭に埋めていいですか、というように。廃棄物を持ち帰れないので、できる範囲で手伝うしかない。測定は三〇〇軒、除染は部分的なものも含め一〇〇軒ぐらいしました。

半澤 行政は一律主義なので、どうしてもきめ細かな個別対応はできにくい。行政と民間の役割分担があると思います。

野中 最初の富成小の除染からそうでしたが、原発を推進してきた学者も反対してきた学者もボランティアに来ています。私の印象では、放射線の人体への影響の見立てでも立場を超えて一致している。食べ物を過度に心配するよりも、環境の除染を急ぐことが大切だという考え方についてもそうです。

――除染の方法について国とのあつれきはありましたか?

半澤 例えば、コンクリートの表面を削るブラスト、表面研磨について、国が認めるかどうかはっきりしなかった。こちらは、先に実施して後から認めてもらいました。富成小での実験の結果、国が認めていた高圧水洗浄では落ちなかったからです。なにしろ最初は国のガイドラインがなく、その年の一二月にできたわけです。あつれきというより、伊達市がやってきたことが、ガイドラインになったと言っていいと思う。

野中 伊達市はフットワークが軽くて、我々民間が言うことでも役所として素直に取り入れた。側溝のコンクリートのフタを裏返せば線量が下がると言ったら、やってくれました。

半澤 確かに下がるんです。裏返せば遮蔽されますから。

――これからの除染の進め方、適正な除染について。

半澤 伊達市では放射線防護の考え方から除染を実施しています。健康被害を防ぐには、できるだけ早く、線量の高い所からやることが基本です。今は二年半たって、予想より線量の減少が早いことが分かりました。市民の被ばく線量の測定だと、今は当時の半分くらいです。健康リスクは下がっている。今後は環境を破壊するような除染ではなく、低線量地域のホットスポット除染が中心になります。住宅については年末までにほぼ一〇〇%終わると思います。

野中 住民一人一人、平均的な感覚の人の安心を取り戻す必要がある。今一番優先すべきは除染です。食べ物は山菜や山のイノシシを取って食べなければ内部被ばくはほぼないことが分かりました。伊達市は除染の優等生ですが、県内すべてがそうではない。それと毎時〇・二三マイクロシーベルトという国の目標値は堅持してほしい。遠い将来の目標に追いやらないでもらいたい。掲げ続けることが住民の安心を取り戻すよりどころになるはずです。

半澤 〇・二三は、それより高いと病気になるという「しきい値」ではないですが、長期の目標ではあります。廃棄物が多く出ることもあり除染にも限界はあります。一律にではなく、線量に応じた適正な除染で、安全と安心を取り戻したいですね。

◆市町村による除染と伊達市

国は福島県内一一市町村の高汚染地域を「特別地域」として直轄で除染する一方、八県一〇〇市町村（福島県は伊達市含め四〇）を「重点調査地域」に指定、各市町村が国の拠出金により除染を実施することとした。

伊達市は福島市の東に位置する人口約六・五万人の市。一部が一年で二〇ミリシーベルトを超すと推定される「特定避難勧奨地点」に指定されるなど高線量地域を抱えたため、国の法整備に先行し、一〇億円の手元資金を活用して除染を開始した。全市民にガラスバッジ（個人線量計）を配布。市内を三エリアに分け、線量の高い地区、住居、生活空間から優先して除染を進めている。（二〇一三年八月一日掲載）

■対談・その後

原発事故の直後から福島県中通りの自治体では除染が大きな課題となった。中でも伊達市は、国の動きに先立って独自に迅速に除染を進め、他の自治体だけでなく国の施策の先例を作り出したことで知られていた。その牽引車として動いた半澤さんに話を聞いたところ、初期の段階でコープふくしまとの協力関係が大きな意味を持ったことが分かり、企画したのがこの対談だった。

自治体にとって、放射能による汚染から住民の安全を守ること、そのための住環境を整えることが緊急課題だった。伊達市では、汚染度により三エリアに分け、緊急度に応じて除染を進める方式を実施したが、それは「放射線防護の考え方に基づく適正な除染」（半澤氏）という確信の下に実施されていた。それが実際に効果を上げたことは間違いない。全市民の内部被ばく・外部被ばく測定も同時進行で行い、貴重なデータも得られた。多くの市民に安心感をもたらすことに成功したともいえるだろう。

伊達市では、この記事（二〇一三年八月一日付）が出て半年余り後の二〇一四年三月には、対象地域の除染を終了した。同市では除染と並行して、全市民を対象に外部被ばく、内部被ばく線量の測定を続けている。ガラスバッジを配布しての外部被ばく計測では、二〇一二年七月〜一三年六月の一年間で一ミリシーベルト未満が六六・三％だったのが、一五年七月〜一六年六月の一年間では九一・五％と大幅に改善している。同じく全市民を対象としたホールボディーカウンター（WBC）による内部被ばく線量の検査では一一年から続けており、一六年度上半期の結果は、三六八八人（うち小中学生二四二二人）の全員が一ミリシーベルト未満だった。（伊達市広報誌「だて復興・再生ニュース」一一月一〇日号より。市のHPにも掲載）。

一方、食を中心に暮らしに大きく関わるコープふくしまも、「根拠もなく大丈夫とか危ないとかいうのではなく、データを示すこと」（野中氏）を基本に活動を進めていた。ここで紹介した除染は、行政の活動が本格化するにつれて終息したが、一方で、「陰膳《かげぜん》調査」は毎年続けている。実際の食事に放射性物質がどれだけ含まれるかを調査することが目的で、家族の人数より一食分余計に食事を作ってもらい、二日分をまとめて検査センターに送って測定するという方式である。

管内一〇〇家庭を対象とし、一キログラム当たり一ベクレル以上のセシウムが検出されたのは二〇一一年の検査では一〇家庭、二〇一二年上期が二家庭、二〇一五年、二〇一六年の結果ではゼロという結果だった。ほとんどの家庭で福島県産の食材（水道水を含む）を使用しており、放射性セシウムの値は年を追うごとに減少していることが分かった。最大値を示した最初の年の一〇家庭について言えば、同じ食事を一年間摂取した際の内部被ばく量は〇・〇二ミリシーベルトから〇・一四ミリシーベルトで、問題にならないレベルだった。食品の安全は当初から保たれていたことが分かる。

同時に、全国の生協に測定機器を送って、外部被ばく調査も行っている。コープふくしまでの測定と、一二都道県でどれだけ違うかを計測する試みである。この結果も、福島と他都道県の違いはほとんどなく、日常生活において心配しなくていいレベルであることが分かった。陰膳調査と外部被ばく測定の詳しいデータはコープふくしまのＨＰに掲載されている。

両者の仕事に共通するのは、データを収集し、それに基づき議論をし、方針を決めるという姿勢である。放射線の影響については、さまざまな議論があるが、そもそも被ばく線量がどの程度かについて、実測に基づいたデータをもとにすれば、違った角度からの議論が可能になる。空間線量値がどのように実際の外部被ばく線量に結びつくか、理論的な予測値よりも低い実測値が出続けることで、より安心をもたらすことができる。福島の食の安全にしても、コープふくしまの陰膳調査の意義は高く評価されるべきだろう。

（冠木）

森林汚染と都路の林業

2015.7.2

早尻正宏さん　山形大准教授（現北海学園大准教授、林業経済学）

はやじり・まさひろ　一九七九年広島県呉市生まれ。北海道大大学院農学研究科博士後期課程修了。二〇一〇年三月山形大助教、一二年四月より現職。ふくしま中央森林組合「二一世紀の森プロジェクト委員会」委員。共著に『福島に農林漁業をとり戻す』（みすず書房）など。

吉田昭一さん　ふくしま中央森林組合参事（現同組合嘱託）

よしだ・しょういち　一九五六年田村市都路町（当時は都路村）生まれ。双葉農高土木科卒後、当時の都路村森林組合に勤務。四森林組合が合併したふくしま中央森林組合で都路事業所長、同森林組合本所長などを経て二〇一一年四月より事務方のトップの現職に。

◆全国でも珍しい広葉樹の森　除染の枠組みで再生事業を――早尻正宏さん
◆切って植える循環で線量減　製材品に国の安全基準必要――吉田昭一さん

原発事故による森林汚染は深刻だ。福島県田村市都路《みやこじ》町はコナラやクヌギなどの広葉樹を植えてシイタケ原木を生産する日本有数の産地だが、出荷の見通しは立っていない。地域の雇用を生み森林環境を保全していた林業はどうなるのか。ふくしま中央森林組合参事の吉田昭一さんと、震災後の福島県の林業を研究している山形大准教授の早尻正宏さんに再生の課題を聞いた。

――都路地区の森林組合は二〇一一年の原発事故直後はどんな対応をされましたか？

吉田　最初の三カ月間は森林整備は何もできませんでした。山で切羽詰まっていたのは下草刈りです。植林して五、六年の小さい木は、夏に雑草がはびこると日があたらずに枯れてしまうので、国、県と協議して二〇～三〇キロ圏で五月二五日に作業を再開しました。一方、都路の民有林の三分の一がある二〇キロ圏内は（一四年四月の避難指示解除まで）立ち入り禁止でした。都路のシイタケ原木の半分を生産している地域なので大打撃です。

――早尻さんが福島の林業を研究するようになったのは？

早尻　山形大に来て三年たった一三年四月に、東京のある研究機関から福島の林業についてリポートしてほしいと依頼を受けたのがきっかけでした。最初に話を聞いたのが吉田さんで、双葉地方、飯舘村など六つの森林組合を回りました。最初は調査を受け入れてもらえるか不安だったのですが、「よく来てくれた、これを発信してくれ」と真剣に対応してくれたのが印象的でした。

——都路の林業は全国でも珍しいということですが？

吉田　収益の約七割が広葉樹からというのは非常に珍しい。ここは戦前から木炭の産地でナラやクヌギを植林していた。戦後は電気、ガス、石油に押されて木炭の利用が減ったんですが、同じ木をシイタケ原木に使えることが分かった。最初はやみくもに切っていましたが、専門家の指導で植林するようになりました。

早尻　当時は官民挙げてスギやヒノキなど針葉樹に転換しましたが、ここは広葉樹の森を活用した。全国でも珍しい森林組合です。役場の職員数を上回る地域最大の雇用も作ってきた。

吉田　うちの森林組合は他に三事業所ありますが、都路以外はシイタケ原木の比率が低いので、経営的にそれほど落ちたわけではありません。

早尻　原発に近い双葉地方は別として、スギが中心の森林組合はここほど打撃を受けていませんね。会津地方やいわき市でも盛んに生産を続けている。

——森林の汚染状況は変化してきていますか？

早尻　農地ほど詳細なデータはありませんが、放射性セシウムは樹木や落葉層から表層土壌へ

出荷期のコナラ（樹齢20年）の前で。2015年6月

移り森の中でとどまっているようです。空間線量率は全体的には下がっていて、県の調査地点では原発事故直後から二年で半分程度に下がったようです。

吉田 木を切って植える循環をすれば線量は下がる。樹皮をはいだ幹も下がります。

――県が始めた「ふくしま森林再生事業」は事実上の森林除染と見ておられますね。

早尻 森林除染をしてくれという福島県の要請に除染を所管する環境省が対応しないので、林野庁が応えた事業といえます。汚染地域を中心に営林が停滞しているので全額国費で伐採する。材木はバイオマス発電用に出荷する狙いでしたが、発電の方は頓挫しています。しかし、伐採事業そのものは進み始めている。林道や作業道など基盤整備もできるので、現場では歓迎しているようです。

吉田 うちの都路でも始まるところです。出た木材は売っていいというのはうれしい。

早尻 対象エリアは汚染が比較的低いので売れる木材は売っている。問題は公共事業なので、いつ打ち切られるか分からないことです。私は公共事業でなく環境省の除染の枠組みに入れ、東京電力が費用負担する形で長続きさせるべきだと思います。

吉田 森林は林齢に応じて整備するものなので五年や一〇年で終わるものでは困ります。

――安全基準はキノコやシイタケ原木にはありますが丸太や製材品にはありません。

早尻 国としては基準を設けることで他県の汚染問題を掘り起こしたくないのかもしれませんが、やはり国が責任を持って丸太や製材品も基準値を示すのが本格的な営林再開の最低条件だと思います。安心して生産するためにも基準は必要です。

吉田 数値を決めるか、区域で分けるか、何らかの国の基準が示されないと、消費者に安心してもらうのは難しい。例えば二〇キロ圏内から出る木は別扱いして、その区域の木は流通させないということであれば消費者は安心できるのではないか。

――再生の課題は何でしょう?

吉田 組合の作業員は震災前は一〇〇人以上だったのが半分以下に減りました。森林組合は営業賠償で何とかやっていますが、雇用を守るには収入が必要です。森林整備によって汚染度を下げていけるので、作業員の被ばく低減策や樹皮をはぐ工場設置に公的助成が必要になります。都路では農業や畜産をしながら森林組合の仕事もやっていた人が多い。林業を再生するには農業や畜産の人たちにも戻ってもらわないといけません。

早尻　避難指示が解除され精神賠償や仮設住宅が打ち切られると帰還せざるをえない人も出てきます。その時に山間地では林業が一つの就業の場になりうる。被災地域の森林管理を担う森林組合を一般の会社とは異なる論理で支援していかなければならないと思います。

吉田　森林組合は会社のようにほかの土地に出ていくわけにいかないですからね。

◆田村市都路町の林業

全国有数のシイタケ原木産地。民有林の大部分を、ふくしま中央森林組合（永沼幸人組合長）に属する都路事業所（組合員五一四人、民有林四四七三ヘクタール）が管理する。事業所の収益の約七割がナラ、クヌギなど広葉樹から。同組合全体の年間収益約一〇億円の半分を得ていた。年に約一〇〇ヘクタールを伐採し七割を原木に、三割を紙材に出荷していたが、今は紙材だけの出荷に。

◆林産物の基準値、指標値

林野庁はキノコ原木について一キログラム当たり五〇ベクレルという指標値を設定。都路産の原木は低いもので一〇〇ベクレル、多くが三〇〇ベクレルを超え出荷の見通しは立っていない。丸太や製材品には国の基準がなく、県木材協同組合連合会が製材品の自主管理基準を設定している。キノコ、山菜類については一〇〇ベクレルの食品基準値が適用され、福島県内の広範囲で出荷制限中。

（二〇一五年七月二日掲載）

■対談・その後

吉田昭一さんは、二〇一六年三月に定年を迎え、嘱託としてふくしま中央森林組合の将来に向けた仕事を手伝っている。早尻正宏さんは札幌市の北海学園大に移ったが、その後も同森林組合への協力を続けている。同森林組合の発足一〇周年記念誌（二〇一六年九月刊）でも吉田さんに協力した。

都路の林業の主力だったシイタケ原木生産はまだ始まっていない。線量の基準がクリアできていないからだ、だが、将来の再開に向けての具体的な計画ができたことで、吉田さんは大きな希望を持つことができた。記念誌も「これらを十分に活用して森林の再生・活性化につなげたい」と強調している。

施策の概要はこうだ。都路地区の林業について福島県、福島森林管理署（国有林）、福島県林業研究センター、田村市、ふくしま中央森林組合の五者で構成する検討会が二〇一六年三月九日、「都路地区森林・林業再生工程表〝田村市都路町豊かな森林資源の再生について〟」を決定した。都路地区の民有林を対象に（国有林もこれに準じて）広葉樹、針葉樹林を二〇年間で伐採し植え替えようというものである。シイタケ原木のクヌギやナラなど広葉樹はもともと二〇年で伐採し出荷していたのでこれまでと同様だが、スギなど針葉樹は六〇年で伐採していたものを早めることになる。これにより管内の森林は二〇年でほぼ世代交代が図られ、事実上除染される。それに

都路地区の森林。2015 年 6 月

より「日本一のキノコ原木林を再生」することを狙っている。

伐採したものは今は材木としての販売ができないので、バイオマス発電や製紙用のチップとして販路を確保する。「森林をきちんと管理していくことで、シイタケ原木の生産ができるようになる時期に備えることができる」。作業員もこれまでの倍以上必要になる大事業。二〇一七年度から山林所有者の同意を得た上で実施に移していく段取りだ。シイタケ原木の出荷ができるようになるのは「そう先のことではないと思います」と吉田さんは期待をかけている。

森林整備を通じて放射性物質の削減と拡散防止を図ろうと二〇一三年度から始まった「ふくしま森林再生事業」の延長で肉付けされたプランだ。「森林再生をここまで突っ込んでやるのは、これが始めてだと思う」と吉田さんは話す。

早尻さんも「森林組合で具体的な提案をしているのはここぐらいでしょう。実現可能性も高いので、他地区のモデルになるかもしれない。被災地で最も発進力が強い森林組合で、賠償問題などでも他をリードしていましたから」と話している。

森林の除染は、環境省と林野庁の施策が併存し、一般には分かりにくい。環境庁は除染を生活圏に限定するとしているため、森林そのものの除染はしない原則だが、林野庁は「ふくしま森林再生事業」を通じ避難指示区域を除いた地域で「事実上の除染」を進めている。「除染」という言葉だけで森林の汚染低減を考えるのは適切ではない。

環境省は再三「森林は除染せず」という原則を何度も確認している。二〇一五年末にも最終判断としてその原則が確認されたが、福島県や市町村、森林関係者が猛反発し、陳情や要請を繰り返した。これを受け、政府のプロジェクトチームが二〇一六年九月、「里山再生モデル事業」を決めた。約一〇カ所をモデル地区に選び、三年間で除染や森林整備を実施、放射線量低減などを検証するものだ。環境省の「除染」と林野庁の「森林整備」など既存の事業を組み合わせた小規模な施策ではあるが、県などは一定の評価をしている。一二月末までに川俣町山木屋地区や川内村、浪江町や飯舘村などの一〇カ所がモデル地区に決まった。

「除染」と「森林整備」は所管官庁と予算に違いがある。除染は東電が負担し、森林整備は税金による。放射線量低減のためであれば東電が支払うべきものだ。しかし、現場で仕事をする被害者は、早く森林を何とかしてほしい。生活圏と同じような「除染」の方式を森林に適用することは山の破壊にもつながり現実的ではない。しかし、山の放射線量の低減をしてほしいという要望は強い。早尻さんは「除染ということを言い続けた結果、森林については何も進まなかったという見方もできる」と話す。その意味で、実行可能な枠組みで打開策を探る都路の再生プランは大いに注目されていい。

（冠木）

風評被害、どう克服するか

2016.4.13

野地　誠さん　福島県風評・風化対策監

のじ・まこと　一九六一年福島県二本松市生まれ。福島大経済学部卒。八一年福島県入庁。二〇一一年三月の大震災・原発事故発生時は農林水産部企画主幹。同一七日から被災した同県飯舘村に派遣職員として赴任。一二年四月県避難者支援課長。一五年四月現職。

関谷直也さん　東京大総合防災情報研究センター特任准教授（災害社会学・災害情報論）

せきや・なおや　一九七五年新潟県生まれ。慶應義塾大総合政策学部卒。東京大大学院博士課程満期退学。福島大客員准教授兼務。震災後、政府事故調の政策・技術調査参事として社会対応を検証。福島県郡山市、いわき市、浪江町の研究に関わる。著書に『風評被害』など。

◆安全対策の県外発信強化
実際に現状見てほしい――野地 誠さん
◆流通現場の対応進まず
震災以前の課題も解決を――関谷直也さん

大震災・原発事故から五年たったが、福島県の農林水産物の価格はなかなか戻らない。観光客の来県も震災前の水準を大きく下回っている。風評被害という逆風をどう克服していくのか。昨年、同県に新設された風評・風化対策監の野地誠さんと、東京大総合防災情報研究センター特任准教授の関谷直也さんに話し合ってもらった。

――風評被害の現状をどう見ていますか。

野地 農産物価格や取引は農家の方々や関係者の努力で回復してきましたが、まだまだ震災前の水準に戻っていません。昨年の全国平均価格と比べると、モモは七四%、アスパラガスが七七%、コメが九二%です。観光客も震災前の約八割にとどまり、特に学校関係の教育旅行は震災前の年間約七〇万人泊が二〇一四年度は約三五万人泊です。一度失われた取引先を取り戻すのは時間がかかります。特に教育旅行については、学校や保護者の理解が欠かせません。

関谷 コメは震災後、スーパーなどでの直販が少なくなっています。安全が確認され、安いので、コンビニのおにぎりや弁当、外食など業務用に多く回るようになってしまいました。

野地　他産地の代替性があるものは影響を受けやすいですね。流通現場からは福島産米を置く場合には「検査の結果、安全です、基準値超えは流通させていません」という説明が必要になる。

福島県の主な農産物の市場価格の全国平均との比較

（数字は％、同県資料）

	2010年	2011年	2014年	2015年
コメ	98.4	94.9	89.6	92.2
モモ	88.2	43.8	69.0	74.4
アスパラ	89.4	74.6	81.3	76.9
肉用牛	95.7	77.8	84.8	90.5

不安が薄らいだ理由

（2015年1月調査、食品購入について「不安が薄らいだ」と回答した人のみ）

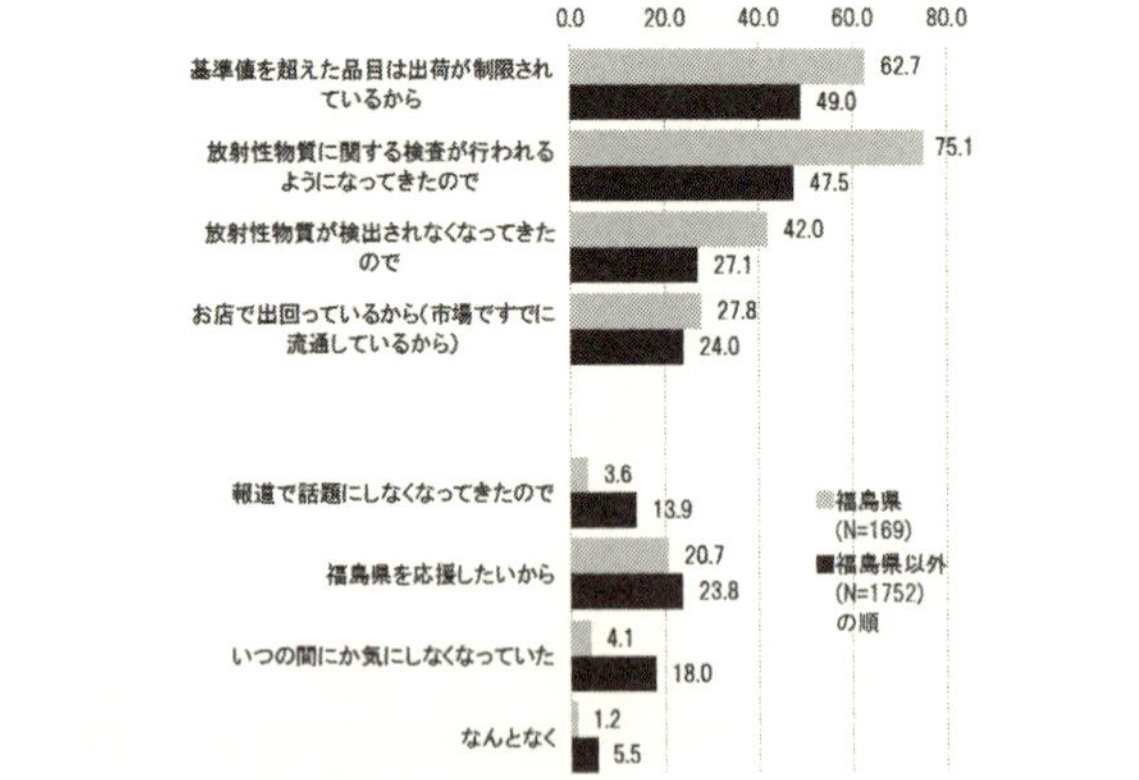

「全量全袋検査」「食品の検査をおこなってもほぼＮＤであること」認知率（2015年調査）

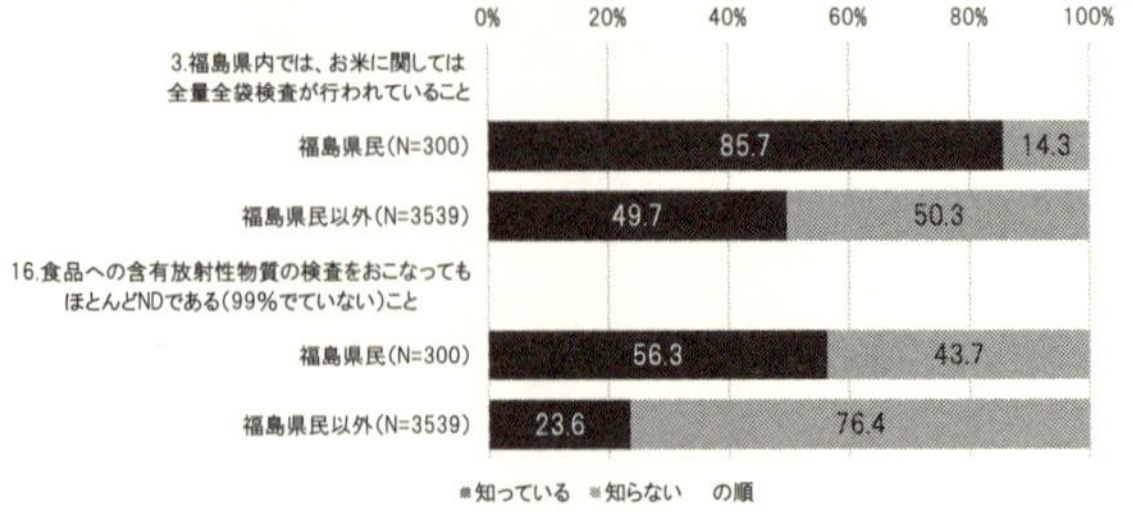

協働組合研究誌「にじ」2015冬号No.652
関谷直也「風評被害の構造と5年目の課題」より

わざわざそういう負担が生じることは避ける傾向がこれまでありました。

関谷　流通業者の聞き取りでは、安全だと分かっているけれど、なかなか消費者に分かってもらえないことと、震災直後にクレームが来たことがトラウマになっていることの二つの理由があるようです。一方、私の調査では、福島県産食品に拒否感を持つ人は、数年前までは県内、県外とも三割近くだったのが、昨年の調査では県内一八％、県外二三％に下がっています。人々の不安が減っているのに、流通が対応できていないという問題があると思います。

――どういう原因が考えられますか。

関谷　例えば福島県ではコメ一〇〇〇万袋について全量全袋検査をしていますが、県外での認知率が低いのです。県内で知っているのは約九割ですが、県外は五割弱です。基準値超えゼロの結果を知っているのも県内が六割弱で県外が二割弱。福島県産品についての認識が震災一年後のままでとどまっている。

野地　消費者庁の調査では、福島県の検査体制や、基準値超えの農産物が流通していないことを知らない人が近年増えているという結果があります。これは原発事故の風化とも言える問題だと思います。

――福島県の安全対策について認知度を上げるには？

野地　今の福島の状況を正確に伝えていくことが一番大事だと思います。観光や農産物のＰＲを全国各地で開催するほか、セミナーや各種会議などあらゆる機会を通じ発信しています。

福島県庁で行われた対談。2016年2月

関谷 福島県の行政や農協の皆さんは検査体制や結果をよく知っているので、「これからは安全性、放射線量以外のところ、おいしさなどで売っていかなければ」と考えておられます。しかし、現状をあまり知らず不安を感じたり不信感を持ったりしている人々に「おいしい」というメッセージを強く出してしまうと、反発を招いてしまう。安全という前提を示し、プラスアルファで「おいしい」と訴えるバランスが重要だと思います。

野地 まさにその通りだと思います。福島への理解を深めてもらうには信頼が必要です。私たちはきちんと対策を取り、地道に伝えていかなければならないと考えています。

――福島県内と県外の認識の差が大きくなっている?

関谷 コメの全量全袋検査の結果について、地元だと一〇〇〇万袋で一件も出なかったことが報じられますが、全国ニュースでは報じられません。福島県外ではあまりにも情報が少ないんです。戻る人、戻らない人、帰還になる所、ならない所など、状況が多様であること、それに対する考え方も多様であることについて、県内ではほとんどの人が理解した上で、復興に向けて取り組んだり、普通に暮らしたりしていますが、その部分が伝わりにくい。五年間で県内と県外の認識のギャップが大きく広がったことは事実です。

野地　流通関係や学生さんはじめ、多くの方々に実際に福島に来て、見てもらうことが必要です。三月に福島を訪れた英国人学生は「福島では大部分が普通の暮らしをしている。印象が変わった」と驚いていました。

関谷　海外ほどでなくても、国内でも震災直後のイメージが固定化し新しい情報で上書きされていないと感じます。

——風評被害対策に付け加えることがあれば。

野地　我々としては食の安全の取り組みや現状について正確な情報の発信を継続し、常に新しい情報に更新していくこと、可能な限り直接伝える機会を作っていくこと、できるだけ多くの方に福島に来てもらい、福島のファンになっていただきたいと思っています。

関谷　災害は以前からあった地元の課題を加速化すると言われます。観光客は、いわき市のスパリゾートハワイアンズなどには戻ってきていて、それ以外はまだまだというのも、県内の浜通り、中通り、会津の観光地の周遊が難しいという元々の課題と関係していると思います。農業でも、フルーツ王国と言って多種多様で収穫量も全国上位のものがたくさんありますが、ナンバーワンの産品がほとんどないことが、他産地との競合の中で風評被害の回復遅れにつながっている要素もある。風評対策と同時に新たな観光ルートの開発やナンバーワン作りなどの振興策を作っていく必要があると思います。

野地　福島県としての目標も、まず震災前の水準を回復していくこと、そして、当然その上を目指しています。今回の災害で産業面での課題が顕在化したとも言えるので、安全安心の確保を土台に、多くの方々とのつながりを広げ、より良いもの、より良いことをつくっていきたいと考えています。

◆**福島県産米などの検査体制**

福島県では農地の除染や放射線の吸収抑制のためのカリ肥料使用など作付け前対策とともに、コメについては全量全袋検査を、その他の農産物についてはサンプル調査を行っている。昨年産米については玄米一〇四七万七三三一袋（三月末時点）の検査を行い、全てが基準値一キロ当たり一〇〇ベクレル以下、うち九九・九九％が測定下限値（一キロ当たり二五ベクレル）未満の結果だった。

（二〇一六年四月一三日掲載）

対談・その後

福島県産品などの風評被害については、二〇一六年四月の記事掲載後、大きな変化はない。農

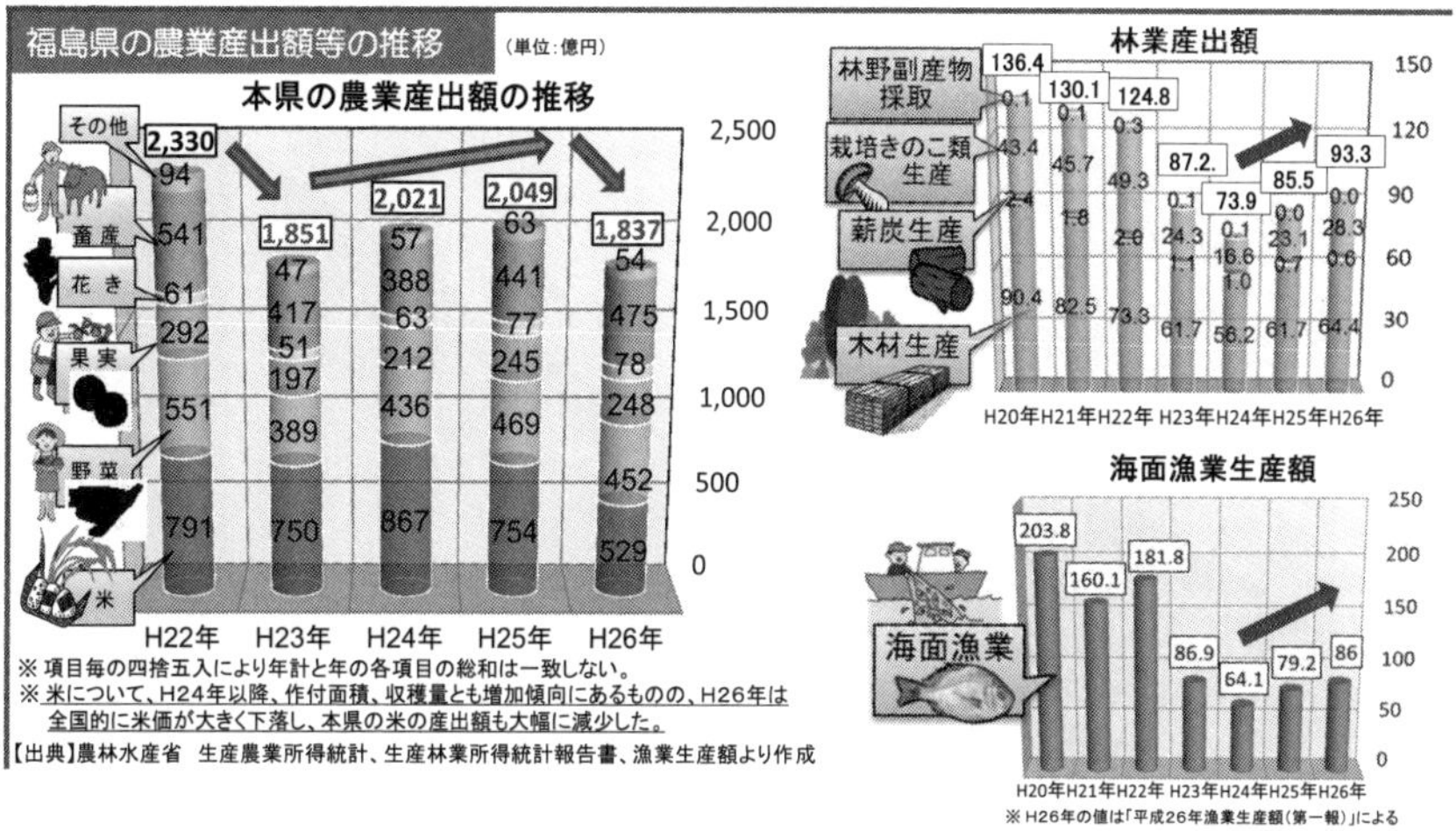

福島県ウェブサイト「ふくしま復興のあゆみ」p.9 より

林水産物の放射性物質検査で、玄米、野菜、果実、畜産物、栽培キノコなど基準値を超えるものが出ていないことに変わりはない。特筆すべきことは、魚介類で初めて年間を通じて基準値超えがゼロとなったことだ。二〇一六年九月には「常磐もの」と言われる福島県沖のヒラメの試験操業が始まっている。関谷直也さんは「ヒラメの再開はいわきにとって大きいこと」と見る。

だが、福島県産の農産物の販売棚の回復は遅れ、他産地との価格差も依然としてある。修学旅行など教育旅行も震災前の五割強のままだ。野地誠さんは「少しずつ回復する基調にはあるが、まだ時間がかかるだろう」と話している。

（冠木）

子どもの健康と運動能力

2013.7.4

菊池信太郎さん　小児科医、菊池医院副院長（現院長）

きくち・しんたろう　一九七〇年東京生まれ。慶應義塾大学医学部大学院修了。二〇一〇年四月、初めて福島に住み、祖母が開業し父が院長を務める小児科の副院長に。震災後、郡山市の子どもを守るプロジェクトを主導。NPO法人郡山ペップ子育てネットワーク理事長。三月からは政府の復興推進委員として活動。

安斉悦子さん　大槻中央幼稚園園長

あんざい・えつこ　一九四八年郡山市生まれ。郡山女子大短期大学部卒後、祖父が創設した幼稚園に勤務、七九年に園長、二〇〇〇年に理事長。同市私立幼稚園協会会長を八年間務め、〇九年から同協会幼児教育センター長。幼児の運動能力、発育調査を実施。日本保育学会による「放射能災害下の保育実践研究」に協力。

◆問題の多くは全国共通
子どもの視点で対策を――菊池信太郎さん
◆外遊び減った影響大きい
子育てはこれからが正念場――安斉悦子さん

放射線量が比較的高い福島県郡山市では、子どもの屋外での遊びが制限されている。健康を守り、運動能力を育てるにはどうすればいいのか。屋内遊び場「ペップキッズこおりやま」を手がけた小児科医、菊池信太郎さんと、幼稚園長で幼児の発育調査などを進める安斉悦子さんに語ってもらった。

――大震災、原発事故が起きた当初、どんな様子でしたか。

安斉 私の幼稚園は三月一一日の地震で水道が止まり、休園にしました。原発事故で一四、一五日ごろから避難する人が増え、外で遊んでいる子はいなくなりました。不安の中で三〇日に卒園式をして、四月一一日に新年度の入園式をしました。入園辞退や、途中で避難した子など、夏までには二四〇人のうち二六人が退園、休園になりました。

菊池 震災後の土、日（一二、一三日）に院内の片付けをして、一四日の月曜から外来を開きました。放射線の恐怖から、みんな閉じこもっていて、子供も親も緊張していました。一九日に小児科医局で同期だった慶応病院の鴇田夏子さんと電話で話をし、子どもの心のケアをしなければということになりました。二一日に恩師で児童精神医学が専門の渡辺久子先生とともに来てくださり、その日のうちに、市や市教委、医師会とタイアップして子どもの心のケアプロジェクトを立ち上げました。それが全ての活動のきっかけです。

安斉　郡山では夏でも窓を開ければ過ごせたのですが、開けられなくなったので、市内の幼稚園は一斉にクーラーを入れました。外で遊べなくても屋内の遊びでカバーできないかと考え、幼稚園の先生たちは研修や研究会を始めました。

――幼児期というのは、体力、運動能力の発達という意味ではどんな時期ですか?

菊池　三歳から小学校低学年の頃は、身体を上手に使うことを覚える時期です。走る、跳ぶ、投げるというような基本的な動作です。頭がすごく成長する大事な時期なんです。同時に楽しく遊ぶ中で体力や持続力が自然に身につく時でもあります。

安斉　今年、幼稚園に入ってきているお子さんは、震災の時に一、二歳で、あまり外に出ていなかったんですね。明らかに違うことが分かりました。三歳児はよく転んでいます。震災直後にも三、四、五歳の子がいましたが、さほど気になりませんでした。それまで外で遊んでいたからですね。幼児の身長、体重は、大分前から全国的に下降気味でした。震災後、幼稚園協会で調べたら、過去三年とも下がっていますが、昨年は下がり幅が大きかったですね。

菊池　一九八〇年代からの傾向が、今の福島で顕著に起きているのだと思います。一方で、小

「ペップキッズこおりやま」で遊ぶ子どもたち。2013年6月

学校の高学年などでは太る子が増えています。

――ペップキッズこおりやまを開設するいきさつは?

菊池 子どもたちに楽しく遊んでほしいと思い、一一年の八月下旬に屋内遊び場の開設を企画しました。それをたまたまご覧になっていた地元スーパー・ヨークベニマルの大高善興社長が「支援をするから常設型のを作ってほしい」とおっしゃってくださったのがきっかけです。子どもたちに必要な〝動き〟を出せるように、あくまでも子どもの目線で、楽しいと思えるものをと考えました。一緒に遊ぶお兄さん、お姉さん(プレーリーダー)の存在が特長です。

――外での遊びはどうしていますか。夏休みに向けては?

安斉 外遊びは大概の幼稚園で一日三〇分とか一時間に制限しています。当園では、保護者の了解を得て一時間以内にしていますが、外で遊ぶのは屋内とは意味が違うんですね。自然は四季折々に変化します。自然の中で遊ぶことが感性を育てる土台になると思います。夏休みも外遊びの機会を作るよう「運動遊び」などを紹介しています。

菊池 放射線による健康被害の発生が議論されていますが、運動不足など生活の変化で、多大な影響を受けている子がたくさん出てきています。このままだとスポーツ嫌いの子や、未成年のうちに生活習慣病になる子は確実に増えるでしょう。太ってる子、やせてる子、スポーツをしない子、自然の中で遊んだことがない子がたくさんいます。子どもが育つために必要な運動や経験をしないで育つデメリットははかりしれません。放射線被ばくの問題とともに、子どもの年齢に応じた発達段階に気を配る必要があります。

——これから必要なことについて、どうお考えですか。

安斉 二年以上たちましたが、まだまだ落ち着いたわけではありません。三、四、五年目を考えないといけない。子育ては、これからが正念場だと思います。私の個人的な願いは、ペップキッズがもっとあればいい。それと、スポーツクラブや少年団などに入らなくても、普通の人がふらっと行ってスポーツが楽しめる場所があればうれしい。

菊池 除染も、甲状腺検診、健康管理も、子どもの視線になって行われるべきです。福島の子どもたちの健康をこれからどうやって守っていくか、どうやって彼らを日本一元気にするか、危機感を持って真剣に考えなければなりません。私たちは子どもの体力調査をしましたが、残念ながらかなり落ちてしまいました。まず、幼稚園、保育園の園庭、公園をリニューアルし、子どもがテレビゲームを置いて思わず遊びに行きたくなる環境を作る。いつでも体を存分に動かすことができる全天候型のドームも、寒く雪の降る東北には必要です。子どもが、住んで楽しいと思えることが大事です。

安斉 大人と子どもでは同じ一年でも意味が違います。今この瞬間がその子には大事です。国はもっと急いでほしい。

菊池 子どもの抱える問題の多くは全国共通です。郡山から成育環境のモデルを作りたい。

◆福島の子と「ペップキッズこおりやま」

福島県の五〜九歳と一四、一七歳で、標準体重より二割増以上の「肥満傾向」が全国最多を示した（昨年の文科省調査）。一方、菊池医師の一昨年六月調査では、郡山市内の幼稚園児二四〇人余りの一年間の体重増の平均は〇・八一キロで、前年の同年齢園児の平均三・一キロを大幅に下回った。

「ペップキッズ」は「元気な子」の意味。一一年一二月開設の東北最大級の屋内遊び場＝写真。累計五〇万人が入場。地元スーパー、ヨークベニマルが建物（二四〇〇平方メートル）と敷地を市に無償貸与し遊具を寄付。市が運営しＮＰＯ法人がプレーリーダー育成やイベントを企画している。

（二〇一三年七月四日掲載）

■対談・その後

震災直後の郡山市は放射能汚染への不安が強く、子どもの健康を懸念した母子を中心に県外に避難する人が増えた。ピークは二〇一二年三月で、三三万人余の人口のうち、六〇四〇人が避難し、うち二六六三人が一八歳未満だった。二〇一六年一一月に入っても四三八〇人、うち一八歳未満一七八三人が避難を続けている（同市調べ）。

郡山に残って暮らす子どもたちも、外遊びを制限されるなど、厳しい状況にあった。そんな中でいち早く東北で最大規模の室内遊び場を作ることなどの対策に奔走したのが菊池信太郎さんで、市内の幼稚園事情に詳しい安斉悦子さんとの対談をお願いした。対談では運動不足による肥満の増加などの問題が指摘されたが、その後の状況はどうなのか。

安斉さんは「本当に変わったかどうかは明白ではないが、個別には変わってきている」と話す。園児の外遊びは取材当時、三〇分〜一時間以内という制限が多かった。だが、二〇一五年ごろから各幼稚園とも制限を解くのが普通になっている。「除染も完了し、一時間当たりの線量も〇・一マイクロシーベルトぐらい。〇・二に行かないのが普通です。私の幼稚園では毎日園庭の線量を測って確認しています」という。運動能力は、市内の幼稚園で努力した効果もあるようで、調査結果では下がっていないという。ただ、安斉さんは「外で遊ばなかった時期に生まれた五歳児の数値が良くないこと、幼稚園でしか身体を動かさない子が多いという結果が気になります」と話している。

一方、菊池さんは、子どもの肥満傾向について、「少しずつ改善傾向にあるが、六年を経ても震災前の水準には戻っていない」と見る。児童の運動能力も、まだバランスの取れた成長ではないという。室内遊び場のペップキッズ郡山の利用者は毎年三〇万人で、相変わらずいつも満杯状態だ。スタッフの人件費など運営費は市が復興予算から出しているが、いつまで続くか分からない。一方で、遊具の更新などはＮＰＯの寄付に頼らざるを得ない。「五年以上が経過し、外遊びの環境も整ってきているのに、この室内遊び場を楽しみに来る子供が多い。世の中の人はこのことの重要性を理解してほしいと思います」と話している。

菊池さんが気になるのは「子どもの復興」だという。「一生懸命に復興と言っていますが、子どもの復興という言葉は出てこない。子どもの健康を取り戻すという言葉もない。福島県は少子高齢化が進んでいますが、まず子どもの生きる環境をよくしていかなければいけない。働くお父さんだけでなく、子どもも一緒に移住したいというような所にしなければと思います」。菊池さんの病院では「病児保育」をしている。保育所で預かれない子を受け入れているが、最近利用率が増えているという。「総じて社会の子どもを育てる能力が落ちているように感じます」という。

（冠木）

南相馬の子どもを支える

2014.2.6

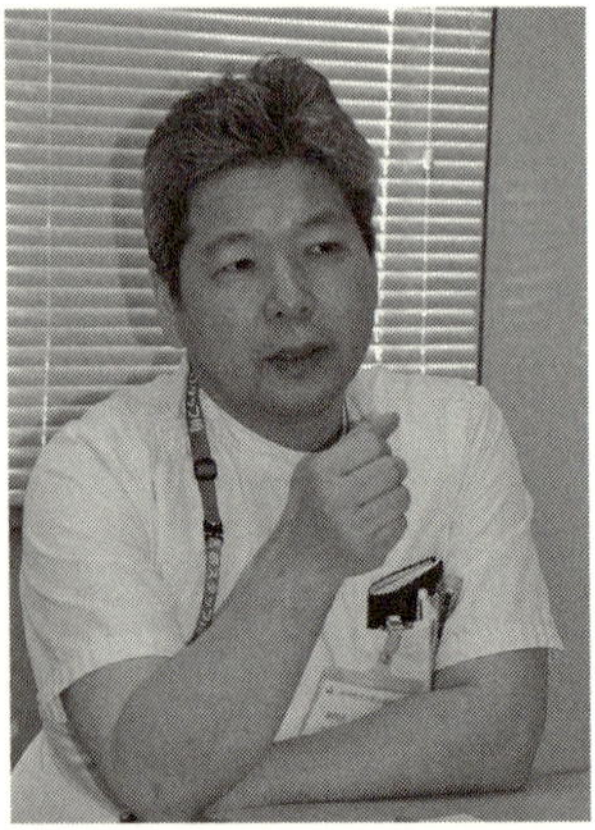

半谷栄寿さん

福島復興ソーラー・アグリ体験交流の会代表理事
（現あすびと福島代表理事）

はんがい・えいじゅ　一九五三年、南相馬市生まれ。東京大法卒、東京電力入社。九一年古紙リサイクルに取り組む環境ＮＰＯオフィス町内会設立。〇八年から一〇年まで同社執行役員。一一年、福島復興ソーラー・アグリ体験交流の会を設立、一二年に一般社団法人福島復興ソーラー・アグリ体験交流の会を設立、体験学習事業を進めている。

及川友好さん

南相馬市立総合病院副院長

おいかわ・ともよし　一九五九年、いわき市生まれ。福島県立医大卒。同大脳神経外科講座、福島赤十字病院を経て〇七年より現職。一三年五月、衆院復興特別委で参考人として南相馬の医療の現状を説明した。福島県立医大臨床講師、広島大客員教授。福島復興ソーラー・アグリ体験交流の会（現あすびと福島）理事を務める。

◆太陽光発電など体験学習
復興担う人材を育てたい――半谷栄寿さん
◆被ばく測定で安全を証明
出身地に自信持たせたい――及川友好さん

福島県南相馬市では、震災時の人口七万一五〇〇人のうち二万人以上が今も戻っていない。東京電力元執行役員で、太陽光発電などの体験学習施設を運営する半谷栄寿さんと、南相馬市立総合病院副院長でいち早く市民の内部被ばく測定を進めた及川友好さんが、子どもたちをどう支えるかを中心に南相馬の復興を話し合った。

――震災直後には、それぞれどのようなことをされていましたか？

半谷　私は今回の大震災、原子力災害については加害者側です。事故を起こしてしまったことについて、責任を深く感じています。一方で私は南相馬市の小高区の出身です。震災直後の三月一九日に二トントラックに支援物資を満載して南相馬に入りました。次は二七日に、及川さんが頑張っている病院にも物資を届けました。それまでやっていたＮＰＯの縁でトラックを借り、生活物資を積み毎週のように六回行きました。当時、市内には九〇〇〇人ぐらいしか残っていない状況でした。

及川　うちの病院には津波被災者が大勢運ばれてきましたが、地震津波の影響は少なく、原発事故がなければ数日で病院機能は回復したと思います。原発事故後、国は二〇キロ圏内に避難を、二〇～三〇キロ圏には屋内退避を指示しましたが、民間企業はさらに広範囲な五〇キロ圏内を立ち入り禁止としています。そのため（南相馬市立総合病院が位置する）二〇～三〇キロ圏内でも生活用品が枯渇し避難を余儀なくされました。圏内の五病院も当院以外全て休院になりました。DMAT（災害派遣医療チーム）もドクターヘリも救急車両も入らず、唯一自衛隊のみが往来しました。

半谷　私が物資の支援を思い立ったのもそんな時でした。

及川　生活物資がなくなれば病院も維持できません。三月二〇日、残っていた一〇七人の入院患者さんを新潟まで避難させ、外来診療だけ続けました。

――南相馬ソーラー・アグリパークの活動を思いついたのはどうしてですか？

半谷　目抜き通りにある老舗の和菓子屋の奥さんが店先を貸してくれたので、支援物資を置かせてもらっていました。ある時、その奥さんから「子どもたちのために何か考えてくれませんか」と言われ、はっとしました。その答えを探し続けた結果がこの体験学習事業です。

今、ここに住んでいる子どもたちの成長を支援したい、子どもたちや家族の南相馬帰還に少しでも貢献したい。そんな目的で太陽光発電と植物工場の体験学習の場を作りました。南相馬には今、三三〇〇人の小中学生がいます。自分で仮説を立て、それを実験して学習する体験の場を提供したい。単なる学力でなく、考える力、行動する力、発表する力を、この南相馬にいて育んでいきたいと思います。今、社会的に求められている力です。これからの時代を生き抜いていく人材育成の場を提供することで復興に役立ちたい。

――内部被ばく検査を始めた経緯は?

及川 震災直後から、地域の有識者は内部被ばく測定の重要性を認識していました。半谷さんのアドバイスで、東北電力にお願いし、院長と二人で女川原発のホールボディーカウンター(WBC)を見学に行きました。原発の所長が小高出身で、好意的に二人の内部被ばくを測定してくれました。院長が四〇〇〇ベクレル、私が三八〇〇ベクレル。内部被ばくの事実を再認識した我々は、手を尽くして鳥取県からWBCを借り受け、七月から住民の内部被ばくの測定を開始しました。現在は自前のWBC二台を稼働させ、内部被ばく測定を継続しています。

半谷 昨年八月、ここでサマースクールを開き、親子連れや元気なシニアの方々が三〇回で約八〇〇人も参加してくれました。そのときに市立総合病院に応援で来ている先生方が、内部被ばくをしている子はもういないことを二年間の測定実績にもとづいて話してくれましたね。

及川 内部被ばくがあっても、追加の被ばくがなければ体内代謝によって排出され、半年ほどで検出されなくなります。子どもの体内代謝はもっと速く、二〇一二年九月以降、セシウムが検出された子どもはいません。すなわち、普通に流通している食品を食べている限り、内部被ばくは起こらないことが分かりました。データは南相馬市のホームページで公開しています。われわれは、この地域での生活や、子どもを産むことの安全性を証明したいと考えています。

——最後に今後の課題と子どもたちの支援について

及川　地域の脳卒中の発症率は震災前の二・四倍と高くなっています。発症率の変化の原因は何か。きちんとデータを出すとともに、健康支援をしていきたいと思います。もう一つは震災関連死の調査です。何が震災関連死の原因なのか、きちんと検証することが必要です。

半谷　今までにない、つらい思いをした子どもたちの中には、感謝の気持ち、人のために役立ちたい、あるいはもっと具体的に自分の仕事を想定して社会のために役立とうという志を持ち始めている子がいます。おそらく宮城や岩手にも共通する、被災地の将来に期待が持てる潜在的な力だと思います。「建築家になって、大熊町の街づくりをしたい」「福島市で教育事業を起こしたい」と言っている高校生もいます。一人一人が、力強く自分の人生を生き抜いてほしいし、その中から一緒になってこの地域の復興を担う人材を生み出していきたい。

及川　南相馬の出身だということへの自信を持たせたい。都会に出て行く子どもたちには「自分たちは測っているから内部被ばくの心配はない、測っていない方が心配じゃないか」と言えるような環境を作りたいと考えています。

◆**南相馬ソーラー・アグリパーク**
太陽光発電所（ソーラーパネル約二〇一六枚、出力五〇〇キロワット）と植物工場（直径三〇メートルのエアドーム型）二棟を併設した体験型学習施設。津波に見舞われた沿岸部約二・四ヘクタールを活用し、発電所は半谷氏が社長を務める福島復興ソーラーが農水省の補助金などを得て建設。工場は南相馬市が復興交付金で建設。サラダ菜などの水耕栽培を行っている。

南相馬など福島の子どもたちの成長を支援する目的で二〇一三年四月から同施設を使った体験学習「グリーンアカデミー」を開講。現在までに三〇回、小中学生八〇〇人以上が自然エネルギーをテーマに体験学習をしている。

（二〇一四年二月六日掲載）

■対談・その後

半谷さんが代表理事を務める一般社団法人「福島復興ソーラー・アグリ体験交流の会」は、二〇一六年一月、一般社団法人「あすびと福島」と名称を変えた。半谷さんのほか、二〇代、三〇代の社員六人が活動する。「あすびと」には「明日をつくる人。明日を切り拓く人」という意味を込めた。元東電執行役員として「申し訳ない」という意識から始めた地元の子どものための仕組み作りは、約三年前の取材当時よりさらに大きく広がっている。

当時の記事で紹介した小中学生の体験学習活動に続いて、福島市を拠点に始めた高校生のオープンスクール（現在は「高校生あすびと塾」）、東京での大学生のための社会起業塾が始まった。新たな社団法人への衣替えは「福島の復興を担う人材の育成」をさらに進めるためだ。企業の社員研修も受け入れ、その収入で寄付の減少を埋める一方、参加企業とのコラボも具体化している。

「高齢化率が二五％から一挙に三五％となり、日本社会の課題を先取りしてしまった南相馬の復興策を立案することが、自社のビジネスにもつながるという確信が企業にはあると思います」と半谷さんは話す。

高校生の社会起業塾には五〇人が在籍し、二〇一五年四月には最初の社会的事業として「高校生が伝えるふくしま食べる通信」を創刊した。福島県内の農家の想いを取材して年四回、食材付きで情報紙を発行する事業で、岩手県の高橋博之氏が創業した「食べる通信リーグ」に加盟している。この卒業生たちが一六年四月から大学生となって東京で集まり、今度は大学生による社会起業塾が始まっている。半谷さんの抱負は、次代を担う若い社会起業家を福島や日本に送り出すことである。

一方、地域の中核病院である南相馬市立総合病院の及川友好副院長は、医療を通じての町の復興を進めている。同病院では仮設住宅の医療支援などボランティア活動も続けているが、重視しているが「原発災害の医学的なアーカイブ」を作ること。内部被ばく、外部被ばく、生活習慣病について関係する医師が書いた論文は多く、広く海外にも発信している。「私たちが蓄積したデータにより、ざまざまなことが言えるようになった」という。

「我々の病院は震災後、来る者は拒まずでやってきました。一緒に研究したい、仕事をしたいというオファーがあったらそれを拒まずに受け入れてきた」。もともと福島県立医大出身の医師が中心の病院だが、現在は東大系が六人（うち常勤四人）、千葉大二人、獨協医大、東北大などからの医師が勤務している。また、二〇一三年四月から臨床研修の指定病院として研修医を受け入れている。仮設住宅に住む住民の健康管理、内部被ばく検診など、原発被災地でなければできない研修ができることも特徴だ。

二〇一六年七月に避難指示が解除された南相馬市小高区を含め、ほとんどの地域で追加被ばく線量は年一ミリシーベルトを下回る。同病院が中心で行っている市民の内部被ばく検診では放射性セシウムはほとんど検出されなくなっているが、そうした検診結果が逐一同市ホームページに掲載されるのも特徴だ。同市では各家庭に空間線量計を、個人にも外部被ばく線量計（ガラスバッジ）を配布していて、「市民が自分で測れる状況になっていることで、市民の安心感を増している」と及川さんは見ている。同病院が率先して始めた内部被ばく検診についても「自分たちで機械を調達し、組織を作って実施してきた。国がやっていたら、また国が隠してるのではないかと言われるかもしれませんが、自分たちでやったことで、この町は安全だと自信を持って言えるようになったのだと思います」と振り返る。

同病院では二〇一七年二月開院予定で脳卒中センターの準備を進めている。脳卒中に緊急対応できる病院が相馬、南相馬、双葉郡を含む相双地域では同病院しかないという状況下、同地域の脳卒中の死亡率が高かったために震災前から計画されていた。震災直後には脳卒中の発症率が二・四倍に増え、問題とされた地域である。その後漸減しているもののまだ震災前の一・五倍弱と高い数字だけに、脳卒中センターへの期待は大きいという。

（冠木）

南相馬、健康不安に向き合う

2015.11.5

坪倉正治さん　南相馬市立総合病院非常勤医

つぼくら・まさはる　一九八二年大阪市生まれ。血液内科医。東京大医学部卒。同大医科学研究所特任研究員。震災直後から南相馬で医療支援開始。住民の内部被ばく検査に携わり、被ばく状況の論文を発表。南相馬市と相馬市、平田村の三病院で非常勤医。（現在は相馬中央病院で常勤医、南相馬市立総合病院など三病院で非常勤医）

番場さち子さん　ベテランママの会代表

ばんば・さちこ　一九六一年福島県南相馬市生まれ。九三年小中高生向けの学習塾「番場塾」開業。震災後、無料学習会などの活動を始める。ベテランママの会を結成し、母親の支援や坪倉正治さんの放射線勉強会を開催。二〇一四年一一月に東京・駒場に「番来舎」開設。

◆普通の生活送れば大丈夫

「放射線教室」市民に講演――坪倉正治さん

◆東京でも母子支える活動

将来のため検査データを――番場さち子さん

福島県南相馬市は南部に避難指示区域の小高区を抱えていることもあり、居住者は震災前の約七・一万人から約四・七万人に減っている。放射線による健康不安が影を落としている。地元に暮らす若い母親や子どもたち、高齢者を支える活動をしている「ベテランママの会」代表の番場さち子さんと、内部被ばく検査や市民向け教室を続けている医師、坪倉正治さんに活動の経緯や思いを聞いた。

――番場さんが震災後に「ベテランママの会」を作ったのはどういう経緯ですか。

番場　二〇一一年三月の震災当時、私の学習塾には幼稚園から小中高まで約一一〇人の生徒がいました。塾生は全員避難し私も南相馬市から逃れましたが、まだ残っている子どもがいて行き場がないという話を聞き、南相馬に戻って四月から無料学習会を始めました。三〇キロ圏外の市北部などの子が毎日三〇~四〇人来ていました。一方で、不安を持つお母さんの悩みを聞く「傾聴」活動を始めました。相談が増えたので原町高校の同級生など四人に声をかけて手伝ってもらいました。それがグループのきっかけです。みんな子育てが終わっていたので「ベテランママの会」にしました。フェイスブックを通じて紹介してもらった上《かみ》昌広先生（東京大医科学研究所特任教授）から「うちの坪倉が行っているから使ってくれ」とメールをいただいて、坪倉先生の名を知りました。

――坪倉さんが南相馬に関わるようになったきっかけは？

坪倉 四月に東京都立駒込病院から東大の大学院に戻り、ボスの上教授に「行ける所があったら手伝います」と申し出たんです。南相馬と言われたので、とりあえず市役所に行ったら、市立総合病院の及川友好副院長に出会いました。一四人いた医師が四人になったというので、外来の手伝いをし避難所を回りました。そうしたら、小さい子を持つお母さんに放射線のことを聞かれるんです。少し浴びても死ぬと思っている方もいたので、浴びる量が問題ですよなどの初歩的な説明をしていました。そのうち、お母さんたちの勉強会に呼ばれ、相馬市や南相馬市に頼まれるようになり、何十回も講演するようになりました。

――坪倉さんの「放射線教室」を開くようになったのは？

番場 避難した塾の子たちが冬休みに一時帰宅したので忘年会を開いたんです。そこで坪倉先生に話をしてもらったら、子どもたちの質問と先生の答えが、とても身近で分かりやすかった。外から帰って来た猫を抱いたら被ばくしますかとか。そうか、市民が欲しているのはこういう話だろうと考えて放射線教室をお願いしました。これまで約一〇〇回になります。

坪倉　僕の方は被ばくリスクを評価して伝えなければならない時期でした。七月に病院に内部被ばくの計測器（ホールボディーカウンター）が入り、一一月にはある程度の結論が見えてきたのです。早野龍五先生（東京大理学部・原子物理学）の指導で解析を進め、結果を住民に伝えていこうとしていました。お話会では、食品のコントロールがうまくいっているので内部被ばくの心配はない、外部被ばくも南相馬では東京や西日本に住むリスクとほとんど変わらない、などの話をしています。

――「福島県南相馬発　坪倉正治先生のよくわかる放射線教室」という冊子を作ったのはどういう経緯で？

番場　一四年一月に、坪倉先生の勉強会での話や、よく出る質問をまとめた冊子を作ろうと提案したんです。寄付金を募り、初版は八月に二万部作りましたが、三週間でなくなり、一〇月に第二版を二万部刷りました。一一月に英語版も一万部。学校などに配りましたが、各地の図書館がほしいと言ってきました。

坪倉　南相馬で普通に暮らしていれば大丈夫、という内容です。ただ、それにはずいぶん批判や苦情もありました。

番場　予想以上でした。携帯にたくさんかかってきました。感謝の声もありましたが。

坪倉　南相馬にとどまった人、避難した人、戻った人、どの選択をしたお母さんも不安なんですね。そのはけ口として怒りを示すことは理解できますが、一方で放射線の知識を得ることが前向きに生きるきっかけになる人がいるのも確かです。南相馬で暮らしているサイレントマジョリティーに情報を伝えていきたいと思っています。

——番場さんが東京・駒場に「番來舎《ばんらいしゃ》」を開いたのは？

番場 震災後、東京の大学に進学した子が、放射線うつらないの？と言われて通いにくくなったという話を聞きました。この大学、学部でよかったのかなどの相談も寄せられました。東京でその子たちや自主避難のお母さんに会いましたが、喫茶店では思い切り話せないし、泣くこともできないので、居場所を作ろうと思ったわけです。

——健康不安の緩和について一言お願いします。

坪倉 南相馬では昨年七月から、小児用のホールボディーカウンター（ベビースキャン）を導入しました。放射性セシウムの検出はほぼゼロですが、小さい子どもを持つお母さんと話すチャンスが得られることも大きいです。今、福島で起こっている健康被害のほとんどは、放射線を浴びることによるものではなく、回り回って起きた放射線に対する社会の反応、変化によるものです。南相馬地域で働いている医師は実感として分かるんですが、福島県外の人も理解していただきたい。

番場 南相馬の出身だということで破談になったお嬢さんがいます。将来、そういうことのないよう、検査データを積み上げ、実際はこうですと自信を持って言える「ご印籠《いんろう》」のようなものが必要です。そのためにも、お子さんの検査を受けさせましょうと呼びかけています。

◆ベテランママの会

震災後、番場さんが高校の同級生ら五人で結成。サロン活動を中心に南相馬の若い母親や子ども、高齢者を支援。「ニットサークル」「医師と市民の集い」「駅マエ保健室」などを開催。坪倉医師の「放射線教室」を約一〇〇回開き、冊子も発行。今年二月、日本トルコ文化交流会の「復興の光大賞」受賞。問い合わせは同ママの会（beteranmama0808@gmail.com）。

◆南相馬市の内部被ばく検査

南相馬市立総合病院では二〇一一年七月からホールボディーカウンターによる市民の内部被ばく測定を開始。これまで約五万回の検査を行っている。現状では九九％の小児、九七％の大人から放射性セシウムは検出されていない。比較的高い検出は山菜やイノシシなどを継続的に摂取している人に限られており、通常の生活を送れば問題がないという結論が出た。

（二〇一五年一一月五日掲載）

■対談・その後

坪倉正治さん、番場さち子さんの二〇一七年への年越しは広野町の高野病院の危機対応から始まった。一二月三〇日夜、高野英男院長（享年八十一）が自宅の火災で亡くなったのだ。同病院は大震災後、双葉郡内で開いていた唯一の病院であり、高野院長はたった一人の常勤医として超人的な尽力で病院を守って来た人物である。坪倉さんは当日夜、院長の次女で理事長・事務長を務める高野己保《みお》さんから急を聞き動き出した。震災直後、浜通りの病院で何が起きたかを本にし

坪倉正治さんによる放射線教室。2012 年 2 月、ベテランママの会提供

ようと各病院を回って以来、高野己保さんと親しく連絡を取り合っていたのである。

広野町長から南相馬市長への支援要請を受けて南相馬市立総合病院が全面協力を決定、常勤外科医の尾崎章彦医師を代表に両病院関係者を中心に「高野病院を支援する会」が結成された。一月三日の広野町役場での記者会見には広野町長、尾崎氏とともに坪倉氏も同席した。若い医師が交代で診療に駆けつけることでしのいだが、番場さんも支援する会の一員として新聞コラムやSNSなどで訴え続けた。番來舎では、たまたま一月のイベントで上昌広さん（現在、医療ガバナンス研究所理事長）の講演を構えていて、高野病院問題に関心を持つ人が集まった。

番場さんのベテランママの会は、一二三種類の取り組みを通算一〇三二回実施し、参加者は延べ一万四六一五人という（二〇一六年九月現在）。最近は南相馬で、栄養バランスを考えた手作りごはんを楽しむ「おやこ食堂」

を始めた。南相馬のお年寄り向けにオリジナルの「エンディングノート」の書き方講座も始めている。「もしも」に備えるだけでなく、震災の体験や今後の人生の目標をつづり、もう一度希望を持った人生をという狙いもある。

ベテランママの会では、坪倉さんと早野龍五さんの監修で、放射線基礎知識テストを作成している。「放射線のことが正しく知られていないから、いじめの問題が起きて来るんです。子どものうちに基本的な知識を身に着けてほしい」という狙いだ。「福島の子どもたちが福島を出たとき、福島はこうだと自分の言葉で自信を持って語れるようになってほしい」。南相馬市内を中心に数十校で授業をしている坪倉さんも「すでにデータの蓄積があり、放射線教育をしっかりやっていく時期です」と話す。

坪倉さんは今、福島県で相馬中央病院で常勤医、南相馬市立中央病院など三病院で非常勤医を務める。力を入れているのは福島での若手医師の指導・育成だ。震災後、相馬・南相馬地区には研修医も含めて若手医師が多く集まった。「放射線災害が地域や生活にどんな影響を与えているかを知るには、医師が病院の外に出て住民と話しながら地域の医療を守っていく必要がある。ここで勉強する意味を伝えたい」という。自身もさまざまな論文をまとめている。生活習慣病の糖尿病や高脂血症の発症が増え、特に仮設住宅への避難者に目立つことなどだ。被災地の医療を守り、データに基づく研究論文をまとめ、教育活動を牽引する坪倉さんの存在が、若い医師を呼び込んでいる部分も確実にある。

（冠木）

母子避難と帰還を支える

2016.2.4

中村美紀さん　山形避難者母の会代表

なかむら・みき　一九七五年福島市生まれ。栄養士の資格を取り、夫の仕事で郡山市に。二〇〇七年二月自宅で料理教室開設。一一年八月に八歳から一歳半の三人の娘とともに山形市に避難し山形避難者母の会を設立。一四年三月郡山市の自宅に戻り、五月長男出産。

富田　愛さん　NPO法人ビーンズふくしま　みんなの家事業長

とみた・めぐみ　一九六九年宮崎県都城市生まれ。同市の保育所で主任保育士として勤務後、夫の転勤で二〇〇九年に郡山市に。震災後、郡山市のNPOで活動後、一二年からビーンズふくしまで県外避難者や帰還した母子を支援。一五年「みんなの家@ふくしま」開設。

◆古里捨てていない避難者　孤立する母親に「安心」を――中村美紀さん

◆異なる選択、認め合って　再スタート、支援する場を――富田 愛さん

原発事故で「自主避難」と言われている人の多くは福島県内に夫を残して避難した母と子だ。二重生活の上、支援も少ない中で悩みは深い。山形市で山形避難者母の会を設立し、現在は郡山市に戻っている中村美紀さんと、ＮＰＯ法人ビーンズふくしまで支援活動を続けている富田愛さんが、避難や帰還をどう支えるかを話し合った。

――中村さんは二〇一一年八月に山形市に避難して、母の会を始めたそうですが。

中村　最初は三人の小さな娘を連れての避難は考えていませんでしたが、迷った末に決断し夏休みに引っ越しました。山形市が運営する避難者の交流センターや支援団体を通じてお母さんたちと出会い、芋煮会などで仲間が増えました。福島の県会議員が山形に来るときに、（強制避難地域の）南相馬市小高区の方が「自主避難の人も発信しないと」と勧めてくれたのがきっかけで、団体の名前を考え、生活支援などについて福島県知事宛ての要望書を提出しました。

――そのころ富田さんは郡山で活動を始めていた。

富田　私は震災直後に宮崎県都城市の実家に避難し、一カ月ほど、以前に勤めていた保育所の仕事をして、有志の方の義援金を預かって郡山に戻りました。子育て支援をしているＮＰＯ「プチママン」を知り、義援金を届けて手伝いを申し出たんです。子どもの遊び場の移動サロンを約一年間していました。かなり多くの方が母子で避難していたので、支援しなければと考えていたところ、「ビーンズふくしま」が県の委託事業として県外避難者の支援員を募集していたので応募したわけです。

そこでは、山形、新潟や関東地方に避難している方の訪問から始めました。福島の現状を伝え、話を聞いて回りました。中村さんと出会ったのは、私がこの仕事を始めたころです。

――その後活動が広がった。

中村　山形では、保育所入所や父親のための福島との無料バスなどが実現しましたが、大きいのは一二年五月に「村山地区ふくしま子ども未来ひろば」を開設できたことです。そこに行けば福島の人に会える場です。山形の方は本当に親切でした。

富田　避難先を回っている中で、いつかは福島に帰りたいけれど、福島で自主避難経験者の居場所があれば安心できるという話を聞きました。帰還した母親のための居場所作りをと考えたのが「ままカフェ」でした。その運営を進めていく中で、避難しなかったお母さんや震災後に出産したお母さんも不安を感じていることが分かりました。ままカフェに来ている方々の次のステップとしても常設の居場所が必要だと考え、一五年三月に民間の助成で開設したのが「みんなの家

＠ふくしま」です。

――郡山に戻ったのは？

中村 避難者として非日常の中で生活することに少し疲れたこともありますし、大きかったのは四番目の子ができて、その子を福島で育てたかったからです。親として上の娘たちを一番安心させられるのは、私が福島で子どもを産んで育てて見せることだと思いました。戻ることに不安もありましたが、除染なども進んで避難当初よりはある程度放射線量も下がったし、食べ物の検査体制もずいぶん整った。福島に暮らす人の力で何とかなってきた部分が見えてきたので戻れると思いました。母の会では顔を出して発信する役目を引き受けていたこともあり、代表のまま福島に戻りました。

――福島に戻ったお母さんたちはどんな思いでしょうか。

富田 最初のうちは、誰もマスクをしていないことや、洗濯物を外に干していることが信じられない、浦島太郎のような気持ちの人が多いようです。生活の一つ一つに悩み、「気にしているのは私だけ？」と思ってしまう。でも、生活していくうちに、だんだん安心していく。ままカフェで、先に戻った人の経験を聞き、不安を感じるのは自分だけでないことを知ることも大きいようです。

中村 避難先では福島から来た人が集まる場所があり、放射能を気にしている人たち同士で楽に話ができるんです。ところが福島に戻ってくると誰にも話せずに孤立してしまう。先に帰った人がそんな葛藤を乗り越えた経験を話してくれることが一番の安心材料になるんです。私たち家族にとっては日常を取り戻せた気がして、帰ってきて良かったことも多いです。一方でまだまだ帰れないと考える方も多く、帰還だけを良しとされているように感じて苦しんでいる避難者もいらっしゃいます。

――母子避難の方々の悩みにどんな対応をしていますか。

富田 自主避難をした方は、自分と家族だけで避難を決断しなければならなかった。本当に大変だったと思います。でも、時間がたつと、その選択が良かったのかどうか迷うことが多いんです。私は迷っている方にはいつも「あなたの選択は正しかったよ」と言っています。

中村 自分たちで判断し乳飲み子を抱えて避難せざるをえなかった。そんな彼女たちに責任を負わせるのはおかしいと思います。福島に住んでいる人から「あなたの選択は正しかったんだよ」と言われて、やっと気持ちがほどけるんです。

――最後に一言お願いします。

中村 避難した方々は決して古里を捨てたのではなく、福島の本当の情報を知りたいだけなんです。私は、福島で安全のために誠実に積み上げてきた生産者の方たちの努力を伝えたいです。「中村は安全派に寝返った」と言われるかもしれませんが、それが不安を抱えて孤立している方たちの安心につながるのならぜひ伝えたい。

富田 避難している方々、帰って来た方々、避難しなかった方々、それぞれの選択をこれからも大切にしていきたいし、お互いを認め合える場として「みんなの家」を続けていきたいと思います。悩みを一つ一つ共有しながら、また福島での生活を再スタートできるんだよということを、今も避難している方々に伝えたい。最後に、福島の子どもたちが将来、いわれなき偏見で傷つくことのないよう、福島だけの問題ではなく、全国の皆さんで考えてほしいです。

◆「ビーンズふくしま」と「みんなの家」

NPO法人「ビーンズふくしま」（若月ちよ理事長、本部・福島市）は不登校、ひきこもりなどの子や若者支援のため一九九九年発足。震災後は仮設住宅の子の学習支援や県外避難者支援、帰還した母親の居場所「ままカフェ」（県内五カ所）運営も加わる。二〇一五年三月さまざまな世代が悩みを語り合い交流する場「みんなの家＠ふくしま」（事業長・富田愛）を同市笹谷に開設。

◆山形避難者母の会

原発事故で山形県内に避難してきた母親たちの自助組織。二〇一一年一〇月に中村美紀さんを代表に発足。会員約二〇〇人。一二年五月山形市内に避難母子の交流拠点「村山地区ふくしま子ども未来ひろば」開設。未就学児の一時預かりやピアノなど習い事支援、広報紙の発行などの事業を行う一方、福島県内に帰還した母子との交流プログラムを行っている。

（二〇一六年二月四日掲載）

■対談・その後

富田愛さんのNPO法人ビーンズふくしまの「みんなの家」は二〇一七年三月で開所から二年を迎える。最初の一年の利用者は約二八八〇人、月平均約二四〇人だったが、その後も帰還者が増えるのに伴い利用も増えている。地域の高齢者を交えての地域ぐるみの活動や、近所に畑を借りて作った野菜での食事会など、さまざまな活動が広がっている。

二〇一七年一月二五日、これまでの「みんなの家」の近くに「復興交流拠点　みんなの家セカンド」をオープンした。復興庁の「心の復興」事業と福島県の「ふるさとふくしま交流・相談事業」の補助を受けたもの。富田さんは両施設の事業長として運営に関わる。「セカンド」の方は、福島に避難して仮設住宅や復興公営住宅で暮らす人と地元の人との交流を中心に据えている。同時に、自主避難から帰ったお母さん向けの「ままカフェmini」も開催。富田さんは「一応分けてはありますが、誰でも、どちらでも利用できる形になっています。緩やかにつながりあえる場を目指します」と話している。

中村美紀さんは郡山市の自宅などで料理やヨガの教室を開く傍ら、福島県産品をアピールする県などのイベントの手伝いもしている。「安全を前提にすると不安に思う方は話を聞いてくれなくなります。私は、自身も不安だった生産者の方々が、どうして安全を作ってきたかを話しています」。

山形避難者母の会の代表を続けているが、すでに帰還者は多く、会員は三〇人ほどという（二〇一七年一月）。二〇一七年三月末で自主避難者の住宅支援が切れることについては、「これで踏ん切りがついたという人と、住宅の打ち切りは非情だと思う人が半々ぐらいでしょうか」と見る。子どもの教育も避難継続の理由として大きいようだ。会の存在意義は少なくなったと考えるが、同会を続け山形市の交流拠点も維持していくという。「（拠点が）そこにあるということで安心感を持つ人がいるのです」という理由からだ。

福島市への帰還者は「みんなの家」に集うことも多い。同会のスタッフをしていた女性が一人、今「みんなの家」のスタッフとして働いている。中村さんが二〇一六年七月に「みんなの家」でヨガ教室を開いた際は「（山形避難者母の会の）十数人の元会員さんが来てくれ同窓会のようでした」という。

（冠木）

原発事故、賠償のあり方は

2013.5.2

渡辺和則さん　富岡町の司法書士・行政書士

わたなべ・かずのり　一九七四年、福島県富岡町生まれ。各地に避難した同町民による自助団体「とみおか子ども未来ネットワーク」の副代表（現在は退任）。

除本理史さん　大阪市立大教授（環境政策論）

よけもと・まさふみ　一九七一年、神奈川県生まれ。東京経済大教授などを経て現職。著書に『原発賠償を問う』『環境被害の責任と費用負担』。

◆賠償は「被害のごく一部」の実感
避難先の生活支援必要──渡辺和則さん

◆打ち切り方針、早すぎる
加害責任、きちんと自覚を──除本理史さん

原発事故による損害に対して東京電力による賠償が行われている。不動産に対する手続きも始まった。被災者から見て、どんな問題があるのか。本来あるべき賠償はどういうものか。公害補償を研究する大阪市立大学の除本理史教授と、福島県富岡町の司法書士、行政書士で賠償問題に関わっている渡辺和則さんが話し合った。

──まず渡辺さんの避難の経緯を教えてください。

渡辺 当時、私は事務所に、身重の妻は高台にある実家にいました。その晩は妻の実家近くで車中泊し、翌日、隣の川内村の避難所に入りました。その夜遅く郡山市に向かい二度目の車中泊。夜が明けてから、妹が住む埼玉県越谷市に行きました。近くにアパートを探し、五月に入って、いわき市に事務所を借り、埼玉と行ったり来たりしながら仕事を再開しました。

──除本さんが原発賠償の研究を始める経緯は?

除本 震災の日は、東京から大阪に引っ越す準備をしていました。翌日、共同研究者の大島堅

一氏（立命館大教授、環境経済学）が原発事故の状況を電話で詳しく知らせてくれました。当時一歳の子どももいたので（安全のため）、京都の大島氏宅に一時滞在させてもらいました。「大事故なのだから賠償や被害実態の調査をしなければならない。公害や環境問題の研究者が蓄積を生かすべきだ」という話になり、勉強会を始めました。

——今回の被害と賠償のあり方についてどう考えますか。

渡辺 人生そのものを失ったという人もいます。何年後にこうして、次にこうして、という将来設計が根本から崩れてしまった。今まで築いてきたもの、場所も人間関係も、すべてなくなった。何を失ったかを言うことさえ難しい状況です。

除本 避難区域の方々は、いろいろなものを代々引き継いでいくという感覚が強い。その延長線上に自分や子どもの人生がある。それらが全部断ち切られた。都会の人が、生活設計が狂ったというのとは少し違います。原状回復を基本とし、被害者の個々の生活をきちんと再建すること、「人間の復興」が必要です。金銭賠償はその中に適切に位置づけるべきです。

渡辺 除染して帰れるようにするといいますが、まだまだ高い線量の場所があり、子どもたちが近い将来遊べる環境になるとはいえません。戻らないことを決めた人に対しても、避難先で地に足を着けた生活ができるような支援を考えてほしい。

——現在の賠償の枠組みの問題点をどう見ますか？

除本 賠償の範囲が被害実態と比べて非常に狭いです。精神的苦痛に対する賠償が月々一〇万円ですが、原子力損害賠償紛争審査会（原賠審）が示した根拠は避難生活の苦痛や先行きの見通しの不安に対するものです。ふるさとを追われ人生設計が完全に狂ってしまったことに対するものとはいえません。次に誰が賠償の中身を決めるか。本来は原賠審が指針を作り、東電はそれを最低線として賠償すべきなのに、むしろそれを上限としています。一二年七月には、不動産賠償について、経済産業省と東電が原賠審を差し置いて賠償基準指針を出してしまった。総じて加害者が基準を作って被害者に押しつけている形です。

渡辺　日々、相談を受けていますが、賠償を受ける範囲は被害のごく一部という実感があります。多くの人は納得していないのですが、東電の請求方式に従わざるをえない。その他に、原子力損害賠償紛争解決センターに裁判外紛争解決手続き（ＡＤＲ）を申し立てることと、損害賠償訴訟という二つの手段があります。しかし、ＡＤＲでは思うようにならずに取り下げるケースが続出しています。裁判は少しでも早くお金が欲しい被災者にとって難しいです。

除本　生活再建が賠償に頼るしかないことも問題です。被災者として、賠償以外の生活再建措置を充実させるべきです。

――三月末から不動産賠償の手続きが始まりましたが。

除本　不動産の価値の算定には問題があります。一つは残存価値という考え方。建物は年が経過するほど減価され、残った価値を賠償する。もう一つは避難区域再編と連動して割り引かれることです。事故後六年戻れない場合を全損として居住制限区域では半分、避難指示解除準備区域

富岡町の帰宅困難区域との境界、2015 年 5 月

では三分の一に減額される。この方式では新たに住居を取得できない人も出てきます。現にそこに住んでいた使用価値をきちんと評価すべきです。

渡辺　代々受け継いでいるような古くて立派な住宅は、固定資産税評価額が低いので、賠償額も低くなってしまいます。

今は東電から請求書類が届いてきている段階です。登記と納税者の一致などを確認して返送すると、今度は金額を示す書類が来ます。納得しない場合は現地調査などで金額を決めます。ここで最初提示した金額より低くなっても元に戻れない仕組みなので、問題だと思います。

田舎ですから、相続しても登記をしていなかったり、親類に増築してもらって登記していなかったり、書類が整わないことも多くて、うちの事務所に相談が殺到しています。

除本　加えて、人々が集まり住んでコミュニティーを形成していたからこそあった価値や、住民が享受していた豊かな自然環境の喪失なども、今の賠償方式からは抜け落ちています。

——今後、どうすればいいのでしょうか。

除本　東電と政府が「加害者」としてきちんと責任を自覚し、誠実に被害者と向き合ってほしい。まだ避難は続いており被害も継続しているのです。不動産賠償や精神賠償をまとめて渡して打ち切り、という方針が出されていますが、賠償を続けつつ生活再建をサポートする必要があります。また、政府や東電の法的責任を問う裁判の持つ意味も大きいです。公害の場合も訴えた人は少数派でしたが、裁判所が加害責任を認めたことで被害者の救済が進んだ歴史があります。

渡辺　紛争解決センターの利用をもっと促進すべきです。ただし、センターに申し立てた人と東電の請求に従った人が分断されないように、情報の格差が賠償の格差にならないようにしなければなりません。被害を受けた住民は、有識者・専門家の協力を得ながら、主体的に動く必要があります。また、住民は被害の現状を全国に発言し続けなければならないと思います。

◆原発事故の賠償

原子力損害の賠償に関する法律により、東京電力が無過失責任を負い、国が必要な援助を行う仕組み。賠償の対象は事故と「相当因果関係を有する損害」で、国の原子力損害賠償紛争審査会（原賠審）が指針を作り、その下にある原子力損害賠償紛争解決センターが裁判外紛争解決手続き（ＡＤＲ）として和解仲介を行っている。これまでの東電による賠償額は個人、法人合わせて約一七三万六〇〇〇件に対し計二兆六三九億円（本賠償のみ、四月二六日現在）。同センターで全面和解が成立したのは六二四三件の申し立てのうち二四八六件（同日現在）にとどまる。
（二〇一三年五月二一日掲載）

■対談・その後

賠償問題を研究している除本理史さんに取材をもちかけ、現場の課題に取り組んでいる方を紹介してもらったのが、渡辺さんである。現在、司法書士、行政書士として町民のさまざまな相談に応える一方で、町の復興事業を受注する株式会社ふたば商工（本書二九八頁参照）の取締役を務めている。さらに、二〇一七年四月予定の避難指示区域解除に備えて同年一月に設立した復興会社、社団法人「とみおかプラス」の理事に就任した。桜の名所、夜ノ森のライトアップイベントなど、復興を盛り上げる仕事を担う。「地元愛というんですかね。今すぐ子どもを連れて戻ることはできないとは思いつつ、かと言って、放っておいたら永久に住めない町になってしまう。少しずつアクションを起こして、明かりを灯していくことで、将来の可能性が広がっていくのかなと思います」と話している。取材当時就いていた「とみおか子ども未来ネットワーク」の副代表は、地元の支援に専念するため退任した。

震災を機に原発賠償の研究に進んだ除本さんは、今ではこの分野の第一人者の一人になっている。頻繁に福島を訪れて被災者を調査、地元の弁護士や研究者との共同研究『原発災害はなぜ不均等な復興をもたらすのか』（ミネルヴァ書房）や『公害から福島を考える』（岩波書店）などの成果を世に問うている。

賠償問題のその後はどうか。東京電力によると、損害賠償は個人・法人合わせて約二五二万三〇〇〇件に対し計約六兆五一〇三億円が実施された（二〇一六年一一月二五日現在）。金額では掲載当時の二倍以上だ。また、原子力損害賠償紛争解決センターによると、裁判外紛争解決手続き（ＡＤＲ）で全面和解が成立したのは二一二二四件の申し立てのうち一五七四三件（同日現在）。金額や件数の面ではかなり進んでいる。

被災地からの要望などを受け、住宅賠償の上積みなど一定の改善があったことは事実だ。避難先で新居を建てる人が増えてもいる。だが、賠償問題はまだまだ未解決の部分が多い。除本さんは、大枠として①賠償内容や金額が一方的に提示され、被害者に押しつけられる状況、②自主避難者への賠償など、被害の実情を十分に反映していないこと、という二つの問題が未解決だと指摘する。

渡辺さんは「高齢者や身寄りのない人など、まだ賠償請求手続きに着手できない人がいる。賠償を受けている人でも、本来請求できるものに気付いていない人もいる。漏れはまだまだありま す」と話している。

賠償の格差が地域の不公平感を生んでいるという実情もある。富岡町では町域が帰還困難区域、居住制限区域、避難指示解除準備区域に三分され、道路を挟んで賠償額に大きな差がつく場合がある。同町では、大熊町、双葉町のように全町について帰還困難区域の扱いにするよう請願したが、一部の追加賠償がなされたものの十分ではなく、住民の多くは不満を抱えている。（冠木）

原発賠償と大学の支援——浪江町の場合

2013.11.7

馬場　有さん　福島県浪江町長

ばば・たもつ　一九四八年浪江町生まれ。東北学院大経済学部卒。酒販売店を経営。浪江町議、同町商工会副会長、同町議会議長などを経て二〇〇三年に福島県議。〇七年一二月より同町長。現在二期目。（その後一五年一一月の選挙で当選し三期目に）

須網隆夫さん　早稲田大法科大学院教授（ＥＵ法）

すあみ・たかお　一九五四年東京都生まれ。東京大法学部卒、弁護士、ブリュッセルでの法律事務所勤務などを経て横浜国大助教授。九六年から早大教授。同大復興支援法務プロジェクト代表。著書に『ヨーロッパ経済法』など。

◆損害、交通事故とは違う町民の悔しさ、怒り大きい――馬場 有さん

◆専門家が協力して支える原賠審は指針見直しを――須網隆夫さん

全町避難が続く福島県浪江町は、原発賠償の増額を求めて国の原子力損害賠償紛争解決センター（原発ＡＤＲ）に集団申し立てをしている。町が代理人となり、一万五〇〇〇人以上が参加するという前例のない訴えを支えているのは早稲田大学法科大学院の復興支援法務プロジェクトである。馬場有町長とプロジェクト代表の須網隆夫教授に経緯や意義を聞いた。

――ＡＤＲ集団申し立てに至る浪江町と早稲田の接点はどうしてできたのですか？

馬場　昨年三月ごろ南相馬市の私のいとこが紹介してくれました。「大変ですね、何かお手伝いできますか」という話になって、「早大の須網先生が復興支援を考えているので、一度話をしませんか、必ず役に立ちますから」ということでした。

須網　町長のいとこの半谷栄寿さんは、私の大学時代からの親友でもあるんです。実は、私の方から彼に浪江町長を紹介してほしいと頼んでいました。彼は元東電の執行役員で、今は南相馬市で太陽光発電の体験学習で人材育成をしています。

私の属する法科大学院では、震災直後から法律面で被災地を支援するためのプロジェクトを始めていました。教員と卒業生の弁護士、法科大学院生が予備的な研究をしながら、お手伝いする自治体を探っていたのです。半谷さんの紹介で、学生三人と一緒に町長を訪ねたのが最初です。

馬場　そのころ私は、国や東電の対応について腹に据えかねて、もやもやしている時でした。事故直後のＳＰＥＥＤＩ（緊急時迅速放射能影響予測ネットワークシステム）非公開は国の犯罪ではないか。東電は原発のトラブルを直ちに知らせる約束をした町との連絡通報協定に違反したのではないか。そういう話をさせていただきましてね。

須網　きっかけは人間的なつながりがあったおかげだと思います。町長も最初は、何かいいことがあるのだろうかと疑問に思われたかもしれませんが、話を続ける中で秋ごろには問題点が整理されていきました。

馬場　昨年の秋ですね。賠償の問題に絞りました。原子力損害賠償紛争審査会（原賠審）の中間指針の問題点や我々の苦しい実態を調べていただいた。

――集団申し立てという方式が決まった経緯は？

須網　昨年の一一月にプロジェクトの方から三つの選択肢を出しました。まず、町民が弁護士を委任する費用の一部を町が負担する。これは双葉町がやっている方式です。次に、町民がＡＤＲに申し立てをする際に、賠償の増額事由について町が証明書を発行して支援する。そして三番目が町が代理人となってのＡＤＲの集団申し立てです。実は私は、まさか町が三番目を選ぶとは思わなかったんです。ＡＤＲ以外の手続きを含めても自治体がそこまでやった例はありませんでしたから。

馬場　私は、町が代理人になれるか心配でした。しかし、そのころ東電の住民説明会があって、住民の空気はとんでもないことになっていました。面倒くさい請求書を書かせて、精神的損害が一〇万円しか出ない。東電はけしからんと。さらに、原賠審が今年一月に初めて地元に入ったんですが、話をただ聞くだけで、実態を知ろうとしない印象でした。私は、町民がごまかされるようなことではダメだ、町が申し立てをしようと考えを固めました。

当時は町民に「町は何をやってるんだ、何もやってないではないか」という声が強かった。実際は文部科学省や東電に強く要求していたんですが、町民の方には見えないんでしょうね。ところが、町がＡＤＲをやると言ったら一カ月で参加者が一万人を超えたので驚きました。皆さん賠償について真剣に考えていたんですね。

――賠償の基準については？

馬場　自賠責の最低の基準をもとに一〇万円をとったと思いますが、三五万円という判例もある。我々は最低の基準ではないですよ、という考え方です。原発事故は広域的で長期的な避難になるのに、交通事故と同じように考えられたら困る。

須網　原賠審の中間指針は一一年八月にできました。実態が分からない時点で決めたので仕方ない側面もあったと思いますが、早く新しい基準を議論すべきでした。その点は原賠審に反省ししていただきたい。そういう考えを込めて先日、我々を含む全国の研究者一九〇人が原賠審に避難者への調査と被害実態に即した賠償指針の改定を求める意見書を出しました。今後の議論に生かしていただきたい。

馬場　町もコミュニティーも家族も、全部バラバラになってしまっているわけです。小中学生は一七〇〇人が町立の九校に入っていましたが、今は六九九校に分かれています。災害関連死は三〇〇人を超えました。避難先で外出や隣近所の会話がなくなっております。浪江町全体が崩壊してしまった悔しさ、怒り、悲しさという損害の大きさを考えてほしい。

須網　我々がやっていることは、町の主張を理論面、実態面の双方で支えることだと思います。理論的な検討の一方で、被害実態を把握するため、避難先での聞き取り調査とアンケート調査をしました。民法や法社会学などさまざまな専門家が協力しています。町が難しい決断をした以上、我々は全力で応援しなければいけない。

――弁護士さんを町の職員として雇われたそうですが。

馬場　災害公営住宅をつくる際の問題や津波で流された家の問題など権利関係の法的な手続きが多くなってきているので、専門家が職員にいれば心強い。須網さんからの提案でした。

須網　自治体も立法能力などを強化しなければならない。特に被災地では新しい問題が次々に起きています。法科大学院の卒業生で作る稲門法曹会のメーリングリストで募ったら、何人か応募がありました。その中から選んでいただきました。

――最後に訴えたいことは。

馬場　福島県を離れると、原発事故が風化していると感じますね。大学もそうですし、霞が関も国会もそうです。世界的惨事をもたらした原発事故を忘れないでほしい。

須網　ＡＤＲによって浪江町の町民の求心力ができたと思いました。風化の問題ともつながりますが、外からも町民からも目に見える形で表していくことが、普通のとき以上に必要な時期ではないかと思います。

◆浪江町の原発ＡＤＲ集団申し立て

原発事故の賠償は、国の原子力損害賠償紛争審査会（原賠審）が指針を作り、その下の原子力損害賠償紛争解決センター（原発ＡＤＲ）が和解仲介を行う。浪江町は今年五月、町民を代理した町長が代表者となって、一人月額一〇万円とされた精神的損害の賠償を三五万円に引き上げることを求め、原発ＡＤＲに集団申し立てした。約二万一〇〇〇人の町民のうち一万五三一三人が参加（一〇月二四日現在）。支援弁護団は早大法科大学院の専任教授でもある日置雅晴弁護士（団長）と同院卒業生の弁護士らで構成、同大学院の復興支援法務プロジェクトの教員、大学院生が支援している。

（二〇一三年一一月七日掲載）

■対談・その後

浪江町の原発ADR集団申し立ては、馬場有町長が先頭に立ち、町民の七割以上（二〇一六年四月現在で一万五七八八人）が加わるという、他に例のない大規模なものだ。それを一つの大学のプロジェクトが全面的に支えているというのもユニークな試みといえる。そうしたことが、偶然ともいえる人の出会いから始まったことも前項の記事の通りで、復興において（闘いも含めて）、いかに人と人とのつながりが大切かを知らせてくれる事例だと思う。とはいえ、本筋の賠償問題はその後、成果を勝ち取るかに見えた時期があったものの、まだ解決には至っていない。少し煩雑になるが、ここではADRの経過を説明する必要がある。

記事掲載の約四カ月後の二〇一四年三月二〇日、原子力損害賠償紛争解決センターが和解案を提示したことで事態はこれをめぐる攻防に移った。和解案は①二〇一二年三月一一日から一四年二月末日までの慰謝料を月五万円加算する②高齢者（七五歳以上の者）については一四年二月末日までの慰謝料を月三万円加算する――が主な内容である。要求（二五万円加算）より低いものだったが、浪江町は申立町民の九九・九％の同意を得て一四年五月に和解案の受諾を回答した。しかし、東電は六月になり、実質的に全面拒否の回答をする。浪江町民への一律増額が賠償についての国の中間指針と乖離する、つまり他町村との均衡を崩すというのがその理由だった。

これに対し浪江町は、そもそも東電の和解案の理解が不正確であること、もともと東電が「和解案の尊重」を約束していたことと矛盾し、信義に反すると反論し、膠着状態となった。

しかし、一五年一二月一七日に同センターが動き、「和解案を拒否する合理的理由はない」として、東電に対し和解案を受諾するよう求める勧告書を出した。これを受け、浪江町では与野党や経産・文科両省への要請行動を行い、東電に対し和解案全ての受諾を求める要求書を提出した。しかし、東電は二月五日、改めて全面実質拒否の回答を行った。この後も同センターは再三にわたり和解案を受諾するよう東電を説得しているが、現在にいたるまで解決していない。そもそも原発ＡＤＲの仕組みについては、東電に対する強制力がないことが最大の問題であると指摘されていたが、懸念された事態が起きているといえる。

この間、馬場有町長は一五年一一月の選挙で三選を果たした。新人二人が挑戦したが、有効投票総数の三分の二以上を得ての当選だった。震災後の対応全般について町民の支持が強かったことを示したものだが、中でもほぼ全町民をまとめての賠償の取り組みが大きな要素だったことは間違いない。

早稲田大学法科大学院の復興支援法務プロジェクトは現在、賠償支援のほか、避難者の法的地位問題の研究（二重の住民票など）、帰還後の社会福祉サービスの提供という三つの課題について研究・活動を進めている。須網隆夫さんもゼミの学生を連れてしばしば浪江町を訪れている。原子力災害を機に始まった自治体と大学の協力活動は今後も続いていく。

（冠木）

原発事故への備え、欧州の経験から

2015.4.2

デュラノバさん　NERIS理事

タチアナ・デュラノバ（Tatiana Duranova）さん　スロバキアの電力関係の研究会社VUJEの安全解析エキスパート。五六歳。

デュブレイユさん　NERIS理事

ジル・エリアール・デュブレイユ（Gilles Hriard-Dubreuil）さん　フランス調査組織MUTADIS所長。NTW理事。五七歳。

エイケルマンさん　NERISメンバー

インガー・エイケルマン（Inger Eikelmann）さん　ノルウェー政府放射線防護庁原子力安全・環境放射能部極北地域課長。五七歳。

◆緊急対応、全関係者参加で長期的視野で信頼醸成を――デュラノバさん
◆住民参加による意思決定 復興の主役は地域の人々――デュブレイユさん
◆市民の疑問に答える必要 選択のため十分な情報を――エイケルマンさん

チェルノブイリと福島の原発事故を受け、ヨーロッパでは緊急事態への対応や復興に備える取り組みが進められている。多くの大学や研究機関が参加する「原子力災害への緊急対応に関する欧州プラットフォーム」（NERIS）はその代表的な動きだ。三月の国連防災世界会議を機に来日したジル・エリアール・デュブレイユさん、タチアナ・デュラノバさん、インガー・エイケルマンさんに、欧州での取り組みや福島の被災地の印象を聞いた。

――それぞれ何度か福島を訪問されていますが、被災地の印象はいかがでしたか。

デュラノバ 私は二〇一三年に次いで二回目の訪問です。富岡、大熊、浪江町を訪ねましたが、人々は以前に比べて困難で複雑な現実を直視するようになっている印象でした。他人がやってくれるのを待つ受動的な姿勢でなく、生活再建に直接参加する姿勢が強まっています。汚染マップ

作りや復興計画の議論、さまざまな関係者との協力などの経験が役立っていると思います。住民には放射能のリスクなど自分たちの行動を決めるための情報が必要です。研究者が住民とともに活動していますが、今後も重要なことだと思います。

デュブレイユ　私は一二、一三年に次いで三回目です。一三年に印象的だったのは伊達市霊山町小国地区でした。旧特定避難勧奨地点を含む地域で住み続けるため、住民や福島大の研究者が放射線計測の態勢を作り、信頼できる情報の構築を進めていました。地域の人々の回復力、自ら組織する力については、チェルノブイリとは違うものを感じました。今回訪れた被災地では、市民や共同体が、自分たち自身による復興努力を始める時期に入っているという印象でした。人々の創造性を高めるには、行政から市民へという統治の流れを、市民から行政へという方向に逆転する必要があります。

エイケルマン　私は一一年三月、原発事故の一週間後に東京に来てノルウェー大使館や在住ノルウェー人の支援にあたりました。一三年に二人と一緒に福島を訪れ、一四年にはノルウェー政府の交流事業で酪農家やトナカイ監視員と一緒に飯舘村、浪江町、南相馬市などの農家を回り、避難した酪農家に会いました。そのうち何人かはノルウェーにも来てもらいました。

――欧州ではどのような活動がなされていたのですか。

デュブレイユ　欧州では福島原発事故前からあったＮＥＲＩＳに続いて、事故後にＮＴＷ（原子力施策透明度ウオッチ）というＮＧＯが欧州議会の超党派議員の協力で設立されました。原発の是非は問わず、安全性を高めるため市民による監視の活動をしています。ただ、緊急対応で欧州レベルの取りまとめはあっても実際の計画は国ごとに違っています。ヨウ素剤使用など隣接地区で対応が違う場合もあり、欧州全体の一貫した計画が必要とされています。

デュラノバ　人口約五〇〇万人のスロバキアには二つの原発があり、半径二〇～二一キロ圏を緊急時計画区域として郡や市町村が緊急計画を作っています。避難先の自治体との間で合意があり、三年ごとの演習では避難する人と受け入れ先が顔合わせします。すべての情報は公開されネットでも見ることができます。新しく選ばれた市長や町長にも緊急対応のために専門家の訓練を受けてもらいます。平時から全てのステークホルダー（関係者）が参加するネットワークを作ることが大事なのです。

――ノルウェーはチェルノブイリ事故でどんな経験を。

エイケルマン　西欧で最大の被害を受けた国がノルウェーです。土壌、作物や家畜、トナカイなどに大きな影響がありました。原発がない国なので緊急事態の計画がありませんでした。作物への放射性物質の吸収を抑制するカリウム肥料などの対抗策をとり、市場に出す農産物には一定の基準を設けました。一年間の摂取量を一ミリシーベルト以下とし、消費量の多いものは低く、少ないものは高く設定しました。乳幼児向け食品は一キログラム当たり三七〇ベクレル、肉は六〇〇ベクレル、トナカイ肉六〇〇〇ベクレルです。（日本では一般食品一〇〇ベクレル）。事故から三〇年近くたちますが、放牧されるトナカイへの対策は依然として必要です。どんな対策を取る場合でも、あらゆる関係者に話をすることが重要だという教訓が得られました。当局は一般市民のあらゆる質問にきちんと回答できなければ信頼は得られません。専門家を疑う見方もあったので、複数グループの意見を聞く必要もありました。

——日本の原発再稼働の進め方についてはどう見ていますか。

デュブレイユ 再稼働には人々が決定のプロセスに参加できる法的裏付けのあるシステムが必要です。これは反原発か原発推進かという立場とは無関係に重要です。市民の参加には何よりも情報アクセスが必要であり、再稼働するのであれば、安全を保つための信頼できるシステムを作るべきです。原発の安全を電力会社とオーソリティー（権威）の手だけに委ねるのは不十分で、何十年も安全問題に取り組んできた欧州の経験を取り入れるべきです。

——今後の復興に必要なことは何でしょうか。

デュラノバ すべての関係者がオープンにコミュニケーションをしていくことが重要です。信頼を醸成するということは、長期的な視野で見なければならない終わりのないプロセスです。

エイケルマン チェルノブイリ事故の後、わが国でも情報が信頼されない危機が起き、より透明性を高めて信頼を回復する必要がありました。十分な情報があることで住民は自身の判断で選択することができます。農業の再開のためにも情報が不可欠です。福島で得た経験は、復興の新しい仕組み作りに有効だと思います。

デュブレイユ 最も重要なことは人々が意思決定に関わり合うシステムを構築することです。

原発には危険があるからです。もう一つ強調したいのは、復興の主人公は、地域の人々自身だということです。行政が物事を決めて人々に従わせるのではなく、行政は一般の人々の判断を重視して、それを支援していくべきです。福島はそうした革新的なモデルになる可能性があります。

◆ＮＥＲＩＳとＮＴＷ

ＮＥＲＩＳ（原子力災害への緊急対応に関する欧州プラットフォーム）はチェルノブイリ原発事故後に欧州各国が取り組んできた活動を総合・拡大し、次世代の専門家に継承する目的で二〇一〇年に設立。避難などの緊急対応や復旧・復興についての研究、交流を行っている。研究機関や大学、ＮＧＯなど二五カ国・地域五四組織が参加。今回登場した三人は中心的なメンバーで先月、福島市で開かれた国連防災世界会議関連イベントや、東京工業大、福島大でのワークショップに参加するため来日した。

ＮＴＷ（Nuclear Transparency Watch、原子力施策透明度ウオッチ）は福島原発事故を受けて一三年に設立された欧州の原発監視の民間組織。一五カ国の市民組織が参加。民間財団の支援を受けている。

（二〇一五年四月二日掲載）

III　文化と若い力

浪江の絆と再生への思い——焼きそばとショッピングセンター

2014.8.7

松原　茂さん　マツバヤ社長

まつばら・しげる　一九六〇年浪江町生まれ。二〇一〇年、浪江町を中心にショッピングセンターなどを展開する株式会社マツバヤの四代目社長。震災後、一一年三月に田村市、一〇月に相馬市、一三年二月に二本松市に「サンプラザ」開店。町民との絆を重視し仮設住宅への移動販売や送迎バスを続ける（一六年九月終了）。

八島貞之さん　浪江焼麺太国太王、八島鉄工所社長（現八島総合サービス社長）

やしま・さだゆき　一九六八年浪江町生まれ。有限会社八島鉄工所を継ぎ二〇〇九年三代目社長。同町商工会青年部長として〇八年一一月、浪江焼麺太国《やきそばたいこく》を設立し太王《だいおう》に。鉄工所は一一年九月から新地町で、一二年八月から南相馬市で事業再開。同商工会工業部会長。

◆浜通りは新事業の前線基地
本業にとらわれず作り出す――松原 茂さん

◆焼きそばは今「町残し」
戻るまであきらめず伝える――八島貞之さん

全町民二万人以上が避難を続ける福島県浪江町で復興に意気盛んな人たちがいる。町民の絆をどう維持するか、どうしたら町を再生できるか。震災後に衣料品、バッグなどの専門店「サンプラザ」を三店開店したマツバヤの松原茂社長と、鉄工所を再開し、なみえ焼きそばによる「町残し」活動を引っ張る八島貞之さんに聞いた。

――松原さんが三つの店を開店し、事業を再開されるまでは、どういう経緯でしたか。

松原 震災の後、スタッフは広範囲に避難しましたが、五月七日に猪苗代町のホテルで約一〇〇人が集まって話し合いました。私は、元のエリアに戻るのは相当厳しいけれど、何とか再開したい、今までと違う事業になる可能性もあるという話をした。ベテランスタッフからは、何とか再開できないか、店で働きたいという非常に強い要望があって、私もその思いを強くしました。五月末に郡山に事務所を開き、あれもできないかこれもできないかと話をはじめた。浪江町民の仮設住宅にコタツや布団を納める。手作りのパンフレットで注文を取る。トラックで商品を運び、テントで売る。サンプラザの名前を見て喜んでもらえることもありましたね。

――スタッフのやる気、要望が強かったと。

松原　町や地域への愛着もありますが、やはり自身のアイデンティティーというのが大きかったと思います。長く勤めている人が多いですから。我々の代でサンプラザ、会社を消失させるわけにはいかないなと。そんな中で見つかったのが、田村市や相馬市などの空き物件です。我々がやっているような婦人服、化粧品、バッグなどの専門店が少ない地域だったので、あまり反発もなく開店できましたが、実際新しい場所でお客さんをつくっていくのは大変です。

――浪江焼麺太国《やきそばたいこく》は震災後の早い時期に活動再開したそうですが、きっかけは?

八島　震災の翌々日に、いとこがいる塙《はなわ》町に移動しました。アパートに行ったら塙町商工会の青年部の方がいて、「あれ、なみえ焼きそばの太王《だいおう》さんじゃないですか」と気付いてくれ、青年部の水道屋さん、ガス屋さんがすぐに使えるようにしてくれたんです。まもなく私は青年部と一緒に避難所で焼きそばの炊き出しをさせてもらった。太麺ではなく普通麺でしたが、それが新聞にも出て、あちこちの浪江の人たちから連絡がいっぱい来たんです。あ、焼きそばで、心の復興に協力できるかな、と思った。それで仲間と連絡を取って四月中旬に二本松市で浪江焼麺太国の復活イベントをしました。仲間一八人が集まり、一一時開始なのに九時半ごろから浪江町民が並んでくれた。焼きそばを食べて喜んでいるのを見て、俺たち、やらなければいけないなと思ったわけです。

――焼きそばの活動を始めたのはいつからですか？

八島　焼麺太国は商工会青年部三三人で町おこしの活動をしようと始めて、二〇〇八年一一月に建国しました。それから二年以上、会社や家庭に負担をかけてやっとここまで来たというところでの震災でした。去年、B-1のゴールドグランプリを取れたのは全国の方が支援してくれたおかげです。今年は郡山市に大会を誘致できたし（一〇月一八・一九日）、ふんばれるだけふんばろうと思っています。

浪江焼麺太王（右上）をあしらったパッケージ

今も全国を回っていますが、どこに行っても、浪江や双葉郡から避難した人がいます。浪江の方から土産をもらったり、逆に励まされたりしています。我々が行くことは特別な意味があると思いました。

――八島さんが南相馬で鉄工所を再開した理由は？

八島　世話になっている取引先はこちらが多かったので、一二年の夏にここで工場を開きました。その前に新地町に避難したときは鉄骨工事だけをやって、震災前の三分の一ぐらいの売り上げでしたが、こちらに来てからは、土木工事もやり鉄骨工事は二割ぐらいです。利益率は低いですが、売り上げは震災前並みになっています。

松原　本業以外に仕事を広げている八島さんのやり方もありますね。うちも小売りだけでなく女性向けフィットネスクラブをやっていますが、お客様からの支持を含めて、事業の可能性を感じています。

――浪江の再生についてどう考えますか。

松原　私は、浪江でいつでも事業再開したい。小売業は、すぐには難しいですが、浪江町や双葉郡の再生、復興にかかわる事業は、今後ますます求められます。町づくりの会社など、さまざまな企業、行政と組んで、地域再生と事業や雇用を創出できる仕事を作っていきたい。浪江町では五〇〇〇人が帰れる町を造る構想も進めていますが、周辺地域も含めて仕事、雇用も生み出すニュータウンなども造っていく必要があると思います。

八島　浪江町という地域に戻れるように、それまでの間、コミュニティーをしっかりと支えていきたい。焼きそばは最初は「町おこし」でしたが、今は「町残し」だと思っています。何年かかろうが、あの地域に戻る。私たちがあきらめてしまうと次の世代まで伝わらない。

松原　あの地域、浜通りエリアはさまざまな新産業、事業の前線基地になると思います。例えば廃炉関係や新エネルギー、ロボット技術。帰還する高齢者向けのサービスも必要になる。我々も本業、既存のビジネスにとらわれず、世の中で求められる仕事、若い人も集まってくる魅力的な産業を作り出していかなければなりません。

◈なみえ焼きそばと浪江焼麺太国

なみえ焼きそばは一九五〇年代、労働者向けに腹持ちのいい食事として生まれた。極太の中華麺と濃厚ソース、もやしと豚肉の具が特徴。浪江焼麺太国は二〇〇八年、浪江町商工会青年部がご当地グルメの祭典「B―1グランプリ」参加のために設立。昨年、愛知県豊川市での大会でゴールドグランプリを受賞した。

◈株式会社マツバヤ

一九二七年に浪江町で日用雑貨店として創業、ショッピングセンター「サンプラザ」やホームセンターなどを展開する総合小売企業。震災時の従業員約二〇〇人。震災後に「サンプラザ」を再開したほか、女性向けフィットネスクラブを六店運営。同町の寺に伝わる人生訓「親父《おやじ》の小言」銘柄の日本酒を地元酒造とタイアップして発売。現在従業員八八人。

（二〇一四年八月七日掲載）

■対談・その後

記事掲載から二年余り、改めて話を聞いたが、状況は大きく変化している。原発被災地の人々は生業《なりわい》をどう回復していくのか、また地域の産業をどう復興させていくのか、模索が続いている。

マツバヤの松原茂さんは、店舗を拡大していた。基幹のサンプラザ三店は変わらないが、我孫子市に婦人衣料のモンカラを出店、カーブスも田村市船引町を加えて七店になる。従業員は紙面掲載当時とほぼ同じという。その一方で、浪江町が二〇一六年一〇月二七日にオープンした仮設商業施設「まち・なみ・マルシェ」の中に雑貨や食品を扱うリラクアを開店した。施設は浪江町幾世橋にある町役場の南側に隣接、小売り店四、飲食店四、サービス二の一〇店が入居している。二〇一七年春には町役場がある中心街や海沿いなどの地域の避難指示が解除になる見通しで、帰還町民の買い物の便にということで作られた施設である。松原さんの店の隣には、八島貞之さんが太王を務める浪江焼麺太国のアンテナショップが出店している。

松原さんの震災までの本拠、ショッピングセンター、サンプラザは町の中心部に約二五〇〇坪の敷地を持つ。大きな店舗をどのように利活用するかが課題だという。だが、帰還者が少なく、しかも高齢者に偏ると予測される中で、どのような事業をしていくのか。「浪江で以前と同じように店を復活するのは現実には難しいと思います。小売り業にこだわらず、双葉郡の復興に関わる仕事、地域に必要な仕事を探していきたい。まとまったスペースがあるので、地域のコミュニティーや高齢者向けの施設、あるいは商店街的なものとか、そういう活用法はないかを探っている所です」。

地域の再生は、当面は国や行政の主導が必要だと考えている。「最初は官民一体でないと難しい。私たち民間はそれに乗る形で力を尽くす。（避難指示解除という）このスタートからの五、六年が大事な時期になると思います」。震災直後に仮設住宅住民向けにしていたバス送迎や移動販売は、二〇一六年九月で終了した。その担当者が今、浪江町の仮設店舗の仕事に当たっているという。

一方、八島さんの会社は二〇一六年四月、有限会社八島鉄工所から株式会社八島総合サービスに衣替えした。ビルメンテナンスという新しい業種に転進したのは、復興や廃炉関連工事で大手企業の施設や宿舎が増えていることに着目したからだ。鉄骨工事が減り、従業員確保の問題もあるなど鉄工所の継続が難しくなったことが大きかったという。ビル清掃など人手がかかる仕事なので従業員を四六人に増やした。南相馬市のオフィスも駐車場が広くとれる場所に移転し新たなスタートを切った。

浪江焼麺太国の活動は、頻度が減ったとはいえ継続している。メンバーは一六人いるが、それぞれ仕事も家庭も責任をも担う年齢になってきてイベント参加が難しくなった人も多いという。「もともと浪江焼麺という地域ブランドを全国に伝えようと始めた活動なので、その点ではもうすでに伝わったと思います。今度は、逆に外のお客さんを焼麺の地元の浪江に呼びたい。線量が低下して帰還できるようになった浪江の現状を見てもらうこと、風評を払拭する活動をしたい」。そのための一つとして浪江で店を開いてもいる。焼麺太国の活動は外に飛び出すことから地元を重視する方向に変わってきたという。

（冠木）

夜明け市場とファーム白石――いわきを引っ張る若い力

2014.10.2

白石長利さん　ファーム白石代表

しらいし・ながとし　一九八一年いわき市生まれ。農業者大学校卒業後、八代以上続く市内の農家を継ぐ。無農薬・無化学肥料による自然農法で野菜やコメを生産。震災前からいわき農業青年連絡協議会や「いーね　いわき農商工連携の会」などで活動。

松本　丈さん　「夜明け市場」事務局長

まつもと・たけし　一九八二年いわき市生まれ。一級建築士。東北大大学院で建築学を学び、一時不動産会社に勤務。「夜明け市場」を同郷の鈴木賢治氏とともに開設。起業支援のためNPO法人タタキアゲジャパンを設立し鈴木氏と共同理事長に。

◆野菜作る自分を見てほしい　大事なのは人のつながり――白石長利さん

◆地産地消絡め、いい循環に　前向く人へチャンス作りを――松本　丈さん

被災地でもあり復興を支える拠点でもある福島県いわき市では地元の若い力が活躍している。農業を復興のバネにとさまざまな試みをしている白石長利さんと、復興飲食店街「夜明け市場」や起業家支援のＮＰＯを運営している松本丈さんに、活動の経緯や将来への思いを語ってもらった。

――白石さんは自然農法をされていますが、農作物の売り方は変わりましたか？

白石　放射能汚染に敏感になったことで、初めて野菜や食べ物に向き合った人が多かったのではないかと思います。その結果、いわきの野菜が注目され、うちの自然農法を知ってもらうきっかけにもなった。最初は疑問や不安の目で見た人に、いかにしてこちらのお客になってもらうか。それが震災前の売り方と違ったところです。自分がやっていることをさらけ出し、野菜を作る自分を見てもらって野菜を選んでもらおうと、フェイスブックを始めました。震災前は何かしたいと思っても、周りの環境が邪魔してできなかったことがありましたが、震災後はやりやすくなり

いました。どうすればいわきを復興できるだろうかといろいろやる中で、昨年四月に松本と知り合いました。

――松本さんが夜明け市場を始めたのはどんないきさつですか？

松本　最初に就職した不動産会社が倒産した後、親友の鈴木賢治が始めた47プランニングという会社で二〇〇九年から仕事をしていました。東京都内で福島の郷土料理店を準備していましたが、震災で中断してしまい、直後の四月初旬にいわきに炊き出しに来たんです。でも炊き出しは費用がかさむし、その場限りで終わってしまう。帰り道にどうしようかと話していたら、鈴木が復興のための飲食店街をやろうよと言い出した。準備のため東京と行ったり来たりしましたが、一〇月からいわきに住んで専念することにしました。

被災した飲食店がポツンと営業再開してもお客は戻ってきません。集まって再開できれば、集客やPRの力にもなるし、地産池消や風評被害の解決にもなるだろうと考えました。

――ちょうちんが目立ちますが初めから昭和レトロ風の横丁を考えていた？

松本　いえ、最初は屋台村のイメージでした。コンテナや、スーパーの一角などを考えましたが、金額的に不可能で困っていたら、この白銀小路の隣にある映画館の経営者の方が、小路のオーナーを紹介してくれた。ちょうちんも苦肉の策で、築四五年の古い建物を生かして昭和の雰囲気でいけば、古くても許されるかなと思いついたんです。なにしろスナックのネオンだけが光る暗い通りだったので。

いわき夜明け市場。2014年9月

——白石さんの農園ではバスツアーを受け入れているそうですが。

白石　バスツアーは震災前からやっていましたが、大型バスに四、五人だけということもありました。それが今は満員御礼でキャンセル待ちの状態です。畑で収穫体験をしてもらい、土産にしてもらう。今は、畑を見にきてくれる人が増えています。見学に来た人には「時間があったら夜明け市場に行って、いわき復興の話を聞くように」と紹介しています。

松本　僕の所に来た方にも、「現場を見たらいいですよ、面白い人がいますよ」とファーム白石を紹介しています。

——新事業が始まっているそうですが？

白石　市内に「とまとランドいわき」という会社があって、三〇代の専務、元木寛さんがワンダーファームという新会社を設立した。レストラン、農園、加工場がある観光農園を来春オープン予定で、私はそこの農園マネジャーをします。三〇代中心で、日本でやったことのないことをやろう、いわき復興のシンボルになるようにと思っています。

松本 僕もイベント企画などで連携していくつもりです。

――野菜スムージー「ひゃっこい」も共同事業ですか?

白石 自分と（夜明け市場社長の）鈴木とフランス料理の萩春朋シェフで飲んでいて、「いわきにもシンボルになる食べ物がほしいね」ということで出たアイデアです。シェフの厨房《ちゅうぼう》で試行錯誤して、私の母校の磐城農業高校で作っている乳酸菌飲料カルピーを足したら、おいしいのができた。鈴木の実家の製氷会社の氷と私の農園の野菜といわきのシェフが出会ったらこんなのできました、一〇〇%いわき産スムージーということで売り出しています。

松本 四月からいわき駅にあるカフェで置いているので、いつでも飲めるようになりました。私のNPOも、資金調達や商品のブラッシュアップ、広報などでお手伝いをしています。

――浜通りの復興や今後の抱負についてお聞かせください。

白石 個人個人が前に進んでいくしかないと思います。どんな職業でも、簡単なものはない。その中で自分が楽しんでやりたいこと、やりがいのあることをやっていく。大事なのは人と人とのつながりです。

松本 前を向くことができた人から歩き始め、どんどんつながっていく。雇用やチャンスを作り、後に続く人々が前を向きやすく、生きやすい状況を作ることだと思います。

白石 今日本では自然災害が多く、毎年新しい被災地が増えている状態です。だからこそ俺らもいち早く次のステップに行き、こうやって復活したというモデルを作っていきたい。

松本 夜明け市場という地産地消の食の拠点とプロジェクトを作っていく拠点、そこに生産者を絡めることで、いい循環を作っていきたいですね。自分の田舎であるいわきを面白い場所に変えることが夢です。

◆**夜明け市場とTATAKIAGE Japan（タタキアゲジャパン）**

夜明け市場は、ＪＲいわき駅近くのスナック街「白銀小路」の空き店舗を借り、被災した店などが営業する飲食店街＝写真。二〇一一年一一月開業。「明けない夜はない」の意味を込めた。郷土料理、イタリアンなど現在一一店。株式会社組織で、いわき市出身の鈴木賢治氏が社長、松本丈氏が取締役・事務局長。

タタキアゲジャパンは、鈴木、松本両氏が共同理事長を務めるＮＰＯ法人。いわきでの起業を支援し、若者のＵ、Ｉターン促進をめざす。同市場の一角に起業家らが共同利用できる「コワーキングスペース」を設置。ファーム白石とコラボした農業ツアーなどを企画する高校生の活動も支援。

（二〇一四年十月二日掲載）

■対談・その後

当時の取材から二年、二人はますます意気盛んだった。

白石長利さんの「ファーム白石」には年間一五〇〇人の見学者が訪れているそうだ。県内外からのバスツアーである。「毎日誰かしら見学に来てもらう。うちの畑で野菜を収穫して、ワンダーファームでバーベキューをしてもらう。ただ楽しい、おいしいだけでなく、いわきを知ってもらい、何らかの関わりを持ってもらえれば」と考えている。そのワンダーファームは二〇一六年二月にオープンし、スタッフの一人として加わっている。白石さんの野菜も販売し、レストランで提供もする。農園から車で一〇分ほどなので「一日四往復することもある」という。

二〇一五年に一般社団法人「いわき六次化協議会」を立ち上げた。白石さんが代表理事だ。事務局を夜明け市場に置き、松本丈さんが理事兼事務局長。農家、加工販売者、料理人が協働で地元農産物の加工や商品開発を行っている。「復興応援　キリン絆プロジェクト」から三〇〇〇万円の支援金を得て、真空調理ミキサーなどを購入、「料理マスターズ」に選ばれた荻春明シェフの店の一部を改造して工房（研究室）を作った。すでに「焼ネギドレッシング」「紫いものミルクジャム」などを商品化。「焼ネギ……」は白石さんがバーベキューで食べる焼きネギがヒントだったという。「六次化と言っても、これまでやっていた仲間が集まって自然にそうなったんです」。仲間の広がりがそのまま生かされた取り組みだという。最近は漁業関係者と組んでいわき

「ファーム白石」のネギ畑に立つ白石さん。2014 年 9 月

の伝統料理「どぶ汁」（アンコウ鍋）やサンマの「ポーポー焼」（すり身のハンバーグ）の商品化に農園のネギや大根を提供している。福島県内の若手で意欲的な農家が結成した「COOL AGRI」の理事や、誇りを持つ生産者と応援者でつくる「チームふくしまプライド。」にも参加、「点と点がつながって面になったときに東京に負けない絶大なパワーができると思う。そのためには人と人とのつながりしかない」と話す。「（大震災は）それぞれの人生が変わるぐらいの大きな出来事でした。ただ単に被害というだけでは終わらせたくないと思うんです」。

松本さんの活動も拡大している。夜明け市場は二〇一六年一一月に五周年を迎えた。今は一四店が入りほぼ空きがない状態。初期に入居していた店が規模を拡大して近所に移り、そこに新しい店が入る「新陳代謝」も起きている。さびれたスナック街だった横丁が、すっかり駅前の賑わいの場になっている。若い客も呼び込

いわき明星大とのコラボによる第15回浜魂の参加者。2016年12月13日、タタキアゲジャパン提供

むようになった。松本さんは、集積効果がにぎわいを呼んでいる部分も大きいと見る。

ＮＰＯ法人「TATAKIAGE Japan（タタキアゲジャパン）は二〇一五年八月から「浜魂（ハマコン）」を始めた。「浜通りを良くするアクションを応援する、全員参加型のプレゼン＆ブレストイベント」という。毎回四人程度が自分の活動やプラン、その悩みなどを発表し、地域の参加者と一緒に解決のアイデアを出し合う。二〇一六年一二月まで、月一回のペースで一七回行われ、約七〇人が登壇した。「浜魂は地域で何かしたい人をつないでいくハブのようなものです。これによって、活動している人たちと、応援する人たち、両方のコミュニティーを作っていけます」。浜魂参加者が実現させたものも多く、「みんなの経済新聞」のいわき版「いわき経済新聞」を運営する人など、さまざまな活動が始まっている。

「タタキアゲ」では、いわき明星大学での授業を請け負った。行政と提携して実践型インターンシップを始めている。大学生が一カ月以上地域に滞在し、企業の新事業立案などに関与する。

いわきに戻って五年以上。「いろんな仕事が広がりすぎてどうしようかなと思っているほどです（笑）。いろんなご縁をいただきながら、当初想定もしていなかった事業や関係がどんどん広がってきました」と話していた。

（冠木）

大堀相馬焼、再生を志す

2014.12.4

松永武士さん

企画・販売会社「ガッチ」社長
大堀相馬焼「松永窯」四代目

まつなが・たけし　一九八八年浪江町生まれ。慶應義塾大二年で同社起業。二〇一一年から中国で日本人向け往診専門病院、カンボジアでマッサージ店経営。一二年帰国。「八重の桜」にちなんだ「桜マグ」や一四年の午年に向けた「ＫＡＣＨＩ－ＵＭＡ（勝ち馬）」をプロデュース。大堀相馬焼全体の販売促進を企画。

山田慎一さん

大堀相馬焼「いかりや商店」一三代店主

やまだ・しんいち　一九七〇年浪江町生まれ。愛知県立瀬戸窯業高専攻科で二年間、陶芸の基礎を学び、二〇〇八年父一郎さんの死去により一三代店主に。震災後は白河市に避難。一三年一一月、同市内に工房を開設。一四年三月、事業を再開した六つの窯元に呼びかけ玉川村の福島空港ビルで「合同せと市」を開催。

◆ビジネス経験生かし挑戦
特産品で活性化のモデルを——松永武士さん

◆伝統の技法、材料を大事に
窯元への新規参入も歓迎——山田慎一さん

江戸時代から三〇〇年以上続いている大堀相馬焼。福島県浪江町の産地は原発事故のために帰還困難区域となり、窯元はちりぢりになってしまった。伝統の焼き物をどう引き継いでいくか。新しい土地で工房を再開した山田慎一さんと、海外での起業を経て家業のために戻ってきた松永武士さんに再生の課題を聞いた。

——山田さんが白河市に工房を開いたのはどんないきさつでしたか?

山田　福島、東京と避難し、二〇一一年五月に妻が勤めていた会社の関係で白河に来ました。一二年夏からは二本松市にできた協同組合の共同窯に通いましたが、本格的にやるには自分の窯が必要だと考え、白河市に相談して土地を借り一三年一一月に開業しました。その年の二月に白河で相馬焼の展示会をしていた松永さんのお父さん、和生さんに出会い、「うちは補助事業で再開しますが、やりませんか」と持ちかけました。

松永　僕の父は栃木県那須町に避難していて、一時は再開を諦めていましたが、補助制度が適用になるというので、福島県西郷村で土地を紹介してもらった。開業は今年四月です。

山田　松永さんとうちとは親の代から、家族ぐるみで付き合っています。うちの窯から川越しに松永窯が見える。お互いに「これ一個焼いてくれねえか」というような関係でした。

――松永さんは中国、カンボジアでの事業から戻ってきたそうですが。

松永　中国に行く四日前に震災が起きましたが、準備が整っていてやめるわけにいかない。両親の無事を確認して、後ろ髪を引かれる思いで出発しました。被災したふるさとのために何もできなかったという思いはすごくありましたね。幸い仕事は軌道に乗り、資金も返済できたので、事業を引き継いで一二年三月に帰国しました。ビジネス経験を生かして何か力になれることはないかと思ったんです。浪江の人たちは離れ離れで今後どうなるか分からない。自分の核になるものは何だろうと皆悩んでいる。僕は家業が相馬焼なので、これを広めていこうと思いました。震災前は家業に関わる考えはなかったし父も継がせるつもりはなかったのですが。

最初はネット販売をしましたが、売れないので商品を変えようと、父の窯で作ってもらいまし

山田慎一さんのいかりや商店で。2014年11月

松永窯の湯呑みや酒器など

た。でも、いろいろ冒険した結果、結局は相馬焼の良さを生かしたものに戻りました。

――大堀相馬焼について、どういうふうに考えますか。

山田　あくまでも地元に根差した焼き物です。芸術品ではない日用品ですが、持つことがステータスという面もあります。新築した家で床の間に大きなつぼを飾ったりとかですね。私は昔から受け継いだ技法や材料を大事に作っていきたいし、個人で頑張るだけでなく産地として残していきたいと思います。

松永　「自分のルーツは？」と振り返ったときに、家に焼き物があるのは大事です。ふるさとを思い出してもらえるような伝統の焼き物を伝え続けたい。地域の活性化には特産品が非常に重要ですから、一つのモデルになればとも考えています。

――新商品「ＫＡＣＨＩ－ＵＭＡ（勝ち馬）」シリーズの経緯は？

松永　今年が午年《うま》ということで仕掛けたものです。

馬は縁起物だし、全国の人たちに元気を見せようと考えました。全国の一〇人のデザイナーの方に馬の絵を描いてもらった湯飲みです。販路も広がり、若い購買層を持つ店にも置いてもらえるようになりました。

いかりや商店の徳利とぐい呑み

山田 私は新商品について最初は「えっ?」というのが正直な気持ちでした。湯飲みは違う色を付けるのがせいぜいだし、あえて若い人に売ろうという気もなかった。でも、そのうち、ああ、なるほどこういう発信の仕方もあるねと思いました。幅広い年代、性別の人が焼き物に興味を持っている。型にはまらずに、いろいろな方法を試していくのがいいと思います。

――大堀相馬焼の再生の課題と浪江町の復興についてどう考えますか。

山田 設備と原料の確保は、何とかある程度整ってきましたが、生産量の確保については職人不足が課題です。元々相馬焼は分業制ですが、ろくろを回す成形の職人さんが震災後は一人しかいなくなってしまい、掛け持ちで仕事をしています。これ以上、窯元の数を減らしてしまっては相馬焼の存続が危ぶまれるので、後継者の育成と新規参入が必要です。新しく窯元をやりたい人がいたら大歓迎ですし、サポートしていきたい。

松永 僕もサポートを考えています。入り口として、まず大堀相馬焼のファンを増やしていくことから始めようと思う。

山田 役場の人は、相馬焼と浪江焼麺《やきそば》は、浪江町民をつなげるために重要だと言いますが、あまり重い役割を期待されても困ってしまいます。私は相馬焼を見て少しでも浪江を思い出してもらえればうれしいのです。

松永 県内の人が「浪江が頑張ってるんだからうちも」と思ってくれたらいいですね。伝統工芸で伸びているのは新しいことにチャレンジし人材採用や職場環境作りに熱心なところです。海外も含めて優秀な人材を招き入れ新風を吹き込みたい。

——総選挙ですが、政治や行政に言いたいことがあれば。

松永 我々のような地方産業がもっと活性化できる政策をお願いしたい。

山田 補助金はありがたいですが、もっと現状を把握してニーズに合った使い方ができるようにしてもらいたいです。

◈**大堀相馬焼の歴史と特徴**

福島県浪江町大堀一円で生産される焼き物。一六九〇年に相馬藩士、半谷休閑《はんがいきゅうかん》の使用人が焼いたのが始まりとされる。細かな「青ひび」、「走り駒」と呼ぶ馬の絵、持ち手が熱くならない「二重焼き」が特徴。かつては「相馬焼」と呼ばれたが、国の伝統的工芸品指定（一九七八年）以降は産地名を入れ「大堀相馬焼」と呼ばれる。

◈**窯元の生産再開**

二五軒あった窯元は全て県内外に避難を余儀なくされた。大堀相馬焼協同組合（半谷秀辰理事長）は二〇一二年夏、二本松市に共同利用の工房を開設。釉薬《ゆうやく》原料の地元産の砥山石《とやまいし》が使えないため、県ハイテクプラザが代用の釉薬を開発。陶土も他県から購入。同組合員で県内に工房を新設した窯元は八軒、共同窯は現在三軒が利用。

（二〇一四年一二月四日掲載）

■対談・その後

大堀相馬焼の再生をめざして、窯元の模索が続いている。大堀相馬焼協同組合は二〇一六年六月、小野田利治理事長はじめ理事の陣容が若返り、いかりや商店の山田慎一さんは専務理事に就いた。山田さんによると、各地に離散して廃業を決めた窯元もあり、現在の加盟は一七件程度、うち生産を再開しているのは九件という。組合は二本松市にある仮設工房に事務所と共同利用の工房を置いているが、あくまでも仮設であり、いつかは動かなければならない。また、避難先で独自に仮設工房を構えた窯元にとっては将来、国からの支援が途絶えることへの不安もあるという。

松永武士さんの会社「ガッチ」はその後も順調に事業を進めている。「大堀相馬焼を主力に独自の販路を確立できたこと、広告やイベントなど仕事の幅が拡大したことがこの二年間の変化です」。「縁器屋《えんぎや》」というブランドでは大堀相馬焼で学んだ経験を元に小石原焼や南部鉄器などの他産地の取扱も開始した。陶磁器にかぎらず他の工芸の産地ではさまざまな新しい試みが進められており大いに参考になるという。二〇一六年からは、大堀相馬焼協同組合が福島空港（福島県玉川村）で開催する新作発表会（合同陶器市）の運営や広報を受け持っている。もともと二〇一四年に山田さんが再開した窯元に呼びかけて始めた催しで、二〇一七年三月（三―五日）には窯元七件が参加を予定している。

山田さん、松永さんとも、後継者の育成が最大の課題と考える。「昔から危惧されていましたが、本来なら後を継ぐはずだった息子さんが震災で他県に行って帰らないという話がいくつもあります」（山田さん）。そこで今、県や町の協力を得て進めているのが「地域起こし協力隊」の制度を利用して後継者を育成する試みだ。二〇一七年四月から京都で陶芸を学んだ県内出身の女性を受け入れる予定。山田さんは、各窯元がそれぞれ得意とする技術を教える仕組みを作っていきたいと話している。「最初は一人ですが、継続して行って将来は窯元を五つぐらい増やしていければと思います。今なら技術を教えられますが、一〇年後では教える先生が年をとって難しくなってしまう」と話す。松本さんも陶芸を学ぶ学生を研修に招くインターンシップ事業を始めている。すでに二泊三日の受け入れを実施したが、今後は夏休みなどを利用した長期研修も考えている。

浪江町は二〇一七年三月に帰還困難区域以外の避難指示解除を目指すが、大堀地区は帰還困難区域なのでまだ避難指示は続く。とはいえ、帰還を進める町は大堀相馬焼を浪江町の重要なシンボルとして期待をかける。役場に隣接する場所に新設する「道の駅」に大堀相馬焼の「体験工房」や「展示販売所」を設置する構想もある。二〇二〇年度当初にその一部である一期工事部分をオープンさせる予定で、そこに大堀相馬焼をどう位置づけるか、町と協同組合との話合いが進められている。

（冠木）

会津木綿と仕事づくり

2016.1.7

谷津拓郎さん　IIE代表

やづ・たくろう　一九八六年福島県会津坂下町生まれ。早稲田大学大学院環境・エネルギー研究科で地域活性化を学ぶ。二〇一一年四月喜多方市でまちづくりNPO勤務。同年秋、IIEの事業を開始し一三年三月に株式会社に。「ふくしま復興塾二〇一四」でグランプリ受賞。

廣嶋めぐみさん　IIE作り手

ひろしま・めぐみ　一九七四年福島県大熊町生まれ。華服飾専門学校で学び、デザイン会社などを経て同町に戻る。原発事故で会津若松市に避難し二〇一二年一二月IIEの作り手。夫は同町商工会勤務、小6と小4の息子さんは伝統の熊川稚児鹿舞《しし》の踊り手。

◆避難者の手仕事で新商品　伝統生かし新たな価値を――谷津拓郎さん

◆内職で「小さな幸せ」得た　活性化担い恩返ししたい――廣嶋めぐみさん

原発事故で避難を強いられた人々と、受け入れ地域の人々の付き合い方はさまざまだ。福島県会津坂下町の谷津拓郎さんは仮設住宅の女性たちと一緒に会津木綿による魅力的な商品を作ろうと株式会社IIE（イー）を設立した。大熊町から避難して内職を始めた廣嶋めぐみさんは服飾の仕事の経験を生かして谷津さんを支えている。ともに会津の活性化を図りたいという二人に語ってもらった。

――谷津さんは震災があった二〇一一年秋から会津木綿の仕事を始めたそうですが、どういう経緯ですか？

谷津　地元の会津坂下町に戻っているときに震災が起き、直後にはおにぎりを作って避難所に届けるボランティアをしていました。四月から喜多方市のまちづくりNPOでコミュニティーカフェの管理人の仕事を始めましたが、同僚の女性が雑貨店を開業しようとしていて、「会津のものでもっとおしゃれなものがあるといいよね」と話していたんです。その一方で仮設住宅を訪れると、「やることがなくてつらい」「考え事をしてしまいつらくなる」と、女性たちが暗い顔で話しておられました。

会津木綿は土産店で見て、すてきな柄があるなと思っていたので、これを使っておしゃれなものを作りたい、避難してきた方々の仕事づくりができないか、一緒にできたらいいなと思ったのがきっかけです。

――廣嶋さんがこの仕事に就いたのはどうしてですか?

廣嶋 うちは夫婦と子ども二人、夫の両親と祖母の七人の大所帯で、郡山市や新潟県柏崎市、加茂市などを転々と避難しました。会津若松市で大熊町の小学校が再開するというので、四月一一日に市内の東山温泉の民宿に入り、一一月に仮設住宅に移りました。そしたら一二月に会津木綿の作り手さん募集という谷津さんの回覧板が回ってきました。服飾の仕事に関心があったので話を聞きに行きましたが、そのときは持病のためにできず、翌一二年の一二月から始めました。

谷津 最初は集会所に集まってもらい、ミシンでハンカチなどの小物を作っていました。そのうち、ミシンが不得手な人でも、と考えたのがストール作りです。結果的に、内職による手仕事を生かして商品作りができる、会津木綿の良さも出せる、という条件が整いました。

廣嶋 私は子どもの病気の関係で家にいなければならなかったので、ストールの内職をすることにしました。避難する前のような、普通に働く生活に戻りたかったんです。最初は一枚三時間かかりましたが、今は四五分でできます。内職は月三万円ぐらいでしたが、子どもに本や服を買ったり、自分の口紅を買ったり、自由に使えるお金ができたのがうれしかったですね。息子に手伝ってもらって小遣いをあげたりというのも、ちょっとした幸せを感じます。大熊から来たママさんたち何人かにも、こうやっておうちでできるのよと内職を勧めたりしました。

谷津 作り手さんは初期には（避難してきた）大熊町と楢葉町の方だけでしたが、生産量が増えてからは地元の方にもサポートしてもらっています。子育て中のお母さんの仕事ということで区別なくやっています。

――会津木綿についてはどう思いますか。

廣嶋 いろいろ柄があり色も鮮やかで、どんな反物が来るのか内職が毎回楽しみでした。昔はしまの模様で地区が分かったらしいですね。

谷津 会津木綿からは多くの人がつないできた歴史を感じます。僕が事業を始めたころＮＨＫ大河ドラマ「八重の桜」（二〇一三年）が放送され、それがきっかけで皆さん使うようになり、反物の仕入れが簡単ではなくなりました。今は自分たちでも織り機を使って生産していこうと思っていて、三〇年前に廃業した地元の工場の織り機をいただいて修理しているところです。

――今、会津についてどう思っておられますか？

廣嶋 私は会津木綿の作り手として大きな恩を感じています。仮設住宅を建ててもらい、学校も廃校になった校舎を貸してもらっていますし。私は仕事というよりは恩返しの気持ちが強いんですよ。少子化が進んでいる会津地方を活性化していかなければと思います。

廃工場から譲り受けた織り機。2015年12月

「お前たちは世界に行きなさい、日本中に行きなさい、会津はこんなに素晴らしいところだと知ってもらいなさい」。そういう気持ちでストールを作っています。

谷津　昔から地域活性化やまちづくりについて勉強し事例を見てきましたが、地元に帰ってからは、自分が主体にならなければと考えています。消防団や運動会の仕事をしたり、町民一年生の務めを果たしたりしながら、会社もきちんと利益を出していくことが、地域の活性化につながるだろうと思います。

――お二人の今後の抱負を伺えますか。

谷津　震災以降の価値観という考え方が自分たちの会社のベースにあります。孫の代まで誇れる暮らし、環境負荷の少ない暮らし、そして、時間を超えて人とのつながりがあるということです。新しい商品の開発を通じて会津の良さを出していきたいと思います。会津木綿は孫の代まで使えるものですから。

廣嶋　私は会津の地元のものを発信できることがすごく楽しいです。スタッフの打ち合わせに入れてもらい、ものづくりを考えるのも面白いです。私は、子どもの病気のこともあるし、九〇歳の祖母のことを考えても、病院や施設が充実している会津に住んでここで仕事をしていけたらいいなと思っています。谷津さんは会津を一緒に盛り上げていく仲間という感じですね。目ざすところは一緒だと思っていますから。

谷津　そう思っていただけるとうれしいです。私も頑張らなければと思います。

◆**株式会社ＩＩＥ（イー）**

ＩＩＥは「三一一を引っ繰り返す」の意味を込める。二〇一三年三月一一日設立。事務所は会津坂下町の廃園になった幼稚園を利用する。会津木綿商品などを製造・販売。ヤフー復興デパートメントやカタログハウス『通販生活』で人気を得、ストールは自社ウェブショップを中心に販売。スタッフ七人。作り手約二〇人。詳細は http://iie-aizu.jp/ で。

◆**会津木綿**

福島県会津地方で古くから使われていた厚地の織物。さまざまなしま模様がある。江戸時代初期に会津藩主の加藤嘉明、保科正之が導入、奨励した。明治末から大正の最盛期には織元工場が三〇軒以上あったが、今は会津若松市内の二軒だけに。ＩＩＥの事務所がある会津坂下町青木地区は藍染めの糸で織られる「青木木綿」の産地だった。

（二〇一六年一月七日掲載）

■対談・その後

二〇一六年秋、廃工場から譲り受けた豊田式織機が三〇年ぶりに稼働し、途絶えていた「青木木綿」が復活した。自前の生地で作った商品も売り出している。記事掲載後の「株式会社ＩＩＥ（イー）」最大の出来事だ。

一〇〇年以上前に開発された織機の修復である。廃工場の中で眠っていた織機の鉄部は錆つき、木部は朽ち果てていた。「本当に大変でした」と谷津拓郎さんは言う。担当社員が各地の織元に足を運んで修理を研究、廃業した地元工場の経験者の指導を受けた。

最初に商品化したのは「会津木綿ご祝儀袋青木縞」だった。青木木綿伝統の縦縞の生地で作った祝儀袋でハンカチとしても使用できる。二〇一六年末から二〇一七年初にかけ、三越伊勢丹と衣料品雑貨専門店ビームスの共同イベントで都内四店で販売した。このほか子ども用のサッパカマ（伝統の農作業着）も試作。地元会津坂下町の正月行事、初市（一月一四日）でも青木木綿によるストールを売った。「模様にしてもオリジナルが作れるようになった。これからどんなモノを作っていくかを模索しているところです」という。稼働しているのはまだ二台だが、他の織機も順次動かし二〇一七年中にはフル稼働をめざすという。

廣嶋めぐみさんも自前の生産に大きな変化を感じている。「糸を準備する所から見ているので、織物のことがよく分かるようになりました」。織機が動くと外に音が響く。それを聞いた近所のお年寄りが「懐かしいから見せて」と見学に来るという。かつては多くの織元が操業していた地区なのだ。廣嶋さんは、週二回の勤務で検品や包装を受け持っている。忙しいときには内職で持ち帰るときもあるそうだ。

二〇一六年度からは補助金ゼロで操業している。自前の生産ができるようになった一方で、生地の仕入れの量も増えている。谷津さんは「これからは、新しい価値を生み出して、地域に根付きながら成長していきたい」と話していた。

（冠木）

歴史・文化遺産の救出と活用

2014.11.6

阿部浩一さん

ふくしま史料ネット代表、福島大教授（日本中世史）

あべ・こういち　一九六七年東京都生まれ。東京大大学院で歴史学を学ぶ。二〇一〇年一〇月福島大行政政策学類准教授。震災後「ふくしま史料ネット」で活動し一二年七月代表。一四年四月教授。著書に『戦国期の徳政と地域社会』。編著に『ふくしま再生と歴史・文化遺産』。

三瓶秀文さん

富岡町生活支援課住宅支援係長・教育委員会主任学芸員
（現教育委員会生涯学習係長）

さんぺい・ひでふみ　一九七九年富岡町生まれ。東北学院大文学部歴史学科で考古学を学ぶ。二〇〇二年同町役場に入り生活環境課、〇三年から同町教育委員会生涯学習課で学芸員。震災後は町民の住宅支援とともに、文化財救出や民家に残された資料保全活動を進める。

◆土地と人結ぶ歴史資料
後世のため、今残さねば——阿部浩一さん

◆子どもたちが考える材料に
活用できる拠点施設を——三瓶秀文さん

大震災と原発事故により被災した歴史資料、文化財をどのように救出し、保存・活用していくか。避難を余儀なくされた住民の思いにどう応えるか。自治体の資料館や民間資料の救出を進めている「ふくしま史料ネット」代表の阿部浩一さんと、福島県富岡町教育委員会主任学芸員の三瓶秀文さんに、その意義や課題を聞いた。

——震災が起きてから、ふくしま史料ネットはどんな対応をされたのですか。

阿部　まず資料レスキュー（救出）をしなければと思いましたが、しばらくは何もできませんでした。できる所からやろうと動いたのが二〇一一年四月下旬です。須賀川市で土石流に襲われた文化財の収蔵庫から考古資料を救出したのと、国見町での作業でした。国見町では個人宅の土蔵が震災で被災し、二〇人近くで救出作業をしました。町のボランティアの方がホコリを払ってくれ、福島大学でデジタルカメラで撮影して目録を作りました。救出した何十軒分かの資料を史料ネット加盟機関に預かってもらい、少しずつ福島大に運んで作業しています。

――富岡町の歴史資料についてはどういう経緯でしたか。

三瓶 町には〇四年一〇月にできた文化交流センターの中に歴史民俗資料館があります。原発の電源立地交付金を主な財源に施設整備されました。地震が起きてから、センターの会議室に災害対策本部が置かれ、寝たきりの方々を避難所に連れて行ったりしました。翌朝からは川内村、その後は郡山市と避難が続き、役場に必要書類を取りに行くついでに資料館の様子を見る程度でした。翌一二年九月、県の被災文化財等救援本部や史料ネットのボランティアなど多くの方のお世話になり、一部の資料を相馬市の旧相馬女子高校舎に運びました。一三年六月からは白河市の県文化財センター白河館（まほろん）に収納しています。

阿部 相馬市では学生たちと一緒に三瓶さんたちと作業しました。それがその後の協力関係につながりましたね。

――民間保有の資料救出にも力を入れているそうですが。

三瓶 今年から解体除染といって除染のための家屋解体が始まっているので、資料保存が必要と考えました。六月に町役場にプロジェクトチームができて、七月には老舗の商家の蔵から近世、近現代の文書、売買を記録する大福帳などを大量に搬出しました。昭和初期の羽二重工場の写真や資料もあり、原発ができる前のこの地域の産業を伝える貴重な資料といえます。福島大の学生さんと協力して記録や目録を作っていきます。

阿部 学生たちは授業で記録や目録作りには慣れています。福島大では「ふくしま未来学」の中で復興支援のプロジェクトをしています。富岡町から話があったので、一緒にやろうということになったのです。

――資料を救出する意義について、活動で感じたことは。

三瓶 私は運び出した資料を使って仮設の小学校で授業をすることがあります。富岡の子どもに富岡のことを教えないと、ますます戻って来られなくなってしまうと思います。一〇年後に戻るときにも富岡を考える資料が必要です。文化財の保全は住民の帰属意識をつなげる意味もありますが、震災や原発事故が何をもたらしたかを記録することも重要だと思います。

阿部 一人一人の住民の方の歩んできた歴史が総体として地域の歴史になります。国見町の旧家の資料で出てきた集合写真を見て地元の方が「あれがうちのおじいちゃんだ」「うちのじいちゃんがいる」と盛り上がっていました。ちょっとしたものから住民の記憶がよみがえり、次の世代に語り継がれていく。地域、土地と人を結びつけるという意味でも歴史資料は大きな役割を果たすと思います。

三瓶 町民の住宅の仕事をしていて思うのですが、住宅はもちろんですが、両方大事なんですね。富岡町には現在、住民が住んでいません。地域を後世に伝える施設も無くなってしまった状況です。そんな時こそ、歴史資料によって住民の意識を地元とつなげていく作業は大事だと思います。人の心の復興という意味もあるのです。

阿部 伊達政宗がどうしたというような話は好まれるのですが、私たちが歴史を知ることがで

福島県文化財センター白河館で行われた「救出された双葉郡の文化財Ⅲ」の展示。富岡町の文化財を紹介した。2014 年 10 月

きるのは先人たちがいろんな努力を払って資料を残してきたからです。震災や原発事故が起きて、資料はますます危機にひんしていますが、我々も後世の人のために残していかなければならない。

普段から町の歴史を意識する方は少ないでしょうが、離れてみて初めて大切さに気付くのだと思います。資料が無くなってからでは遅いので、先に気が付いた人がやれることをやっておく。共感する人があとから続くことで広がっていけばいい。

――最後にぜひこれを言いたいということがあれば。

三瓶　文化財は地域のことを伝える道具として、地元で活用できる拠点施設が必要だと思います。震災の記録と合わせて、旧警戒区域の地元に作っていただけないか。恒久施設については日本博物館協会の提言にもあり、菊地芳朗・福島大教授（考古学）は国立の震災ミュージアムを提案しています。

阿部　日本学術会議も文化財の保護と活用に関する提言のなかで震災ミュージアム構想に言及しています。恒常的な施設はぜひ実現してほしいと思います。展示だけでなく、伝統芸能の上演もできる。バラバラの住民が集まることで交流の輪が広がる。そうすれば、いつかは故郷に帰還して生活しようという気持ちを強く持っていただくこともできるでしょう。

◆**富岡、双葉、大熊三町の歴史資料救出**

双葉郡の双葉、大熊、富岡町の三資料館の収蔵資料は二〇一二年九月に相馬市の旧相馬女子高校舎に一時保管され、一三年六月から白河市の県文化財センター白河館（まほろん）の仮保管施設に順次収納。まほろんでは特別企画展「救出された双葉郡の文化財」を随時開催している。

◆**ふくしま史料ネット**

正式名称は「ふくしま歴史資料保存ネットワーク」。二〇一〇年一一月、県文化振興財団、県立博物館、福島大学、県史学会が中心となって発足したボランティア組織。自治体や地元住民など幅広い参加を目指す。福島大に事務局を置き、震災後に双葉郡の三資料館や須賀川市歴史民俗資料館北町収蔵庫のレスキュー作業など三〇件以上の活動を行っている。

（二〇一四年一一月六日掲載）

■対談・その後

歴史・文化遺産の救出と活用という課題については、時を経るごとに徐々に理解が広がっているようだ。当初、取り上げるときには阿部浩一さんから「このテーマを大きく取り上げて大丈夫ですか」と逆に聞かれたほどだった。「生きている人の支援が先で文化財など」という空気があったことは確かだ。それが随分変わってきたことは間違いない。同時に大地震・大津波・原発事故という未曽有の複合災害の記録や資料の保存・活用という新たな課題への対応も始まっている。むしろ、そちらの方が活発になっていると言ってもいいかもしれない。

ふくしま史料ネットとともに歴史資料の保存活動を進めていた富岡町では二〇一五年八月、福島大学と「歴史・文化等保全活動に関する協定書」を結び、一層連携を強めた。二〇一六年一〇月には協定締結一周年の記念事業として同大学構内で企画展「ふるさとを　想う　まもる　つなぐ　地域の大学と町役場の試み」とシンポ「なぜ地域資料を保全するのか」を開催した。阿部さん、三瓶秀文さんが大学と町役場、それぞれの活動の中心的存在である。

富岡町は、二〇一七年四月の避難指示解除をめざして動いている。三瓶さんは二〇一六年四月に教育委員会の生涯学習係に異動、町役場に隣接した文化交流センター「学びの森」や総合体育館の復旧工事を受け持ち、施設の再開に備えていた。同センターの収蔵庫に元々あった歴史資料は震災後、白河市にある県文化財センター白河館（まほろん）の仮保管施設に入っている。それによって空いた収蔵庫には町内の旧家や民間住宅などの解体除染の前に保全された歴史資料を保管しており、収蔵施設不足をどうするかが課題になるという。

町には地域の歴史と震災と原発事故の記録を残し発信するためのアーカイブ施設を開設する計

画がある。すでに有識者を交えた議論が進んでおり、文化交流センターも設置場所の候補の一つとされている。三瓶さんは「帰還がかなわない人も含めて町につながっていく気持ちを持っていただければ。富岡の歴史を見てもらい、震災を見てもらい、復興を見てもらう、そういうものにしていきたい」と話している。阿部さんは「歴史と震災という地域全体をアーカイブする試みは他の自治体にはないと思います」と評価する一方、「収蔵施設が最も重要なんですが、新設に町民の理解が得られるかどうかが課題だと思います」という。

ふくしま史料ネットでは歴史資料のレスキューや個人資料の救出を続けている。当初は古文書中心だったのが、最近は古写真のデジタル化や、美術品、民俗資料の記録整理などについて、個人や自治体からの相談が増えているという。

福島県では大震災と原子力災害についてのアーカイブ拠点施設を東京五輪開催の二〇二〇年度当初に運用開始すべく準備を進めている。復興祈念公園とともに双葉町内に建設する予定だ。一方、福島県立博物館では「震災が産み出したモノやバショ」に着目し、「震災遺産」として継承する活動を進めている。双葉町でも筑波大と連携して歴史資料の収集を始めている。歴史資料や震災の記録を残す活動の動きは、各地で活発化している。阿部さんは「地域全体で取り組める形ができればいい。みんなで集まれる活動の場が必要になるでしょう」と話している。

（冠木）

平の七夕と避難者の共生

2015.8.6

長谷川秀雄さん　みんぷく理事長、いわき自立生活センター理事長

はせがわ・ひでお　一九五四年いわき市生まれ。二〇〇一年NPO法人いわき自立生活センター設立。筋萎縮性側索硬化症（ALS）患者の訪問介護などを行う。震災後の一二年六月、被災者支援組織「みんぷく」を設立。日本ALS協会福島県支部事務局長。

会田勝康さん　「ワンダーグラウンド」七夕担当、洋品店「もりたか屋」

あいた・かつやす　一九八二年いわき市生まれ。日本映画学校で照明を学び映画、CMの仕事に就く。震災後、同市でアートマネジメントのNPO法人「ワンダーグラウンド」、芸術集団「十中八九」に参加。東京都と福島県などによる「福島芸術計画」に関わる。

◆福祉の事業者、支援は当然　お祭りで地元デビューを——長谷川秀雄さん

◆アートを通じ交流深めたい　誰でも活用できる町に——会田勝康さん

原発事故で約二万四〇〇〇人の避難者が暮らす福島県いわき市。中心の平《たいら》の七夕まつり（六〜八日）は東北では仙台に次ぐ規模で知られる。今年は、避難者と市民との共生をめざし、いわき市小名浜下神白《しもかじろ》の復興公営住宅で七夕飾り作りのプロジェクトが進められた。障害者福祉の事業と並行して被災者支援のNPO「みんぷく」を設立した長谷川秀雄さんと、実家の店舗を拠点に文化芸術活動を通じた支援を進める会田勝康さんに活動の狙いを聞いた。

——二〇一一年の大震災では苦労があったと思いますが。

長谷川　難病患者のデイサービスや訪問介護をしていますが、利用者の男性が一人、津波で亡くなりました。ガソリンや食料が不足して事業が危ぶまれたので三月一九日から一カ月間、避難を希望する利用者と家族、職員で東京の施設に一時避難し、三カ月は不眠不休でした。

——原発事故による避難者支援を始めた経緯は？

長谷川　一一年五月に入り、周辺で仮設住宅の建設が始まったんです。「福祉の仕事をしてい

るものとして、関わらないわけにいかない」と思ったことがきっかけでした。障害者福祉のスキルを使って支援を始めた。当時は多くの団体がバラバラに支援している状態で、連絡会を作って情報交換できるようにした。私たちのＮＰＯが事務局を引き受け、毎月一回の会議を続けましたが、専門に支援に関わる組織が必要だと考えて「みんぷく」を作ったわけです。

――会田さんがいわきに戻って活動をするようになったのはどうしてですか。

会田　三代続く家業の洋品店は継がないつもりで、東京で映画やＣＭの仕事をしていました。でも震災が起きて心がざわつきました。両親と一緒に東京の僕の家に避難してきた祖母が「いつ戻るの、いつ戻るの」と言うんです。やはり僕はいわきが好きだったんだと再認識しました。今まで商売をさせてもらったのは、いわきの皆さんのおかげだと考え、一一年三月二二日に家族と一緒に戻ったわけです。

戻って何かできることはないかと考えているときに市内の文化芸術グループ「ワンダーグラウンド（ワングラ）」の皆さんと知り合いました。店の宣伝カーで沿岸部を回り、物資を配りながらニーズを聞いて回る。それをワングラに伝えて物資を調達してもらう。次第に物資の支援は緊急性が薄れ、その年の夏から本来のアート関係の活動を始めました。

――復興公営住宅での七夕飾り作りはどういう経緯で？

会田　僕自身、平の商店街で育って七夕には思い入れがあります。去年は芸術集団「十中八九」というグループで隣の双葉郡ゆかりの恐竜フタバスズキリュウの竹製の七夕飾りを作りました。

七夕飾りの熊手の前に集まった制作中の皆さん。2015 年 7 月

「はま・なか・あいづ文化連携プロジェクト」という企画を進めている県立博物館の方々ともつながりがあり、昔の七夕はすごかったという話をしたことが今回のきっかけだと思います。いわき市の下神白の復興公営住宅で入居が始まり、隣には津波被災者向けの災害公営住宅が建ちます。七夕を交流の糸口にということです。

長谷川　七夕飾り作りは「みんぷく」のコミュニティー交流員も一緒にやっています。富岡、大熊、双葉、浪江の四町から約二〇〇戸が入居して、交流員は町ごとの自治会作りや交流会の手伝いをしています。いわきで原発の避難者の方がつらい思いをしていたり、避難中であることを隠して生活したりしている状況があるので、祭りを一緒に楽しむことで、地元とのいい関係ができればと思います。

——皆さん楽しそうに飾りを作っておられます

いわき自立支援センターで。2015 年 7 月

ね。

会田　今回作っているのは、「福を集める熊手」です。故郷の自慢、大熊はクマのキャラクター、浪江は大堀相馬焼といった飾りを作って高さ四メートルの大きな熊手に取り付けています。それを地元で作った飾りと一緒にいわきの空にあげる。七夕の中心の平商店会連合会でも、避難してきた方々と仲良くやっていきたいという希望がある。

長谷川　お祭りに参加することでスムーズに地元デビューできる気がします。地元から隔絶した復興公営住宅ではよくないので、入居の説明会でも祭りや行事をお知らせして地元に溶け込んでもらおうとしている。

会田　これがきっかけで友達になったり、つながりが生まれたりしているようです。

長谷川　昔の平の七夕は盛大で、子どものころは見に行くのが楽しみでした。鉄人28号が動く仕掛けがあったりして。

会田　避難して来た方々と一緒に、昔のような手作りの造形や仕掛け物を復活させることができたら面白いと思います。

――今後の課題あるいは抱負をお聞かせください。

長谷川　復興公営住宅、災害公営住宅に入る方は高齢者が多いので、お元気ですかと気軽に声を掛け合える、近所付き合いができるコミュニティーが作れればと思います。大切なのは、体を動かしたり働いたりできる場を作ることなので、休耕田を活用して家庭菜園を作り、収穫祭で一緒に食べるというような生きがい作りが必要です。

会田　避難者と地元の住民の関係、コミュニティーの課題が大きいと思います。文化芸術というと堅いですが、楽しいこと、面白いことを通して、解決まではいかなくても、問題を薄めていきたい。僕の軸足は自分の店であり町です。やりたいことがあれば協力してくれる店があり人がいる、誰でも活用できる町にしていきたいですね。

長谷川　障害者福祉の事業をやってきて、共に生きる社会を作ると言ってきました。いわき市も避難者と市民が共に生きる社会にしていきたい。支援活動は二〇年は続けなければならないと思うので、必要な仕組みを計画し、実現していきたい。

◈平の七夕まつりへの文化支援

福島県立博物館などで組織された「はま・なか・あいづ文化連携プロジェクト」

は「まつり」の準備期間中、復興公営住宅（いわき市小名浜下神白）、もりたか屋に造形作家を招き、七夕飾りのワークショップを開いた。伝統を通して、地元と避難者の相互理解の促進を図るのが狙い。「ワンダーグラウンド」と芸術集団「十中八九」が協力した。

◆みんぷく
NPO法人3・11被災者を支援するいわき連絡協議会の愛称。「みんなが復興の主役」から取られた。二〇一二年六月設立、一三年七月法人化。被災者支援やボランティア受け入れ、情報紙「一歩一報」発行などを行う。昨秋から県の委託でコミュニティー交流員（現在二二人）の雇用を開始、復興公営住宅のコミュニティー作りを支援している。

（二〇一五年八月六日掲載）

■対談・その後

長谷川秀雄さんの「いわき自立生活センター」は二〇一六年一一月、新しい通所施設「障がい者地域生活支援施設 ぐんぐん」を開所した。難病患者の通所やデイケア、就業支援のため最新鋭の設備を備え、四〇人の利用者を受け入れる。補助金と金融機関の融資合わせて三億四千万円の資金を投入、NPOが単独でこのような施設を作った例は珍しいという。

被災者支援のNPO「みんぷく」は、県の委託事業として「コミュニティー交流員」を雇用し、原発避難者向けの復興公営住宅の住民支援を進めている。五〇世帯に一人の配置が基準で、住宅建設が進むとともに増員されている。現在はいわき、福島、郡山、南相馬合わせて四八人だが、南相馬など人集めに苦労している地区もあるという。

コミュニティー交流員は二〇一八年度までの事業とされている。復興公営住宅に移住した人々が自治会を設立し自助自立できるまでの支援という位置付けである。だが、長谷川さんは「もっと長期的にやらなければならない課題がある」と指摘する。「自治会ができても、高齢者が多く次の役員の成り手が少ない。周辺住民と交流し助け合う機能をどう高めていくか。高齢化社会の全体の流れの中で位置づける必要がある」という。

二〇一七年春には多くの避難指示区域で帰還が始まるが、帰還者は高齢者に偏り、避難を続ける人も多いとみられる。そうした状況を見据えた長期支援の枠組みをどう作って行くか。具体的には「長期避難者の支援、帰還した高齢者の生活支援、双葉郡内での助け合い機能の構築」などが必要になると考えている。

コミュニティー交流員と似た仕組みに、避難者や被災地区を支援する「復興支援員」がある。こちらは福島市の一般社団法人「ふくしま連携復興センター（連復）」（代表理事・丹波史紀福島大准教授）が県の業務委託を受けている。長谷川さんはこちらの理事も務めており、「みんぷく」と「連復」は密接な関係を持つ。両者では、今後の長期的な支援の枠組みについて県などに提案すべく検討中だという。

NPOと行政の関係をどうしていくかも今後の課題だ。「私たちが県の委託事業を引き受けたのは、NPOがしっかり仕事できることを示す意義があると思ったためであって、県の下請けをしようとしたわけではありません。NPOの魂を失わず、自治体ではできない支援を担っていく必要がある」。長谷川さんは「官民が対等の立場で資金も知恵も出し、官民平等な権限で一〇年以上活動できる財団のような枠組み」を構想している。「復興は官だけでなしうるものではない。何でもお上がやってくれるという意識を変えていかなければ」と考えるからだ。

会田勝康さんらのグループはその後もいわき市下神白の復興公営住宅でアートを通じた活動を続けている。二〇一五年一〇月には住人とともに「ちぎり絵屏風」作りを行った。絵の題は「海灯台物語」。団地が立地するいわき市小名浜の風景や花火、船などを描いたもの。七月に作った七夕飾りとともに、ワンダーグラウンドが主催した現代美術作家による「街中芸術祭『玄玄天』」でも展示した。

部屋に閉じこもりがちな男性にも参加してもらおうと企画したのが、二〇一六年三月三日に催した「ひなおでんまつり」だ。大工だった男性らが屋台を作り、女性陣がおでん作りをした。地区には市内津波被災者が住む市営の災害公営住宅が隣接するため、被災者同士の交流、融和を図ることがもう一つの大きな狙いでもあった。同じ被災者といっても、コミュニティー交流員などの支援があり、賠償もある原発避難者と、そのいずれもない津波被災者との間には目に見えない壁がある。催しには約一〇〇人が集まり、「これまで集まりに来なかった人も含めてわいわい楽しんでくれました」という。その後、屋台を利用して浪江焼きそばをふるまう催しも開かれた。
会田さんは「ラジオ下神白」と題したＣＤを作る企画を準備中だ。住民に思い出の曲とそのエピソードを話してもらい、番組としてＣＤに収録する。次の人を紹介してもらうリレー方式で、住民の相互理解、交流を促したいという。

（冠木）

エンターテインメントの力

2015.10.1

倍賞千恵子さん　チームスマイル・東北PIT応援団　女優、歌手

ばいしょう・ちえこ　一九四一年東京都生まれ。松竹音楽舞踊学校から松竹歌劇団。六二年「下町の太陽」でレコード大賞最優秀新人賞。六九年から映画「男はつらいよ」（山田洋次監督）四八作品で寅次郎の妹さくら役。今年六月福島県湯川村の村民応援歌をCD吹き込み。

矢内 廣さん　チームスマイル代表理事　ぴあ社長

やない・ひろし　一九五〇年福島県いわき市生まれ。七二年中央大学四年在学中に情報誌「ぴあ」創刊（二〇一一年七月休刊）。七四年ぴあ株式会社設立（〇三年東証一部上場）。八四年「チケットぴあ」開始。復興支援のため一二年一〇月一般社団法人「チームスマイル」設立。

◆私ができることで応援　歌える限り、つながりたい——倍賞千恵子さん

◆四劇場つないで「心の復興」　子どもたちの自立を支援——矢内 廣さん

福島県いわき市に七月、劇場「いわきＰＩＴ」がオープンした。エンターテインメントを通じた復興支援を進める一般社団法人「チームスマイル」の活動拠点だ。東京と被災三県の計四つの劇場を結んで被災地の「心の復興」を目ざしている。運動を先導する代表理事の矢内廣さん（ぴあ社長）とチームスマイル・東北ＰＩＴ応援団の倍賞千恵子さんに、復興支援への思いを聞いた。

——矢内さんは震災直後から支援に関わっておられました。最初はどういう経緯で？

矢内　私のいわき市の実家も地震と津波で被災し一昨年に取り壊しました。更地になった実家を見るのはなんとも寂しいものです。ぴあでは二〇一一年の震災直後に渋谷駅前で小さなコンサートを開くなどの活動を始めました。四月にはサントリーホールで「全音楽界による音楽会」を開きました。〇一年から作曲家の三枝成彰《さえぐさしげあき》さんらと始めた「エンジン01文化戦略会議」などが実行委員会です。出演者も含めて約三五〇〇万円もの義援金をいただきました。

倍賞　そこで私は「忘れな草をあなたに」を歌いましたが、予定より延びてとても長い（約六

時間）コンサートでした。

矢内　私はそのうちに一時的なイベントではなく持続的にやれることを考えなければと思うようになりました。エンターテインメントの業界全体で運動を盛り上げたいと考えて「チームスマイル」を設立しました。衣食住の支援の次は「心の復興」。エンターテインメントを通じて被災者の方々を勇気づけることができるはずだと考えました。

――倍賞さんは以前からの会津との縁がきっかけに？

倍賞　会津若松市の末廣酒造社長の新城猪之吉さんが一九九九年から始めた「あいづふるさと映画祭」に私も何度も行っていました。「男はつらいよ」を全編撮影した湯川村（福島県河沼郡）出身の撮影監督、高羽《たかは》哲夫さん（一九二六～九六年）を記念する映画祭です。震災前から昭和村で映画「ハーメルン」（二〇一三年公開）の撮影もしていました。

震災直後に新城さんに聞いたら、オムツなどが足りないというので、調達して送ったのが始まりです。大熊町から避難している方々を訪ねましたが、つらかったですね。ここにいてはいけないような気持ち。とても「頑張ってください」とは言えませんでした。皆さんすごく頑張ってきておられるわけですから。握手の手を握り返すくらいしかできなくて、やっと言えたのが「私が、頑張ります」でした。私は何を言ってるんだろうと思いましたね。会津で寅さんの映画を上映したり、風評被害にあった方を訪ねたりするうちに、矢内さんのイベントを手伝うようになりました。

2015年7月に開業した「いわきPIT」。チームスマイル提供

矢内　倍賞さんとは「エンジン01」のイベントでお会いしていました。「会津エンジン」も今月で一〇回目になりますね。

――四つの劇場を作ることになったのはどうしてですか。

矢内　「心の復興」のインフラを作ろうということです。活動を継続できる拠点を作ることと、それを経済的に成り立つよう回していくことが必要です。いわきと釜石の赤字は必至ですが、仙台は収支トントン。東京で収益を上げて東北に回して動かす枠組みです。ライブビューイングを通して東京のライブを被災地につなげ、メッセージを伝え合おうと考えました。

倍賞　豊洲といわきのオープニングは普通の舞台と違う印象でした。いろんな思いで参加し考えながら見てくださっている。お互いに知り合える場でもある。それが次につながっていく気がしました。いわきのオープニングでは最後に谷川俊太郎さんの詞の「死んだ男の残したものは」を歌わせてもらいました。若いときからの歌で歌い続ければと思ったので。

矢内 「死んだ男」の時はみんな泣いていましたね。エンターテインメントには人に感動を与え、元気づける力が間違いなくあると思いました。

倍賞 そうですか。じゃあ、歌い続けなければなりませんね（笑い）。

――チームスマイルには多くの企業が協力しています。

矢内 本当にありがたいことです。豊洲の土地も、ライブビューイング用モニターも、それをつなぐケーブルも無償で協力していただきました。「チームスマイル・東北ＰＩＴ応援団」の方々にも、子どもたちを勇気づけてもらえればと思います。

――倍賞さんは湯川村の応援歌を歌っておられます。

倍賞 風評被害は「何だか重たいんだ」と皆さん言っておられるんです。村長さんが応援歌で元気を出したいとのことでした。今年七月が発表会でしたが、私は応援歌で元気になってもらえればうれしいんです。私ができることはそういうことしかないですから。どこかに行って歌う、話をする。そこから何かが始まって一歩ずつでも踏み出していければいいなと。

――最後に一言お願いします。

矢内 いわきＰＩＴには東京からコンサートや芝居を持っていきますが、それがメインではありません。地元の方々に復興の拠点として利用していただきたい。地元の子どもたちが芝居を上演して、次には東京でも上演することができれば励みになるでしょう。特に子どもたちに自分の両の足で立ち上がるようになってほしいし、そのための支援を続けたいと思います。

倍賞　私の仕事は何か場所がないとできないんです。こういうことができるのは、矢内さんのような方がやってくれるからで、私はそこに参加できてお役に立てればと思います。これからどのぐらい関われるか分かりませんが、歌える限り、芝居ができる限り、自分を磨き続けてつながっていきたいですね。

◆**チームスマイル**

二〇一二年一〇月設立の一般社団法人。エンターテインメントを通じた復興支援活動を行う。矢内廣さんが代表理事。事務局はぴあ本社内。コンサートプロモーターズ協会の中西健夫会長、プロデューサーの秋元康さんらが理事を務め、倍賞千恵子さんら約八〇人が「チームスマイル・東北PIT応援団」に。二〇を超える企業・団体から寄付、協賛、協力を得ている。

◆**四つのPITシアター**

PITは「Power Into Tohoku!」（東北に力を！）から名付けられた。二〇一四年一〇月、東京・豊洲に「豊洲PIT」（収容三一〇〇人）、今年七月、いわき市に「いわきPIT」（同二〇〇人）を開設。来年一月には岩手県釜石市に「釜石PIT」（同一五〇人）、同三月一一日に「仙台PIT」（同一二〇〇人）を開業予定。豊洲の収益で全体の活動の経済性を維持する仕組み。

（二〇一五年十月一日掲載）

■対談・その後

チームスマイルの活動はその後さらに広がっている。予定通り、二〇一六年一月に釜石ＰＩＴを、三月一一日に仙台ＰＩＴをオープン。一方、東京の豊洲ＰＩＴでは、二〇一四年一〇月一七日のオープン以来、観客が払うドリンク代のうち五〇円を寄付してもらっていたが、その寄付金を使って「〝わたしの夢〟応援プロジェクト」をスタートした。寄付金は約二六〇〇万円（二〇一六年一二月現在）。東北の三ＰＩＴで定期的に著名な文化人やスポーツ選手、アーティストを招き、子どもたちや若者の夢の実現を応援する企画だ。

一六年五月にいわきＰＩＴで有森裕子さんが講演。六月には仙台ＰＩＴで谷田亮太トレーナーと香川真司選手が、いわき市の磐城高校校庭で清武弘嗣選手がサッカー交流、八月にはいわき市と釜石市で布袋寅泰さんがギター演奏の指導やライブなどで交流した。

二〇一七年二月には倍賞千恵子さんがいわきＰＩＴと釜石ＰＩＴに登場する。自身がナレーターを務める映画「世界でいちばん美しい村」の特別上映会とトークショー、倍賞さんと作曲家の小六禮次郎さん夫妻によるミニコンサートを行う。映画は二〇一五年四月のネパール大地震で被災したヒマラヤの民を写真家、石川梵氏が密着取材したドキュメンタリーで、倍賞さんはオフィシャルサポーターの一人でもある。

チームスマイルの活動の成果と今後について代表理事の矢内廣さんは次のように語っている。

「四つのＰＩＴが揃ったことで、『〝わたしの夢〟応援プロジェクト』も本格的にスタートし、地元からも大変好評です。子供たちが笑顔になれば、自然に大人も元気になれます。もちろん、東京から企画を送るだけでなく、地元にＰＩＴを活用して頂くことが大事。被災者の皆さんが両の足で立てる日を目指して活動を続けていきます」

（冠木）

地域をつなぐスポーツ

2014.5.1

鈴木勇人さん　福島ユナイテッドＦＣ代表

すずき・はやと　一九七二年、福島市生まれ。千葉工大卒。小学校からサッカーを始め、県代表として国体に出場した。二〇一一年二月、県内の企業家有志四人と、福島ユナイテッドの新運営会社を設立。五月に代表に就任した。一級建築士で福島市内に事務所を持つ。

川本和久さん　福島大教授、同大陸上競技部監督

かわもと・かずひさ　一九五七年、佐賀県伊万里市生まれ。筑波大で陸上四〇〇メートルの選手として活躍。八四年から福島大に勤務し、日本記録を出す数多くの選手を育てた。震災後は四月下旬まで、北海道から沖縄まで全国二九カ所で復興支援陸上教室を開き、義援金約六七〇万円全額を福島県に寄付した。

◆存続危機「あきらめず」全力で打ち込む思いは届く――鈴木勇人さん

◆楽しむ環境・人づくり使命「さあ、始めましょう」と――川本和久さん

東日本大震災と原発事故による放射能汚染。二重の被害に見舞われた福島県で、スポーツに取り組むには多くの困難があるはずだ。福島大を全国有数の強豪校に育てた同大教授で陸上競技部監督の川本和久さんと、今年設立されたサッカーJ3に参入した「福島ユナイテッドFC」代表の鈴木勇人さんが、被災地復興とスポーツについて語った。

――震災直後から、陸上とサッカーでそれぞれ、支援活動を始められましたね。

川本　大学は避難所となり、放射線量の関係で二〇一一年四月下旬まで陸上競技部の活動は中止。授業開始は五月上旬でした。何か自分ができることはないか。そこで全国を回り福島への寄付金を集める「復興支援陸上教室」を始めました。教室の最後に福島の現状を話します。みな身じろぎもせずに聞いてくれ、募金に協力できてよかったと感謝されました。福島に住む私も全国の人々も「何かしたい」という思いは同じだったのでしょう。

鈴木　福島ユナイテッドFCは二月に設立し、一カ月後に震災でした。やむを得ずいったん活

動を休止。私は建築士なので、避難所や住宅の応急危険度判定のため、県の要請で新地町や天栄村に行きました。そこで被災直後のすさまじい状況を見たのです。「何かの力になれないか」と痛切に思いました。その後、選手たちがサッカー教室という大げさなものではなく「いっしょに遊ぼう」という感じで避難所回りを始め、私も炊き出し担当として同行しました。お母さんたちから「すし詰めの避難所で子どもを遊ばせられず困っていました。本当に助かります」とお礼を言われました。

――代表を引き受けたのは一一年五月でした。

鈴木 福島県サッカー協会の決定で、この年は福島での試合ができなくなりました。選手二八人のうち七人が放射線の心配などから退団し補強もなし。役員会では「解散」についても話し合いました。そんなとき炊き出しに行った福島市の避難所で、南相馬市から避難している小学生の女子児童が涙をためながら「ユナイテッドはもうなくなっちゃうの」と聞いたのです。子どもたちはみな不安で先行きの見えない中で暮らしている。ここで私たち大人があきらめてはいけないと決意しました。

――今年はJ3ですね。

鈴木 一二年度の天皇杯でベスト16になり、福島の元気を全国に発信できました。J3への参入で、ホームでは相手チームのサポーターが福島に来てくれる。福島の今を見てもらえる。ハーフタイムには剣舞や和太鼓など地域の伝統芸能を披露したり、福島県内の飲食店が出店するフードパークも開いたりします。残念なことですが、福島からは多くの方がまだ県外避難しています。アウェーでは、この方たちがチームカラーの赤いTシャツやタオルを持って応援にきてくれる。うちにとってアウェーはないと思っています。

川本 いい仕事をされていますね。ふるさとを忘れる人はいません。県外避難の方の心の支えになっているのでしょう。

——陸上では、六月に福島県で初の日本選手権が開かれます。

川本 競技会などで全国を回ると、福島はがれきが残り放射能が降り注ぐと思い込んでいる人が少なくないように感じます。しかし現実は違う。「もうスポーツが十分にできる環境です」ということを示すための選手権です。震災直後、みなが苦しく大変なときに、私たちはスポーツをやらせてもらえました。その恩を返したい。勝つことで福島が元通りになっていることを示したいと思います。

——震災の前後で福島におけるスポーツへの取り組みは変わったでしょうか。

川本 復興優先のためスポーツ支援は手薄になったと感じます。震災前の国体総合順位は真ん中くらいのことが多かったのですが、一一年は四〇位台でした。昨年は三〇位台に盛り返し、県大会に出場する小学生の一〇〇メートル走記録も昨年、震災前のレベルになりました。スポーツをやれる環境が戻ってきたのです。「震災があったから」という言い訳はもう通じません。

——復興に向けたスポーツの役割は何でしょうか。

鈴木 スポーツには「自分でやる、見る、支える」という三つの側面があると思います。東北楽天の優勝で私たちは勇気づけられました。スポーツは東北を元気にできるし、私たちには「勝ち進んで将来はＪ１」という夢を描かせてくれたのです。

川本 私の社会的活動のひとつに、楽しみながらスポーツをやり健康づくりをしていこうというものがあります。また、スポーツには地域をつなぐ力もあります。みんなが日常的にスポーツをやれるような人づくり、環境づくりが使命。震災があったことをきっかけに、「さあ、始めましょう」と声をかけたいです。まず自分でやることから始めて、プロスポーツの観戦や支援につながればいいですね。

――スポーツに取り組む立場から子どもたちへのメッセージをお願いします。

鈴木 ユナイテッド存続の危機のときに、あきらめなくてよかったと今、実感しています。本当の思いは人を動かし、全力で当たれば手助けしてくれる人が現れる。私はサッカーや陸上をやりました。全力で打ち込めば必ず結果につながる、とスポーツに教えてもらいました。

川本 私たち大人は、がれきの処理など福島のマイナスをゼロに戻す責任があります。これには一〇年はかかる。次の一〇年は今の子どもが主役。しっかり勉強してスポーツをやり心と体を鍛えてほしい。特に福島の子どもは新しい福島を築かねばならない。一〇年後に活躍できる人材になるというはっきりした目標があります。頑張ってほしい。

◈福島ユナイテッドＦＣ
福島県初のプロサッカーチーム。前身チームが二〇〇五年から福島県社会人リーグに参戦、〇八年に改称した。一〇年八月には資金難から「緊急事態宣言」を発表、県民などに幅広く支援を求めた。一一年二月に新しい運営会社に移管した直後に東日本大震災が起きた。クラブ存続の危機を乗り越え、今季、一二チームからなるＪ３に参入。選手二九人、営業も合わせ約五〇人が所属する。チームカラーは赤。ホームスタジアムは福島市にある＝写真・小出洋平撮影。四月二〇日の対「ＹＳＣＣ横浜」戦で、Ｊ３参入後、初勝利をあげた。

（二〇一四年五月一日掲載）

■対談・その後

福島では大震災後、相次いでプロスポーツチームが生まれている。バスケットボールの「福島ファイヤーボンズ」が二〇一四年一〇月からbjリーグに参戦した（現在はBリーグ二部所属）。外遊びを制限された子どもの肥満傾向が指摘され、現在運営会社社長を務める宮田英治さんが体育館でのバスケ教室を考えたことがきっかけだったという。二〇一五年四月には米メジャーで活躍し、震災当時は楽天に所属していた岩村明憲氏が監督兼選手（後に球団代表も兼務）として率いる「福島ホープス」がプロ野球独立リーグのBCリーグに参戦した。両チームとも郡山市に本拠を置く。

なお、福島ユナイテッドFCのJ3での順位は一四、一五年が七位、一六年が一四位。一七年には清水エスパルスなどで監督を務めた田坂和昭氏が新監督に就任して再起を図る。（冠木）

創造的人材を育てる教育

2013.12.5

佐川秀雄さん

いわき市教育委員会学校教育推進室長
（現ジュニア・アチーブメント日本代表理事）

さがわ・ひでお　一九五八年いわき市生まれ。筑波大学体育専門学群卒。八二年から中学校教諭（保健体育）、福島県教育庁指導主事、いわき市立玉川中学校校長、いわき市教育委員会教育部次長などを経て今年四月から現職。

南郷市兵さん

文科省生涯学習政策局参事官付専門職
（現ふたば未来学園高校副校長）

なんごう・いっぺい　一九七八年東京都生まれ。慶應義塾大総合政策学部卒。インターネットイニシアティブ（ＩＩＪ）に入り二〇一〇年に文科省出向。被災三県の復興支援や創造的復興教育を推進。一三年に入省。初等中等教育企画課併任。

◆活動の体験が成長促す
いわきの未来支える子に――佐川秀雄さん

◆持続可能な地域作る行動力
東北から新しいモデルを――南郷市兵さん

復興を担う創造的な人材をどう育てるか。原発事故による避難者が多数暮らす福島県いわき市ではさまざまな試みが行われている。中学生の「生徒会長サミット」などに取り組む同市学校教育推進室長の佐川秀雄さんと、民間から文部科学省に入り東北の被災地支援を進める南郷市兵さんに聞いた。

――震災当時のいわき市の学校はどういう様子でしたか?

佐川 震災と原発事故で、市内の小中学生約三万人のうち約一万人が一時、市外に避難しましたが、四月六日になんとか全校を再開しました。うち五校は市内の空き校舎で間借りです。学校がほとんど避難所になったので、一学期の間は先生も子どもも大変でした。隣の双葉郡の子どもたちも、さまざまな形で入ってきて、今では一六三九人(一一月一日現在)が市内の小中学校に通っています。

――南郷さんが被災地の教育に関わったきっかけは。

南郷 文科省では学校と地域やNPO・企業の連携などに取り組んでいました。一年近くたって震災が起きましたが、発災直後からNPOや企業から支援の申し出が多数寄せられ、現地につないだりしているうちに被災地担当になりました。そのうち、真の復興を進めるためには、ふるさとを取り戻す新しい力を培える取り組みが必要だと考えるようになりました。

――いわき生徒会長サミットの狙いと経緯はどういうものですか?

佐川 もともと、これからのいわきの人材育成のためにと計画したのですが、震災で中止になっていました。一学期の終わりごろ、長崎市の田上富久市長から支援のお話があり、市内の中学校生徒会長四四人を招待していただいた。長崎の中高生リーダーと話し合いをした四泊五日の旅でした。平和祈念式典に参加し、被爆者の話を聞き、長崎の中高生リーダーと話し合いをした四泊五日の旅でした。ここで、子どもたちは私たちの想像を絶するほどの成長を見せてくれた。記者会見では震災について自分の言葉で話す。質問にきちんと答える。こういう体験が今のいわきの子に必要であり、機会を与えれば必ずできると思い、改めて生徒会長サミットを始めることにしました。

南郷 私は、その長崎訪問の新聞記事を見て鈴木寛副文科相(当時)に持って行ったんです。リーダーの子たちが生きた学びをし、ふるさとを取り戻す力を培う、こういうことをやりましょうと。それが九月の全国生徒会長サミット京都開催につながりましたが、まだ佐川さんとは連絡をとっておらず、岩手、宮城の生徒が中心でした。いわきからの全国サミット参加は翌年からです。

佐川 いわき生徒会長サミットは三年生が中心で、一学期に年間計画を立て活動を開始します。

「ヤングアメリカンズ」のワークショップ（いわき市教育委員会提供）

主な活動は、夏休みに長崎訪問と全国サミットへの参加、二学期には南郷さんから紹介されたヤングアメリカンズ生徒会公演。そして外国訪問。一二月に一年間の報告を市民や先生、保護者の前で行う。海外は昨年は韓国、今年は米国に行き、福島やいわきの状況を韓国語、英語でプレゼンしました。

南郷　いわきのサミットはすごい展開です。生徒が学校や学級を飛び出し、地域の復興や日本の将来を考えている。それを本当に生徒が主体的に実践している。教育委員会の側も、新しいいわきを作るリーダーの育成という明確な目的とビジョンの下に、教育のシステムに落とし込んでいる。

佐川　タイに学校を作る募金活動もしました。貧しい子どもたちが、食べたいもの着たいものを犠牲にしてまで支援してくれた。それに対して何かを返したいというので、生徒会長の中からアイデアが出たんです。

――ヤングアメリカンズはどういうきっかけで。

南郷　ダンスや歌を通じて異文化の人と分かり合い、舞台を作り上げる実習で、効果の大きさは聞いていていました。震災後にこの団体から「被災地でやりたい」と相談があったのですが、最初の年は学校での実習どころではないというので商業施設などで行いました。次の年に、学校でやってほしいといわき市に相談に行った。私が「半日ぐらい試しで実施しませんか」と話したら、佐川さんに「学校の授業に位置づけて三日間フルで取り組みたい」と言われたのが印象的でした。

佐川　映像を見て、これはいわきの子供たちに必要だと思ってお願いしたんです。東北の子は表現が苦手といいますが、すぐ上手になり、先生も子どもも見違えるように変わります。パワーや、前向きに生きる力をもらいました。最終日に見に来た保護者は涙を流していました。

――最後に、それぞれ訴えたいことを。

南郷　福島、東北の復興は時間がかかります。持続可能な地域を作るための人材を育成しなければなりません。教育目標と地域の課題が一致することを前提に、教室で学ぶだけではなく、外の力を活用する。私たちは「創造的復興教育」と名付けていますが、これは本来全国で必要なことです。東北から未来型の教育モデルを作り出そうということです。復興に取り組む子供の姿に大人がはっとして突き動かされる。自分たちで何とかしようとする行動力、周囲と協力していく力を身につけた被災地の生徒たちのすごさを伝えていきたい。

佐川　二〇年、三〇年後のいわきを支える、世界にはばたく子どもたちを地域全体で育成していかなければならない。学校だけではなく地域・民間の力を寄せ合って子どもを育てること。それがこれからの日本の教育の方向性になると思います。それをまず、いわき市でお見せしたい。今はサミットなど限られていますが、これからはできるだけ多くの子どもたちにも機会を与えていきたいと考えているところです。

◆いわき生徒会長サミットとヤングアメリカンズ

いわき生徒会長サミットは同市立四四中学の生徒会長が行う自主活動。長崎訪問や全国サミットへの参加、外国訪問などを行う。同市教委のバックアップでホームページも運営している。

ヤングアメリカンズは一九六二年設立の米国のNPO。多国籍の劇団員が学校を訪れ歌と踊りの公演を指導する。NPO法人じぶん未来クラブ（佐野一郎代表）が日本に招いている。いわき市が最も熱心で、今年は小中学校一八校で実施したほか、教職員や生徒会サミットのワークショップも行った。（二〇一三年一二月五日掲載）

■対談・その後

いわき市での創造的復興教育を語ってくれた二人は、今はその一歩先を歩んでいる。

南郷市兵さんは二〇一五年四月に開校した「ふたば未来学園高校」の副校長に就任した。文科省からの出向の形で、副校長として全国最年少、福島県立高校では初の副校長設置など、異例づくめだった。二〇一二年から地元町村と県、国が一体となって構想を検討する初期の議論から関わっていたことも大きな要素だった。対談で提唱していた、持続可能な地域を作る人材育成のための「創造的復興教育」の実現の現場でもある。

就任二年弱。被災地の生徒たちが抱える課題の深刻さは想像以上だったが、「こんなに楽しい職場はない」という。「生徒の成長に伴走できる。ダイレクトに生徒たちと、日々地域の課題を悩みいろんなことができるのは楽しいです。学校外との連携、学外に飛び出してプロジェクトを実践するカリキュラムもできてきています。思ったよりうまく行っていると思います」。

ふたば未来学園は劇作家の平田オリザさんの演劇指導など著名人の応援が有名だが、それだけではない。二年生になると自身の研究テーマを設定して持続可能な地域づくりの研究と実践に取り組む。同校で育てたい力として「異文化や考えの違う他者に対する寛容さ」を強調する。双葉郡は「放射線の安全性に対する考え方の衝突や、避難した人と帰還した人との気持ちのすれ違い」に直面する地域だ。「地域復興は考えの違う他者との関わり合いなくして成り立ちません。考えの違う人を説得する交渉力より、異なる考えも受け入れ、ユーモアを持って接し包み込んでいく〝あたたかさ〟が必要です」という。

同校には一年生が一三六人、二年生が一四六人在籍（二〇一六年四月現在）。生徒の多くは避難区域の出身者。二〇一七年四月には一六〇人の募集を予定している。初めて三学年がそろい、三年生がどんな進路に進むのかも注目される。避難先で授業を続けている双葉、浪江、浪江津島校、富岡、双葉翔陽の五高校は二〇一七年三月末で休校が予定されている。「ふたば未来学園」は双葉郡内で唯一の高校として、地域復興の要としての役割を期待されることになる。

一方、いわき市教育委員会の幹部として「ふたば未来学園」の設立を側面から支援してきた佐川秀雄さんは、二〇一五年三月で退職、現在は公益社団法人ジュニア・アチーブメント日本の代表理事を務めている。子どもたちに社会の仕組みと経済の働きを教えることを通じて、青少年の社会的自立力を育もうという経済教育団体だ。一九一九年に米国で発足し、一二三カ国に展開している。日本本部は一九九五年の設立で、東京（品川区）に本部、京都市、仙台市、いわき市に拠点を持つ。地域社会や企業、教育委員会と協力して体験型の実学演習を無償で提供しており、プログラムには毎年、全国で約一〇万人が参加しているという。

佐川さんが文科省の紹介でこの活動を知ったのが二〇一二年一月。その年にいわき市内の一〇校から品川での体験学習に派遣した。その後、カタール政府からの復興支援金を得て、拠点施設として二〇一四年五月、「いわき市体験型経済教育施設 Elem（エリム＝アラビア語で「教育の意味）」をオープンした。施設内に再現された「街」の中で小中学生が「社会のしくみや経済の働き」「人生設計・生活設計」を体験学習する。いわき市では小5と中2の全員が参加しているという。「自分で考えて自分で道を見つけていくこと、最終的に自分で意思決定できるようにすることは、通常でも必要なことですが、特に震災を体験して子どもの時から学ぶ必要があると思いました」。創造的な人材教育を広く実践できる場として、今の法人の仕事を選んだという。

いわき市では佐川さんが離れた後も、生徒会長サミット、「ヤングアメリカンズ」とのワークショップを継続している。

（冠木）

逆境の地で人材を育てる

2014.7.3

加藤博敏さん　「ふくしま復興塾」実行委員長、ピーエイ社長

かとう・ひろとし　一九五八年福島市生まれ。福島大経済卒業後、資生堂入社。八六年に有限会社ピーエイを設立し社長に。九〇年に株式会社化。二〇〇〇年東証マザーズ上場。東北・信越や首都圏で紙媒体やネットによる就職情報サービスや人材派遣を行う。一三年「ふくしま復興塾」を発足させ人材育成にあたる。

山内幸治さん　被災地に「右腕」を派遣　NPO法人ETIC.理事

やまうち・こうじ　一九七六年横浜市生まれ。早稲田大教育卒。在学中からETIC.の事業化に参画。九七年に起業家育成に向けた長期実践型インターンシップ創設。二〇〇〇年のNPO法人化に伴い事業統括ディレクター。一一年の震災後、被災地の復興リーダー支援のための「右腕派遣」事業開始。一三年より現職。

◆日本のリーダー育てたい
語り合う出会いの場作る——加藤博敏さん
◆かつてない「東北の熱量」
力発揮できる場作り大事——山内幸治さん

福島の長期にわたる復興を支えるには人材の育成が必要だ。逆境の地から一〇年、二〇年先のリーダー育成をめざす「ふくしま復興塾」の実行委員長、加藤博敏さんと、被災地の復興リーダーを支える「右腕」の派遣を進める山内幸治さんに、活動の経緯や若者への期待を話し合ってもらった。

——震災発生から初期のころはそれぞれどういう対応をしておられましたか。

加藤 私の会社は福島市や郡山市に営業所があるので震災二日後の一三日朝に新潟から車で入り、社員や家族の救出に向かいました。まずは社員と家族の安全確保です。しばらくして福島の地場産業、織維産業の復興のために「がんばろう福島！プロジェクト」を、福島県出身で「ぴあ」社長の矢内広さんらの協力で始めました。ニットやシルク関係の応援ですが、地元の皆さんは案外タフで大丈夫そうなので一年でやめました。それが私の復興支援のスタートでした。

山内 私は大学生向けの研修プログラムの初日でしたが、その夜にすべて中止しました。翌日、研修のゲストだった神戸のNPOリーダーに阪神大震災当時の話を聞き、避難所での震災弱者、妊産婦やアレルギーを持つ方の支援プロジェクトに参画したのが一四日です。五月の連休までに宮城県を中心に延べ一〇〇〇人のボランティアを派遣しました。

――「右腕」の派遣という発想はどういうきっかけで？

山内　避難所では徐々にリーダーシップを発揮する人が出てきます。すると、地元のニーズも外からの支援の声もその人に殺到してしまう。その結果、リーダーが手いっぱいになり、すべてが回らなくなってしまうので、「リーダーを支える右腕」の派遣が必要だと考えたのです。六月ごろから宮城、岩手と広げていきましたが、福島の場合はガイドラインを作ったり、地元の連携先を探ったりして翌一二年四月からの派遣となりました。

――「復興塾」を開設したのはどういう経緯ですか。

加藤　国の資金をあてにするタックスイーター（税金食い）のような人が福島の主役になってはまずいと思いました。「福島がかわいそう」という同情を売り歩くことが、本当に福島のためになるのかということです。東大の上昌広さん（医科学研究所特任教授）と飲みながら、「長岡藩の米百俵のように、人を育てようよ」という話になった。福島から二〇、三〇年後の日本のリーダーを育てていこう。逆境だからこそチャンスだと。そこで矢内さんなど福島県出身の経営者で作る「しゃくなげ会」の皆さんに協力を求め、福島大にお願いに行ったところ、復興プロジェクトを進めていた丹波史紀准教授が二つ返事で事務局を引き受けてくれた。

山内　実は私たちの「右腕」の福島での最初の受け入れ先が福島大の丹波さんの所で、二人を派遣していました。

――復興塾一期生で頑張っている人が出ているようです。

加藤　例えば右腕派遣で福島に来た菅家元志君は会社を設立し、スマートフォンによる子どものお絵かきアプリなどの事業を始めています。大熊町から会津に避難した人たちに会津木綿を使ったストールを作る内職をしてもらっている青年は、今度は新しいライフスタイルを創造するブランドとして発展させる計画です。いわき市で「夜明け市場」（復興飲食店街）を起業した若者は、市場と生産者、起業支援ＮＰＯを結んだ「福島の食の循環モデルづくり」を提案し、復興塾の発表会でグランプリを取りました。正直、脱落した人もいますが、一、二年で結論は出せない。脱落した人もまた復活するかもしれない。やることに意義があるのです。

――宮城、岩手と福島では右腕派遣に違いがありますか？

山内　宮城、岩手では外からのボランティア団体が多く入っていたので、最初はそういう団体に右腕を送る形が多かった。一方で、福島は外からの支援が入りにくかったこともあって、地元の人が自分で立ち上がっている所への派遣が多い。それと、福島では一年の派遣期間が終わった後も継続して滞在する人が多いですね。起業したり、派遣先に雇用されたりして。

――復興には人の出会いの要素が大きいようですね。

加藤　福島の若者は思いは強いです。「歴史は夜作られる」というように、夜飲みながら語り合う、突き抜けた発想がどんどん出てくる。そこから面白いことになるわけですよ。復興塾では課題発見や経営管理などを教えていますが、結局は誰と会って何を話すかに尽きる。塾は出会いの場ということです。

山内 浪江町役場に四人、右腕を派遣しています。ダム建設で住民の合意形成や集団移転をしていた人が津波エリアの復興計画を作ったりしている。農地の再生や広報の経験者もいます。被災地で仕事をしたい人が力を発揮できる場をどう作るかです。官民の連携に理解がある県職員の玉川啓さんという人が当時、浪江町に出向していたことが大きかった。実は、私はNPOの世界で有名な「せんだい・みやぎNPOセンター」の加藤哲夫さん（二〇一一年八月死去）に長年お世話になっていて、玉川さんと飲んだら共通の師匠であることが分かって意気投合したということがありました。

加藤 その玉川さんは今、復興塾のメンター（指導教官）として手伝ってくれていますよ。福島に限らず東北で新しいアイデンティティーを発見している人が多いようです。三〇年ぐらいの幅でみるとすごく面白いことが起こる可能性がある。

山内 大きなことが水面下、草の根で起きているようです。私は二〇年間、ETIC.の仕事をしていますが、東北が今このタイミングでもっている熱量はかつてなく高く感じます。

◆**ふくしま復興塾**
福島県に縁のある経営者らが発起人となり、福島大学うつくしまふくしま未来支援センターに事務局を置いて発足した人材育成事業。二〇～三〇代の若者を公募、復興リーダーや福島の課題を解決する起業・社会起業家の育成をめざす。昨年度は一期生二五人が受講、一二月の最終報告会でそれぞれプロジェクトを提案した。今年度は二期目。キリンビールが資金協力している。

◈「右腕派遣」プログラム

起業家・社会起業家を育成・支援するNPO法人ETIC.（宮城治男代表理事）が震災を機に始めた復興リーダー支援事業。リーダーを支える人材を「右腕」と呼び、一年間の長期ボランティアとして派遣。人件費として月約一五万円はETIC.が負担。これまで計一八七人（うち福島県内には三五人）を派遣した。三〇歳前後の若者が中心で大手や外資系企業からの応募も多い。

（二〇一四年七月三日掲載）

■対談・その後

「福島の逆境から、福島や日本を作る未来の英雄が育たなければ、福島に生きる人の過酷な運命とのバランスが取れません」（加藤博敏さん、第三期事業報告書より）「逆境から、起業家は生まれ、地域は変革する。厄災を好機として、明るい未来の創造へ」（山内幸治さん、右腕プログラム・データブックより）。逆境下でこそ未来の日本を担う人材が育つ。それを後押ししていこう。

それが、ふくしま復興塾や「右腕」派遣に共通する考え方といえる。

福島復興のための社会起業家、イントレプレナー（組織内起業家）の育成を目指す「ふくしま復興塾」は、その後、第三期、第四期の塾生を迎えた。第四期は二〇一七年二月に最終発表会が行われた。第三期から事務局を一般社団法人「ふくしまチャレンジはじめっぺ」（加藤博敏代表理事、郡山市）に移した。福島に縁のある経営者を中心とする組織で、意欲的な若手農家が参加するオンラインショップ「チームふくしまプライド。」や首都圏の福島県人の交流を目的にしたフェイスブックページ「こらんしょ福島県人会」を運営している。

ふくしま復興塾の最終発表時に授与される「ふくしま復興グランプリ」は、第一期がいわき夜明け市場の松本丈さん（一九六頁参照）、第二期が会津木綿の谷津拓郎さん（二一四頁参照）だった。二〇一六年二月決定の第三期は古谷かおりさんの「浜通りを走る！　ワハハマBOOKS&BREAD」が獲得した。本棚付のキッチンカーを巡回させ、地元で仕入れた食材で作る調理パン（バゲットサンド）販売や読み終えた本の交換をするというプラン。広野町の町民と廃炉などの作業員との軋轢を緩和する狙いを込めたもの。一七年二月決定の第四期は、いわき市で放課後児童クラブ（学童保育）を運営するNPO法人great delightの田口悦子さんによる『『子どもの貧困問題』へのアプローチ」に決まった。セミナーや体験勉強会を通じて困っている親子を支援していこうというものだ。

加藤さんは「復興塾の卒業生が県内に散らばり、周辺に有望な人間が集まっています。そのネッ

ふくしま復興塾第４期生による最終発表会。2017 年２月４日、同塾提供

トワークが何か事を起こす際のインフラになりつつある」と話している。ただ、卒業生の事業については「これからが正念場」とみる。「今までは支援があって下駄をはいていたところがあった。東京の人が寄ってきて助けてくれた。これからは下駄がとれて普通の事業になる。でも、みんな志が高いので乗り越えていくと思う」と話している。

ＮＰＯ法人ＥＴＩＣ．は起業家・社会起業家を育成・支援してきた多くのノウハウを持っている。大震災を機に岩手、宮城、福島三県に復興リーダーの支援のために派遣してきた「右腕」は合わせて二五〇人（二〇一六年一二月末現在）。活動終了後も約六割が東北に残って活動している。うち福島は二八のプロジェクトに三六人を派遣した。例えば、会津木綿のＩＩＥ、郡山ペップ子育てネットワーク、ビーンズふくしま、Bridge for Fukushima、いわきおてんとＳＵＮ企業組合、かーちゃんの力・プロジェクト協議会、川内村観光協会、川内村商工会など、さまざまな活動に従事している。

復興支援を第一目的としてきた右腕の派遣は二〇一六年度で終了。新しいベンチャーを生み出す取り組みとして「東北ベンチャーズ」を始めた。東北のローカルベンチャーとその担い手を支えていこうとしている。

ＥＴＩＣ.では「右腕」のほかにも資金提供や事業戦略作成のサポートなどさまざまなプログラムを提供してきた。大堀相馬焼の松永武士さん（二〇六頁参照）、会津木綿の谷津拓郎さん、「TATAKIAGE Japan」の松本丈さん（一九六頁参照）などとの関係も深い。こうしたＥＴＩＣ.の復興支援活動は大手企業で作るコンソーシアム「みちのく復興事業パートナーズ」（いすゞ自動車、花王、ＪＣＢ、電通、東芝、ベネッセ）が資金やマンパワーを提供している。

山内さんは現状をこう見る。「岩手、宮城は、すでに復興という文脈から、持続可能な地域作りという震災前の課題に戻る流れに変わりつつあります。復興を担う人の層が厚くなり、仲間も増えている段階です。一方、福島の沿岸部はまだこれからなので、人材や資金などの支援を続けるべきだと思いますが、残念ながら私たちの復興基金にも限界があります。協力していただける企業がほしいです。例えば、一億円あれば、右腕を福島の沿岸部に三〇人入れることができるのですが」。

企業の復興支援が活発に行われたことが今回の大震災の特徴といわれるが、時の流れとともに減速せざるをえない。岩手・宮城とは異なる時間軸で復興が動く福島にどう貢献できるか、ＥＴＩＣ．としても試行錯誤している所だという。

（冠木）

復興の仕事に飛び込んだ若い力

2015.9.3

新田勇太さん　ならはみらい

にった・ゆうた　一九八一年福島県川内村生まれ。歯科技工士。避難先の会津美里町で楢葉町臨時職員に就く。二〇一四年七月復興支援員。

渡邉奈保子さん　田村市復興応援隊（現在は小林奈保子さん）

わたなべ・なおこ　一九八七年福島県田村市常葉町生まれ。福島大で地域福祉を学ぶ。郡山市での営業職を経て二〇一三年九月復興支援員。

奥田加奈さん　ふくしま連携復興センター

おくだ・かな　一九八五年茨城県生まれ。宇都宮大大学院修了後、同大里山科学センター。鳥獣対策を研究。二〇一四年四月復興支援専門員。

◆地元の町、他人任せできず再生でなく新しい楢葉を——新田勇太さん
◆現場持っての活動が魅力田村の良さ、内外に伝える——渡邉奈保子さん
◆地域振興につながる仕事福島に集う人材の活用を——奥田加奈さん

福島県内では被災地の復興を進めるため、復興支援員、復興支援専門員として多くの若者が活躍している。全町避難の解除が間近な楢葉町のまちづくりを担う「ならはみらい」の新田勇太さん、昨年四月に避難指示が解除された田村市都路《みやこじ》地区などの地域おこしに取り組む田村市復興応援隊の渡邉奈保子さん、宇都宮大で鳥獣対策の研究をしてきた奥田加奈さんに、活動への思いや課題を語ってもらった。

——皆さんは他の職業に携わっていて、復興の仕事に転じたそうですが、どういう経緯だったのですか?

新田 震災前は浪江町の歯科医院で九年間、歯科技工士の仕事をしていました。原発事故で会津美里町に避難し、そこに移って来た楢葉町の役場で二〇一一年五月から三年間、行政の仕事に携わりました。一四年に、新設されるまちづくり会社（ならはみらい）の事務局員募集を知り、

行政ではできない、もっと町民ニーズに応える仕事ができるのではないかと考えて応募しました。川内村で生まれ育ち、〇八年に結婚を機に楢葉町に住み、第二の故郷はここと決めていたので、町の復興を他人任せにできないと思いました。人と関わって仕事をする楽しさを知り、今の仕事にやりがいを感じています。

渡邉 学生時代から地域福祉やボランティアに関心が強く、活動もしていました。震災後は郡山市で営業の仕事をしていましたが、一三年に知人から、地域づくりを一緒にやらないかと誘われた。地元出身の若手が欲しいというんです。迷いましたが、現場を持って活動できることが魅力で引き受けました。私も、地元の地域づくりなので、人ごとではなく自分ごととしてやりたかったのです。

奥田 私は一四年四月に夫の仕事の関係で福島に来ることになり、転職サイトなどで調べて応募しました。学生時代から鳥獣対策を核とした地域振興に携わっていた関係で、地域振興につながる仕事をしたかった。大学では教員と受講生の橋渡しをする仕事をしていましたから、住民と直接関わる復興支援員ではなくて、そのサポートや行政などとの橋渡しをする復興支援専門員の職を選びました。

――皆さんが今取り組んでいる仕事を教えてください。

新田 「ならはみらい」では、町民の方々から住宅の再建やリフォームについての相談に応じるコールセンターを運営しています。全国から募っている「ならは応援団」や町民主体の「なにかし隊」をつくって活動し、子会社で太陽光発電の準備も始めています。また、宅建協会と連携して、借りたい人と貸したい人のマッチングをする「空き家・空き地バンク」事業を進めています。

渡邉 空き家バンクはとてもいい試みで、田村でも必要だと思います。楢葉では前からですか？

新田 近隣の町村で、除染業者が民家を借りて宿舎に利用していて、町に戻った町民が、知らない男の人がたくさん出入りして安心できないという声が聞かれたので、町民が安心できるひとつの仕組みとして実施しています。

渡邉 田村市復興応援隊の活動は、住民の方々がしたい生活、実現したいことをサポートするのが基本です。外部からボランティアに来てもらったり、取り組みを一緒に考えたり。最初は都路地区の全戸を回って住民の声を聞き、どんな活動をするか考えました。農業の再開に手が足りないという人がいたので、まず獣害対策の電気柵を張る手伝いをしました。この時は奥田さんに助言してもらいましたね。自宅の裏山に桜を植えたいという農家の方を手伝ったり。これまで都路中心でしたが、最近はグリーンツーリズムなど市内全域に関わることもしています。

奥田 私たち復興支援専門員は、福島市のふくしま連携復興センターを拠点に活動しています。各地で活動する支援員のサポートが仕事で、観光や放射能などの研修会を開いたり、いわきと相馬の二地区ごとのエリア会議で経験や情報の共有を図ったりしています。ホームページやパンフレットを作ってPRの手伝いもします。

力を入れているのはキャリア形成のサポートです。私たちは最長五年の任期付きですが、目の前の仕事が忙しいので、自分の将来のことが後回しになりがちです。企業との具体的なマッチングも考える必要があるし、継続できる仕組み作りも課題だと思います。

新田　「ならはみらい」は活動を続けながら会社の基盤を築き、支援員制度が終わったらまちづくり会社として自立する計画です。

――仕事は楽しいですか。どんな時にやりがいを感じますか。

渡邉　正解かどうかわからないけれど、とにかくやってみて、地域に思わぬ効果が出た時はうれしいですね。ある女性が実家の古民家を開放し「よりあい処『華《はな》』」を開店しました。手芸や昼食も楽しめる住民交流の場です。「応援隊のサポートがなかったら、ここまでできなかった」と言っていただき大きな励みになりました。

新田　七月に花植えをしましたが、全国から三五人も来てくれました。これを機につながっていければいいと思いました。

奥田　私は四月に相馬市で復興駅弁というイベントを成功させたのがうれしかった。郡山市の駅弁屋さんが避難者に弁当を配るイベントですが、五市町の支援員の皆さんと企画を考え、初めて連携してイベントができました。一年間、研修会や情報交換でつながってきたかいがあったと思いました。

――今後の地域作りの抱負は。

新田　帰町が始まり町が動き出すので、我々は町民の人たちよりも速いペースで動かなければならない。全町避難から初めて戻る町なので、双葉郡の復興の拠点になれるようにしたい。「再生」ではなく「新生」だと思って新しい楢葉町を作っていきたいですね。

渡邉 「田村っていいね」と地元の人が言えることを丁寧に作っていきたい。また、外から来た人が「いいね」と言ってくれるのを地元に伝えていく。外の田村ファンも増やし、親戚の家に遊びに来るような気持ちで田村に来られる関係を作りたいと思います。

奥田 今、復興支援員や地域おこし協力隊で福島に集まっている若者が約一八〇人もいます。若者が少なくなる中で、これだけ集まっている。素晴らしい人材をこれから二〇年、三〇年、どう活用していくかを考える必要があります。

◈復興支援員と復興支援専門員

復興支援員は大震災後、被災者の見守りやケア、地域おこしなどを行う目的で総務省が創設した制度。被災自治体が委嘱し、国が報酬や活動費を補助する。任期は一～五年。現場で活動する復興支援員とそれをサポートする復興支援専門員がいる。福島県内では各地に支援員が一二二人、福島市の一般社団法人「ふくしま連携復興センター」に専門員が五人おり、合わせて「ふくしま復興応援隊」を名乗る。

「田村市復興応援隊」は二〇一三年七月、同市がNPO法人コースターに委託して発足。復興支援員九人で、同市都路地区の復興支援を中心に活動している。「ならはみらい」は楢葉町が出資して一四年六月に発足したまちづくりのための一般社団法人。復興支援員三人と嘱託、出向職員各一人が事務局員として活動中。

（二〇一五年九月三日掲載）

ならはみらいの新田勇太さんは、二〇一六年四月に楢葉町役場の職員となった。今は町から出向の形でならはみらいの事務局に勤務している。「町の復興のために頑張りたい」という思いは一層強まったという。記事直後の二〇一五年九月五日に全町の避難指示が解除となった。一年四カ月を経過した二〇一七年一月の帰還者は住民の約一割強で、今も住民の大半（住民登録の七割弱）がいわき市に居住する。町は二〇一七年を「本格復興期」初年度と位置付け、四月から町立小中学校など再開する。県立診療所、歯科医院開院など徐々に環境整備が進んできた。

「皆さん家庭の事情を抱えている。長い目で見て、いずれ戻ってもらえれば」と考えている。ならはみらいの事務局員は五人。うち二人が復興支援員だ。新事業として「ならはふるさと案内人」を始めた。被災や復興の視察に訪れた人を語り部が案内する。今は三人の女性が案内人を務める。「復興は長い道のりですが、良い方向に向かっていく姿を、自分もそこに関わりながら進んでいけるのが楽しみです」と決意を語る。

渡邉奈保子さんは二〇一五年一一月に結婚、小林姓になった。お相手は浪江町職員で、復興支援員の研修で知り合った。田村市復興応援隊では市内全域の復興に関わる「広域リーダー」を務め、グリーンツーリズム連絡協議会の運営サポート、支援企業との連絡調整などを受け持つ。

復興支援は二〇一四年四月に避難指示が解除された都路地区が中心だ。「今は住民の七割の方が戻っていて、皆さんの会話でも日常が少しずつ戻って来ていることを感じます」と言う。福島大学の鈴木典夫教授の地域福祉ゼミ出身で、教授が指導する同大災害ボランティアセンター（二八〇頁参照）が「学生ＤＡＳＨ村」を始める際にも相談を受けた。

三年半以上、復興支援員を務め、「県内各地の知り合いがすごく増えた」と話す。だが、その仕事も二〇一七年春で区切りとなるかもしれない。浪江町で避難指示が解除されれば、町役場職員の夫と一緒に浪江に住むことになりそうだ。応援隊の人気者だけに惜しむ声も多いが、関わりは続けるという。応援隊の運営主体が新設のＮＰＯに変わり、理事に就任する予定だからだ。

大震災を機に国が整備した復興支援員制度は、元気で有能な若者を集めて成果をあげてきた。二〇一七年一月現在、福島県内の復興支援員は一三七人。記事掲載当時から少し増えている。だが、ふくしま連携復興センターの山﨑庸貴《のぶよし》事務局長は「復興支援員が拡大していく局面はそろそろ終わりかなと思う」と言う。同センターは福島県からの業務委託で復興支援員の運営をしている。「これまで支援員の制度を活用して復興や地域づくりをしてきた所が、自立してやっていく段階に入ってくる」という。「これだけの数の若者が地域に入っていく仕組みは非常に有効だったと思います。しかし、その先の戦略を考えなければならない」。支援員の担ってきた活動をどう地域に根付かせるか、また、支援員がキャリアを生かして次のステップを踏み出す受け皿をどうするか、両方が必要になるというのだ。支援員制度を一過性のもので終わらせない知恵が必要になってくる。

（冠木）

福島大　学生ボランティアの五年

2016.3.3

狗飼小花さん　福島大学災害ボランティアセンター総務マネジャー

いぬかい・こはる　福島大行政政策学類二年。福島県内に就職し支援活動継続を志望。福島県川俣町生まれ。二〇歳。

鈴木典夫さん　福島大行政政策学類教授（地域福祉論）

すずき・のりお　福島大学大災害ボランティアセンター顧問。同志社大大学院修了。各地の災害復興を支援。福島市生まれ。五五歳。

小島　望さん　福島大学災害ボランティアセンター統括マネジャー

こじま・のぞむ　福島大人間発達文化学類三年。「いるだけ支援」中。福島県の小学校教員を志望。千葉県生まれ。二一歳。

◆震災で「ふるさと」を意識　学生だからこその強みで――狗飼小花さん
◆人生の場面に応じた支援　頑張る人の背中を押して――鈴木典夫さん
◆「何かしたい」と考え進学　不安に寄り添い歩む関係――小島望さん

二〇一一年三月の東日本大震災・原発事故から五年になるが、福島大の学生団体「福島大学災害ボランティアセンター」は今も活発に活動を続けている。避難者とのつながりも深く、仮設住宅に住み込む「いるだけ支援」などの新しい活動を生み出している。同センターの生みの親で顧問を務める同大教授、鈴木典夫さんとまとめ役である統括マネジャーの小島望さん、総務マネジャーの狗飼小花さんが活動への思いを語った。

――鈴木先生が福島大災害ボランティアセンターを創設したのは、どういう経緯ですか？

鈴木　私は阪神大震災以来、さまざまな災害ボランティア活動を経験し、研究対象にもしていたので、東日本大震災発生直後から自然な流れで関わるようになりました。三月一五日から大学の体育館に開設した避難所を四七日間続けましたが、そこでボランティアをしてくれた学生と福島市内の他の避難所で活動していた学生らが集まって団体を結成したという形です。

——二人がこの活動に入ったのはその二年後、三年後ですね。

小島　僕は千葉県流山市に住んでいて震災当時は高1でした。大学は千葉県内か東京都内を考えていましたが、福島の状況をテレビや新聞で見るうちに、福島の大学で被災者のために何かをしたいと考えるようになりました。入学してまもなくチラシで活動を知り、最初に参加したのが福島市の「四季の里」で開かれた富岡町の方々との花見会。知り合いもなく一人で飛び込んでいった感じでした。

狗飼　私は福島県川俣町で、中学の卒業式が終わった直後に地震が起きました。私の家にも親戚が五家族、二〇人も避難してきて、生きるか死ぬか、明日食べるものがないかもしれないという初めての体験でした。でも震災で自分のふるさと、福島を強く意識し、将来は県内で就職して復興に携わりたいと思うようになりました。新聞で福島大の学生さんの取り組みを見ていたので、高2ぐらいからは福島大を志望していました。

入学してすぐに、友達と二人で足湯の体験会に参加したのがきっかけです。最初は祖母の出身地の飯舘村から避難している国見町の上野台《わのだい》仮設住宅に行ったら、親戚と偶然再会しました。それからは、おばあちゃんの家に遊びに行くような感覚で通い続けています。

——仮設住宅に住み込む「いるだけ支援」ではどんなことを。

小島　昨年末から約三カ月の予定で福島市内の北幹線第一仮設住宅に住んでいます。住民は浪

仮設住宅で打ち合わせする鈴木教授ら。2016 年 2 月

江町の約一二〇人です。朝八時半のラジオ体操に出たあと大学に通っていて、仮設では卓球などのサークル活動にも出ています。毎日顔を合わせるので短期間で親密になれるのがよい点です。年配の方がほとんどで、携帯電話などの操作を聞きに僕の家に立ち寄る人もいます。学生に居てもらえるのはうれしいと言ってもらっています。

――狗飼さんが印象に残っている活動は？

狗飼　昨年夏に浜通りの子どもたち二〇人と裏磐梯のキャンプに行きました。自然の中で自由に遊ばせ子どもの力を引き出すのが狙いです。最初は「お世話される側」だった子どもたちが、自分から何でもやるようになり、自信がついた喜びを実感している様子だったので、私もうれしくなりました。

――学生ボランティアの意義についてどう考え

ますか。

小島 現地の大学だからこそ柔軟に動けるし、被災者に寄り添っていくことができると思います。若い人が来てくれるだけでうれしいと言ってくれる方が多いです。

狗飼 私も学生だからこその強みを感じます。受け入れてもらいやすいし、学生がやることなので完璧でなくてもいい、そんなあいまいな良さがあると思います。

鈴木 若いことが学生の最大の力ですね。お年寄りにとっては孫のようだし、子どもにとってもお兄さん、お姉さんですから。

――今後の活動の課題は何でしょうか。

小島 復興はまだまだです。五年たっても仮設住宅で暮らし、行き先が決まっていない、不安を抱えている方が大勢います。これからも、いろいろな方の不安に寄り添い、歩んでいく関係を作っていきたいと思います。

鈴木 政府が来年三月の帰還困難区域以外の避難指示解除を目指していて、仮設に住む人も次の決断をせざるをえない時期が来ると思います。皆さんの話をしっかり聞き、次の場面につながるお付き合いをしなければなりません。

私たちが目指すのは生活の復興です。仮設に残る人、復興公営住宅に移る人、古里に戻る人と、避難者の方々の生活や人生の場面に応じた形で学生の活動を連続させていくことが課題になります。

――最後に全国の人、特に学生さんに言いたいことがあれば。

小島 ぜひ一度福島に来てほしいと思います。来ないと分からないことは山ほどあります。現状を見つめ、帰ってからできることをしてもらえればうれしいです。初めて仮設に来た学生から「住民の方が思った以上に明るいのに驚いた、逆に元気をもらった」という話を何度も聞きましたから。

鈴木 ボランティアはいろいろあるので、そう大層に考えなくていいんです。仮設に来てわいわいお茶を飲んでもいい。元気で人と付き合うことが大事です。そうやって、今頑張っている人、自分たちで何とかしていこうという人の背中を押してあげるのです。

狗飼 私は福島のことを正しく知ってもらいたいです。そのためにも来てもらえたらうれしい。福島はこうだと一言のイメージで片付けず、一歩踏み込んで知ってほしい。県内外の情報量が違うので、福島で報道されていることを県外の人にも知ってほしいです。

◆**福島大学災害ボランティアセンター**
大震災で福島大に設置された避難所閉鎖直後の二〇一一年五月一日に発足した学生ボランティア団体。顧問の鈴木典夫教授が震災で大学周辺にとどまる学生のメーリングリストを作り、大学内避難所のボランティアを募ったことがきっかけ。登録は三五二人。三人の統括マネジャーと約三〇人のマネジャーが運営の中心。
県内二〇以上の仮設住宅を恒常的に支援、足湯や芋煮会などのイベント、子どもの遊びや学習支援、子どもキャンプ、避難指示解除が近い南相馬市小高区での復興ボランティアなどの活動を続けている。仮設住宅に住み込んで住民との交流を行う「いるだけ支援」が今年度の復興庁「心の復興」事業に採択され、浪江町民の住む仮設住宅に常時二人の学生が滞在中。

（二〇一六年三月三日掲載）

■座談・その後

福島大学学生ボランティアセンターの活動はその後も地域の状況変化に応じた活動を続けている。鈴木典夫さんによると、記事掲載後の大きな動きが二つあるという。

一つ目は仮設住宅への「いるだけ支援」がこれまでの一カ所二人から二カ所四人に増えたこと。二〇一六年五月から浪江町からの避難者が住む二本松市の安達運動場仮設住宅が加わった。こちらには小中高生が十人ほどおり、部屋を訪ねて来る子どもの相手や宿題の指導もしている。学生の希望から滞在期間を三カ月から四カ月に延長した。二〇一七年一月現在、二つの仮設住宅には六期目と二期目の学生各二人が寝泊まりしている。

もう一つは、二〇一六年度の新事業として田村市都路地区で「学生ＤＡＳＨ村」を始めたこと。避難から帰還後のコミュニティー活性化、交流の取り組みだ。同地区は二〇一四年四月に避難指示が解除された山あいの集落で、高齢化が進んでいる。田舎暮らしを地元の人たちに教えてもら

福島市の北幹線第一仮設住宅で足湯の準備をする学生たち。2016年2月

いながら交流する試みで、借りた土地で野菜を作ったり小屋を建てたりしている。不在になった民家を借りて活動拠点にした。すでに近所の人との食事会も開き、宿泊もしている。東工大、明治学院大、志学館大など首都圏や中部地方の学生も来ている。

避難者は仮設住宅から復興公営住宅などへと移住が進みつつある。これまで仮設住宅二八カ所と付き合いを続けてきた流れで、仮設で知り合った人の移住先に、特に用事がなくても遊びに行く「井戸端訪問」を続けている。

復興公営住宅にはコミュニティー交流員が配置されているが、大学の地元、福島市周辺の県北地区では一緒に活動をしている。交流員は復興公営住宅への移住後に支援に入るため、学生の方が付き合いが長いケースが多い。学生が「かすがい」になって避難者同志の交流につながることもあるという。

「その人その人の人生に寄り添って活動してきたことの強みが今、出ていると思います」と鈴木さんは言う。「交流員だけでは埋まらない部分を学生ボランティアが埋めることもあります」。学生ボランティアは、その組織も、個々人も、力を増してきているようだ。毎年更新する学生の登録人数もほぼ前年並みという。

取材に応じてくれた小島さんと狗飼さんは全体の運営を受け持つ三人のGM（ゼネラルマネージャー）のうちの二人で中心的な役割を果たしている。小島さんは志望通り、二〇一七年四月から福島県の小学校教員に内定した。鈴木氏は四月より行政政策学類長（学部長に当たる職）に就任予定だ。

（冠木）

Ⅳ　立ち上がる避難地区

ものづくりと雇用確保

2014.6.5

佐藤理夫さん　福島大教授

さとう・みちお　一九五九年生まれ。東京大大学院工学系研究科博士課程修了。ＮＴＴ基礎研究所を経て、二〇〇四年から福島大に勤務。同大低炭素社会研究所長、うつくしまふくしま未来支援センターで地域エネルギーを担当する。専門は化学工学・製造プロセス工学。

菊池　功さん　菊池製作所社長

きくち・いさお　一九四三年生まれ。七〇年に菊池製作所を創業した。二〇一四年には東京理科大とベンチャー企業「イノフィス」を創立、社長に就任した。空気圧で伸縮するゴムチューブの人工筋肉により、三〇キロの補助力を発生させることができるマッスルスーツの商品化を目指す。

◆「一二〇年先の日本」見すえて最先端の科学技術導入して――佐藤理夫さん

◆夢描ける会社があれば地元に残る人は必ずいる――菊池 功さん

福島原発事故で全村避難となった福島県飯舘村。ここに六工場を置く菊池製作所（本社・東京都八王子市）は国から認められ操業を継続した。川内村や南相馬市でも震災後に工場を展開している。復興には雇用の確保が不可欠だ。飯舘村出身の菊池功社長と、被災地での再生エネルギーの活用を進める福島大の佐藤理夫教授に、復興と雇用確保、ものづくりや科学技術の役割を語ってもらった。

――全村避難の飯舘村で操業を継続しましたね。

菊池 操業継続は私が決めたことではありません。「雇用の場がないと村が存続しない」という社員の思いです。私は飯舘村出身で、東京・八王子で金型などをつくる工場を創業しました。当時、新入社員を故郷で募集しましたが集まらない。誰も知らない中小企業ですから。高校三年生のいる家を一軒一軒回り、「将来、必ずここに工場をつくります。預かったお子さんは地元に戻します」とお願いしました。私だって本当は地元で働きたかったのです。二〇一二年には川内村の遠藤雄幸村長の要請を受けて新たな工場を立地しました。震災前から誘致の話がありましたが、村長から改めて「川内村は原発に近いが放射線量は低いから帰村は早い。でも働く場所がなければ、戻りたい人がいても戻れない」と口説かれたのです。働きたくても場所がない。昔の飯舘村と同じような状況だったわけです。

佐藤 東北の方々は仕事が丁寧です。精密さが求められる金型は、大量生産するものではない。交通が不便でも不利にはならず、土地に適した産業と思います。先祖伝来の農地を受け継いでいる人が多く、飯舘村や川内村への工場立地は働く人にとって願ってもない環境でした。

――避難区域での操業継続は苦労の連続では。

菊池 従業員の安全確保が第一です。日立アロカメディカルさんのガンマカメラで、工場の敷地を測定してもらいました。線量の高いホットスポットが一目でわかり、除染効率が上がりました。放射線量は毎日測定しています。

佐藤 当時はまだ本格的な除染方針は決まっていませんでした。その段階で、放射線モニタリングなどを先取りして実施されたのですね。

菊池 「放射性物質が付着しているのではないか」という発注元の不安もありました。出荷品のチェックや洗浄はもちろん、工場入り口にエアシャワーと靴底を洗う装置をつけました。コスト増になり業績にも響いています。さらに、三〇歳前後の技術を持った中堅社員を中心にこれまでに一二〇人ほどがやめてしまいました。避難先での生活基盤が安定してくると、避難先の近く

菊池製作所南相馬工場。同社提供

で働きたいと思うのは当然でしょう。まして、うちの社員はみな技術を持っており、勤め先はいくらでもある。放射能への不安と遠距離通勤。原発事故の影響は本当に大きいと実感しています。

――佐藤教授は被災地での再生エネルギーの活用に取り組んでいます。

佐藤 震災前からで一〇年近くになります。福島の日射量は悪くありません。積雪は不利ですが、浜通り、中通りの比較的平たんな地域は太陽光発電の適地です。山間部や海上は平均風速が大きく、極端に強い風が吹かないため風力発電に向いている。温泉に恵まれた福島は地熱発電のポテンシャルも高い。ただ、これまでの再生可能エネルギー技術は、都会目線が多かった気がしています。都会で使う電気をつくるためだけに自然を犠牲にしてはなりません。私はエネルギーと利益が地元にもたらされる小規模・分散型を推奨しています。自分でも川俣町の二〇〇坪ほどの土地に五〇キロ

菊池製作所南相馬工場の内部。同社提供

ワット級の太陽光発電設備をつくっています。全量を売り年間二〇〇万円ほどになる見込みです。人に勧めようとする技術なら、自分でもやってみようという考えですね。子どもたちが見学できるようにしたり、設備利用率を上げるアイデアの検証に使ったりするつもりです。エネルギーは買うものから自分で作るものへと意識を変えていければ、大切に使おうという省エネにもつながると思います。

——雇用と復興について、福島の現状をどうみますか。

佐藤　今の福島は人手不足です。建築現場や除染作業の需要が高いことによるもので、全国から人が集まっています。しかし、いつまで続くのか。福島に安定した職場を継続させるには、新しいことを始めなければなりません。これまでと同じことをしていては、いずれ外国との競争に巻き込まれ、しぼんでいってしまいます。自分たちで技術を持ち、仕事を創りだしていくことが必要でしょう。

菊池 今、南相馬市への進出を準備しています。ここでは産官学連携により介護やリハビリなどの福祉機器やロボット技術という新商品を開発したい。たとえば、介護の負担を軽くする東京理科大とのマッスルスーツ、千葉工大との災害対応ロボットなどです。雇用を確保し、地元に貢献しながらものづくりをやっていくのが狙いです。

――復興に向けた科学技術やものづくりの役割は。

佐藤 福島県が震災前から推進しているテーマが、医療関連技術、高齢化社会を視野にいれた新交通システムと再生エネルギーでした。高齢化は、田舎ほど影響が顕著に出るし、福島は原発事故で過疎化が加速しています。避難区域の新しい町づくりは、高齢化や過疎化に対応できるものでなければなりません。復興だから元に戻せばよいではないのです。日本全体の二〇年後の姿が福島で試されていると考え、福島には最先端の科学技術が投入されなければならないと強く思っています。

菊池 これからは少子化も頭に入れねばなりません。ドライバーとハンダごてでやるような仕事ではだめです。身につけた技術が自慢でき、社会に認めてもらえるようなものでないと。それには夢のある仕事と、夢を描ける会社が必要でしょう。それがあれば地元に残る人は必ずいる。私はものづくりにおける夢とは、新しいものを創り出すことだと信じています。

◆菊池製作所

一九七〇年東京都八王子市で精密板金加工業として創業。国内大手の電気、カメラ、事務機器メーカーの試作部品加工をはじめ、金型、成形、機械加工などを扱う。八四年には、福島県飯舘村に福島第一工場を設置。現在は同村と川内村、二本松市を含め福島県内に九事業所を置く。来年三月には南相馬市にも工場を開設予定。二〇一一年には大阪証券取引所ジャスダック市場（現東京証券取引所ジャスダック）に上場。現在は主力の部品加工に加え、「マッスルスーツ」に代表される介護ロボットなどの自社製品開発に取り組む。従業員四五〇人。

（二〇一四年六月五日掲載）

■対談・その後

菊池製作所の南相馬工場は二〇一六年二月から本格操業し、先端的なロボットの生産、開発拠点として注目を集めている。四万五〇〇〇平方メートルの敷地に建つ一万三〇〇〇平方メートルの工場では、介護の負担を軽くする「マッスルスーツ」の生産が始まっている。グループ会社イノフィスからの受託で、すでに約一六〇〇台以上製造している。ロボット研究開発拠点「産学官連携研究センター」も設置され、東京大学、早稲田大学、大阪大学などの研究者とベンチャー企業関係者が常駐している。現在（二〇一七年一月）勤務している従業員は一五人で、うち二人は福島工場（飯舘村）から、一三人は地元採用だ。今後、事業の拡大とともにさらに多くの雇用が産み出されると地元の期待は大きい。

同社では福島県の「災害対応ロボット産業集積支援事業」の交付を受けた三テーマの技術開発も進めている。「四腕式極限作業ロボット」「避難者アシストロボット」「完全自律有線給電型重量級ヘリコプタ」だ。医療介護分野の研究開発も、同工場と同社のものづくりメカトロ研究所（東京都八王子市）で進められている。

同工場は、原発事故で被災した福島県沿岸部に新たな産業と雇用の創出を目指す「福島・国際研究産業都市（イノベーション・コースト）構想」のトップランナーでもある。（冠木）

地域再生めざす富岡町「ふたば商工」

2015.6.4

山本育男さん

富岡町商工会会長、富岡町議会副議長

やまもと・いくお　一九五八年富岡町生まれ。東京農大卒。同町で米穀などを扱う有限会社「ヤマモト」社長。二〇〇〇年町議。〇九年同町商工会長。震災後はいわき市に住む。一二年副議長。一三年から楢葉、広野、川内を含む四町村で作る商工会南双葉広域連携協議会会長。

遠藤晴久さん

ふたば商工社長

えんどう・はるひさ　一九五四年富岡町生まれ。県立小高工高卒後、六年間、印刻の修業をし、同町に戻り父親が創業した「遠藤印舗」を継ぐ。同町商工会副会長。震災後、埼玉県春日部市に避難しビル管理会社に勤務。二〇一四年五月にいわき市に戻り「ふたば商工」社長。

◆事業を地元に回す窓口に
帰還町民迎える態勢作り――山本育男さん
◆視察ツアーで関心持続を
町の人々を元気にしたい――遠藤晴久さん

全町民の避難が続く福島県富岡町。商工業者が避難先のいわき市で復興のための会社「ふたば商工」を設立して一年になる。復興関連事業の受注や町への視察研修ツアーなど、さまざまな事業を模索している。設立に中心的役割を果たした同町商工会長の山本育男さんと、同社社長の遠藤晴久さんに、これまでの歩みや抱負を聞いた。

――ふたば商工の設立は二〇一四年六月だそうですが、どんないきさつでしたか。

遠藤 私は埼玉県の避難先でビル管理の仕事をしていて、昨年五月一日で六〇歳の定年退職と決まっていました。その少し前に山本会長から電話があって「五月で会社終わるんでしょ。何かやることある？」って聞くから、「ないよ」って言ったら、「今度会社作るんだけど、やってくれない？」っていうので、私は「ああいいよ」って簡単に言ってしまった（笑い）。

山本 遠藤さんが何もわからないところで下準備していたんです。上に乗っかってくれる人は誰かと考え、これはもう遠藤さんしかいないとお願いしした。

遠藤 そのころ、テレビで富岡町の若い人が自腹で被災地を案内するツアーをしているのを紹介していました。私は何十回もやるなら日当ぐらい出せればいいのにと思って、山本さんとは「少しは賃金払える会社作ろうよ」という話もしていた。

山本 会社設立の一年前ごろに中小企業庁と被災地の商工会長の懇談会があったんです。自分はそこで「人が戻ることはあまり考えていない、その代わり全国から人を呼ぶツアーをやりたい」という話をしました。それから町の観光協会、商工会など一〇人ぐらいで帰還に備えた懇談会を始めた。当時すでに商工会の若手が富岡町へのツアーを始めていて、一緒にやろうよということで、一四年春から新会社を作る話を始めました。

商工会としては、本格的に始まる国の除染事業の受け皿を作って地元に仕事を回す狙いもありました。帰還に向けた町の委託事業も増えるので受けていきたい。幅広く仕事ができる会社を作ろうと考えたわけです。

遠藤 会社のパンフレットで私は経営理念について「富岡町商工会員の、会員による、地域復興のための事業」と書きました。視察研修事業の目的は全国の方々に被災地の実情を身体で感じてもらうことです。復旧が進まない現実への関心が風化しないよう歯止めをかけたい。

――「ふたば商工」の社名は?

山本 富岡町だけでなく双葉郡全体の復興をはかるという意味です。商工団体がバックにあるので「商工」にしました。

遠藤 社名も埼玉にいた私は知りませんでした（笑い）。設立パーティーで初めて知った。

――会社設立から一年たちますが事業は順調ですか？

遠藤 委託業務では原発関係の駐車場の警備を今年一月から始めました。富岡町の委託で一時立ち入り所の運営管理の話がありましたが、取りやめになって、その代わり交流サロンができたらお願いするということになっている。除染作業員の宿泊先の話も来ていますが、まだ分かりません。うまくいく話もあればいかない話もある。

山本 順調に委託が取れれば年商三〇〇〇万円はいくと思います。太陽光発電も計画していて稼働すればもっと増える。

――視察研修事業は、どんな状況ですか？

遠藤 浜通り交通という地元のバス会社と組み、ガイド（語り部）が同乗する形で月二回やっています。貸し切りバスで視察に来る団体にガイドが同乗する方式もあり、これまでで計四〇～五〇件になります。実際にはガイド派遣だけの方が多いですね。六、七人が仕事の合間にガイドをやっているので、申し込みが多くなると対応しきれないこともあります。でも会社を作ったおかげでガイド料を支払えるようになったのはよかった。

山本 ツアーの客には富岡の商工会員が楢葉町や広野町で再開した店で昼食をとってもらいます。バスの車内で「富岡は負けん！」というタオルを売ったりもします。ただ、ツアーについては町民感情もいろいろです。町内に出入りすることで町民がすぐに帰れると受け取られても困る

津波被災の爪痕が残るJR富岡駅前通り。2015年5月

ふたば商工のバスツアーで立ち寄った楢葉町の仮設店舗。
2015年5月

という人もいる。

——私も先日のツアーに参加し遠藤さんの店がある富岡駅前の商店街も通りました。

遠藤 一度だけですが私の店をツアーの人たちに見てもらったことがあります。雨漏りで天井が落ちて店内はぐちゃぐちゃ。聞くのと見るのとは大違いで、へえーって言われました。

山本 最初のころは草ボウボウのジャングル状態、牛が闊歩《かっぽ》していた。最近は除染が進んで黒い袋が積み重なっているのが印象的だと言われます。

——ふたば商工は今後はどういうことを？

遠藤 その都度の需要があったときに対応していくということですね。行政もできることとできないことがある。我々もそうです。我々はできることをやることで町のみんなが元気になり「また仕事するか」という気持ちになってくれればいい。

山本 町の復興計画の素案が出ましたが、一七年四月が帰還の一つの目安だと思います。商工会としても戻って来る町民を迎える態勢作り、衣食住、医療などをきちんとしなければならない。役場で地域のコミュニティーをこう作れと指導してもダメなんで、商工会女性部のおばちゃん方が「みんな帰って楽しくやんべ」なんて雰囲気作りをする、そんな会社になれれば面白いし戻る希望が湧くと思う。

遠藤 地球の反対側ではなくて実際に日本で起きたことですから、絶対に現地を見てほしいと思います。再稼働に向けて動いている自治体の方にも、ぜひナマで見ていただきたい。

◆「旧警戒区域に行ってみっぺ」ツアー

ふたば商工が富岡町などの旧警戒区域（居住制限区域と避難指示解除準備区域）を案内する視察研修ツアー。参加費はガイド付きで六〇〇〇円。視察団体へのガイド派遣（二万円）もしている。きっかけは二〇一三年春、いわき市への避難者と市民との摩擦を防ごうと、若手有志が市民を案内したこと。申し込みはホームページ「旧警戒区域に行ってみっぺ」から。

◆ふたば商工株式会社

富岡町商工会（山本育男会長、四四七社）の会員有志が二〇一四年六月に設立した会社。副会長の遠藤晴久氏が社長を務め本社をいわき市に避難中の同会内に置く。同会理事を中心に二九人が上限一〇万円で個人出資し資本金一九一万円。事務も同会が代行。①除染や復旧に関連する受注の窓口、②旧警戒区域の現状を全国に知らせる視察研修——が事業の二本柱。

（二〇一五年六月四日掲載）

■対談・その後

全町避難の富岡町の商工業者たちは非常な苦しみの中にある。富岡町商工会の山本育男会長によると、加盟している会員事業者は約四五〇。うち事業を再開したのは五一％だという。「そのうち富岡に戻っているのが十数社、七割ぐらいがいわき市内で事業を再開している」という。ただ、再開しているのは建設、工業関係が多く、商業関係は避難先での再開は難しい状況だという。

富岡第一小で。2015 年 5 月

父親の代からハンコ屋さん「遠藤印舗」を営んでいたふたば商工社長の遠藤晴久さんも、「取引関係が一〇〇社ぐらいあって成り立っていましたが、震災でバラバラになってしまった。今は知人に頼まれて個人的にやっていますがとても仕事にはならない」という。「避難してどこで仕事をしていいか分からない商工会員のための会社がふたば商工なんです」と遠藤さんはいう。

ふたば商工の仕事では富岡町から業務委託を受けた「富岡町交流サロン」の運営が大きな位置を占める。二〇一五年一〇月、一時帰宅や立ち入りをする町民の休憩所として同町中央一丁目の国道六号沿いに開所した。プレハブ作りで椅子やテーブル、畳コーナー、事務室、トイレなどを備える。年中無休で午前九時から午後四時まで開き、ふたば商工、商工会婦人部など、四団体から常時二人が常駐する。帰還困難区域に行く人のための防護服や線量計の貸し出しや除草剤、ネズミ捕りの配布などもしており、遠藤さん自身も週二回詰めている。

富岡町は二〇一七年四月を目標に帰還困難区域以外について避難指示区域を解除する準備を進めている。役場の本庁機能も郡山事務所から富岡町役場に移す予定だ。環境整備として、国道六号をはさんで向かい側にできた複合商業施設「さくらモールとみおか」の開設も予定している。震災前に営業していた民間商業施設を町が買い取り、改装して民間に貸し出している。二〇一六年一一月にはすでにホームセンターと飲食店三店が開店、二〇一七年四月にはスーパー、ドラッグストアが開店する予定だ。「ふたば商工」では、地元の飲食店にテーブルなどの納品のあっせんをした。

遠藤さんは二〇一六年八月、駅前の目抜き通りにある「遠藤印舗」の店舗兼自宅を解体した。「寂しいもんです。あれから一度もその前を通ったことがありません。情けなくなっちゃうから」。「何年か後に再開できたらとは思いますが」というが、具体的な計画を立てられる段階ではない。

バスツアーは依然として続けているが、昨年まで月二回程度実施していた個人向けツアーは、客が少なくなったため今は中断している。だが、団体からの申し込みは受け付けており、毎年来てくれる団体もある。二〇一六年六月には初の新入社員も採用した。富岡町から郡山に避難している青年で、「富岡で仕事をしたい」と言って応募したという。

商工会も二〇一七年四月には富岡町の「さくらモールとみおか」内に一部の機能を移すという。

ただ、「会員さんがいわきに大勢いるので、本体は当面いわき市に置いておきます」(山本さん)という。

「(戻るのは)お客さんが先か、我々商工業者が先かという議論がよくあります。私は、我々が先に戻って、お客さんに来てくださいというようにしようといつも言っています」というのが山本さんの考えだ。

それにしても気になるのが、補助の仕組みだという。「避難指示解除で終わるのでなく、まだまだ続けてほしい。営業再開の補助だけでなく、転業を余儀なくされる場合の補助も必要ですが、今は転業には対応していない。何とかしてほしいとお願いしている所です」。(冠木)

小高（南相馬市）の避難指示解除を前に

2016.5.10

桜井勝延さん　南相馬市長

さくらい・かつのぶ　一九五六年南相馬市原町区生まれ。岩手大農学部卒後、地元で農業に従事。二〇〇三年より市議、一〇年より市長（二期目）。震災直後、市の窮状を世界に発信し米タイム誌から「世界の一〇〇人」に選ばれる。「脱原発をめざす首長会議」の世話人。

和田智行さん　小高ワーカーズベース社長

わだ・ともゆき　一九七七年南相馬市小高区生まれ。中央大経済学部卒。ＩＴ企業に勤務後、独立し二〇一二年一二月まで二社の役員。〇五年から小高に住み遠隔勤務。震災後は埼玉県川越市、福島県会津若松市に居住。一四年二月小高ワーカーズベース開始、同一一月株式会社化。

◆「悩むより行動」を指針に　歴史・文化の地、必ず復活――桜井勝延さん

◆課題解決するビジネスを「ゼロから一」若者の好機――和田智行さん

原発事故で全住民が避難を余儀なくされている福島県南相馬市小高区（震災当時の人口約一万三〇〇〇人）。国と市は近く避難指示を解除する方針で、地元では営業再開などの動きが活発化している。震災以来「悩むより行動」を指針に取り組んできた市長の桜井勝延さんと、「課題を解決するビジネス作り」を掲げる小高ワーカーズベース社長の和田智行さんに復興への思いを聞いた。

――小高の中心部は震災後も線量が低く、今は準備宿泊で戻っている人もいます。現状をどう見ますか。

桜井　小高には積極的に動いている人がいたので、市としても復旧を急ごうと考えました。二〇一二年四月の避難指示区域再編で小高に自由に入れるようになり、小高区役所を一三年四月に、市立小高病院を一四年四月に再開しました。有力企業の操業も始まり、郵便も宅配便も届くようになった。倒壊家屋の取り壊しも進み、通常の時間、景観が戻りつつあると感じます。

和田　私たち普段から小高にいる人間から見ると、住民の顔が日常的に見られるようになって、避難指示が解除されたのと変わらない状態の人もいます。先日もすし屋さんが再開し、準備をし

ている店も多い。立ち上がろうという気持ちに切り替わった人が増えています。

――和田さんが小高ワーカーズベースを始めた理由は？

和田 一二年四月から小高に来る人の案内をしていましたが、来訪者と住民がなかなかつながらなかった。人が集まって作業や打ち合わせができる拠点が必要だと思ったのです。現場にいれば課題が見えてくるので、それを解決するビジネスを生み出していこうということです。自分が帰還してからの仕事を作るという狙いもありました。

除染などの人向けに「おだかのひるごはん」という食堂を開きました。最初は素人ばかりで大丈夫かとバカにされましたが、最終的にうまくいき利益も出ました。空き店舗を貸してくれたラーメン屋さんが再開を決めたこともうれしいことです。

桜井 和田君たちが率先して小高に戻って頑張っていることが刺激になっていて、いいことだなと思っていました。一五年四月には小高商工会が新しい商工会館を再建して活動を始めています。動いているのは全体から見れば少数ですが、いい動きになっています。

――帰還には生活のインフラが必要です。

桜井 問題があるなら、悩んでいるよりも解決のための行動をするというのが私の指針です。行動して初めて見えてくることがあるので、それを修復して進んで行く。区役所や病院の再開もそうでした。コンビニがないというので、じゃあ市で直営の店を作れと言いました。他にやる人がいなかったので、和田君たちに委託しました。

和田 その仮設スーパーでは海産物や酒類など品ぞろえを工夫しています。私は、小高に人が住むために一〇〇の課題があれば、それを解決する一〇〇のビジネスを作ろうと考えています。我々の会社だけではできないので、我々の動きが何かの影響を与え、そこから事業やプレーヤーが生まれる、そんな広がりができればと思います。

――避難指示の解除の決定が近づいていますが。

桜井 解除に向けて市がインフラを整備することはもちろんです。一方で、私は解除によって住民が精神的な圧迫から解き放されることが重要だと思います。解除をきっかけに前に向かうエネルギーを大きく爆発させてほしいのです。和田君たちも含めて多くの人にそういう気持ちがあると思います。

和田 解除のタイミングで、小高を将来こうするというビジョンを広く伝えていくことが重要だと思います。私は昨年、米国のニューオーリンズに行きました。一〇年前のハリケーン被害から一転し、今では起業家が集まり街が大きく生まれ変わっていました。市が市民とビジョンを共有し、世界に向けて投資を呼びかけている。被災一〇年が発信のラストチャンスだということでしたが、小高にとっても避難指示解除が大きなチャンスになります。ニューオーリンズはジャズという文化的魅力を持っていますが、小高は相馬野馬追、騎馬武者の文化がある。魅力を加えながら資金や人の受け皿を作っていければいい。

桜井 まったくその通りだと思います。歴史的にも小高は相馬地区の原点です。相馬氏の居城は相馬中村城に移る前は長く小高城でした。相馬野馬追の最後を飾る野馬懸の神事も小高神社です。鈴木安蔵（戦前戦後期の憲法学者）ら日本を動かす人材も出ている。そういう歴史や精神文化がある地域なので、小高は必ず復活すると以前から思っていました。先進地としての小高を一刻も早く復興することで、隣接する浪江町にもいい影響が出ると思います。

――担い手不足の問題は？

和田　若い人にとってはゼロから一を作る経験をするチャンスです。地域で育てていくと同時に、外から集めることを考えています。私の会社のスタッフ八人のうち、三人が東京から移住し、二人がUターンです。

桜井　一番大切なのは教育です。若手人材育成に向けた「みらい創造塾」が三期目、農業の担い手作りのための「農業復興チャレンジ塾」が二期目、復興人材育成の「復興大学」も五期目になります。危機の時だからこそ育つ人もいるわけで、今の高校生から大学生の世代は震災当時の中高校生で、点火すればいい意味での爆発が起きるのではないか。今は人材が足りなくても、将来は人材が育ち集まる地域に変わると思います。

◆小高区などの避難指示解除の対象

南相馬市小高区全域と原町区の一部の避難指示の対象は三六六三世帯、一万一六六五人（昨年九月五日現在）。同市は居住条件が整ったと判断し帰還困難区域を除いた避難指示解除準備区域（三五三六世帯、一万一一八六人）と居住制限区域（一二六世帯、四七七人）について近く避難指示を解除する方針。両区域で始まった準

備宿泊の登録は六四〇世帯、一八七三人（四月二一日現在）。

◆小高ワーカーズベース

南相馬市小高区への帰還住民の暮らしを支えるビジネス創出のため和田智行さんが始めた株式会社。二〇一四年五月、小高区にコワーキング（協働）スペース開設。同一二月、地区初の食堂「おだかのひるごはん」開店（一六年三月まで）、一五年九月、市の業務委託により仮設スーパー「東町エンガワ商店」開店。一一月にガラスアクセサリーの生産・販売を開始。

（二〇一六年五月一〇日掲載）

■対談・その後

南相馬小高区は、記事掲載から二カ月後の二〇一六年七月一二日に避難指示が解除された。それから約半年、居住者は一〇三四人（一二月二二日同市調べ）。少ないように見えるが、和田さんは「同じように避難指示が解除された他の地域に比べるとペースは速く感じる」という印象を持つ。

二〇一七年四月には、市立の小中学校と幼稚園の再開、新設される県立の小高産業技術高校（小高工業と小高商業の統合校）の開校が予定される。会津若松で避難生活を送っている和田さんの奥さんと二人のお子さん（小学生）は、小学校再開を機に小高に戻り一緒に暮らすようになる。「小高の街中の線量は会津と変わらないので心配はしていません。学校が再開すれば、高校だけで五

小高駅前の「東町エンガワ商店」（上）と駅前通り。
解除後の 2016 年 9 月

〇〇人以上の生徒が通うので、町のにぎわいにつながればと思います」と期待している。とはいえ、児童・生徒のかなりの部分は南相馬市の原町や鹿島区からのスクールバスでの通学になりそうで、学校再開に伴ってどれだけの住民が小高区に帰還するかは分からない。

和田さんの会社、小高ワーカーズベースでは二〇一六年六月に「ＨＡＲＩＯランプワークファクトリー小高」の新工房兼ギャラリーショップをオープン。九人の女性がガラスアクセサリー作りの仕事をしている。このほか、創業支援や南相馬市の「あすびと福島」（一四〇頁参照）と連携して企業研修の受け入れなど新事業も始めた。

一方、地区では避難指示解除に伴って大手のコンビニ二店が再開した。こちらは復旧工事や家の改築など工事関係者を中心に大忙しだというが、その余波でワーカーズベースが運営する「東町エンガワ商店」の売上げが落ちているという。和田さんは、「今までは食堂やスーパーなど、生活に必要だけども誰もやらないという仕事を私たちが担ってきました。しかしそういう時期はそろそろ終わりかなと思います」と話す。「エンガワ商店」の市の業務委託は二〇一八年三月で予定通り終了するという。今後さらに民間企業が戻ってくれば、「課題への対応」を掲げて来た和田さんたちの仕事も変化することになる。「もともとＩＴの仕事をしていたので、そういう仕事に舵を切っていこうと思います」と話している。

（冠木）

浪江の現状と帰還への課題

2016.6.15

間野　博さん　福島大特任教授（都市計画）県立広島大名誉教授

まの・ひろし　一九四七年石川県生まれ。京都大大学院修了。大阪市で間野まちづくり研究所設立。阪神大震災後の復興に従事。九六年県立広島大教授。二〇一三年福島大。双葉町復興推進委員会委員長、浪江町交流・情報発信拠点施設基本計画検討委員会委員長を務めた。

佐藤秀三さん　浪江町行政区長会会長　佐藤種苗店店主

さとう・ひでぞう　一九四五年浪江町生まれ。専修大経済卒。調理師としてレストラン勤務の後、七三年浪江町に。大熊町でレストラン経営、九一年浪江町権現堂で種苗店を経営。二〇〇六年権現堂地区の行政一区長。一四年行政区長会長。同町社会福祉協議会副会長。

◆商業回復まで補助不可欠　戻らない人へも支え重要——間野 博さん

◆人が住むことで再生進む　帰る人には一五〇%の支援を——佐藤秀三さん

原発事故で町民二万人以上が全国に離散した福島県浪江町。国や町は来年三月末を目標に、人口の八割を占める区域の避難指示解除をめざし除染やインフラ整備を急いでいる。「戻りたい」という人がわずか一七・八%という中で、町の将来をどうしていくのか。復興計画作りに関わってきた福島大特任教授の間野博さんと、帰還に向けた活動を進める行政区長会会長の佐藤秀三さんが話し合った。

——二〇一一年の震災直後からのことを教えてください。

佐藤　震災の日は種苗店の仕事が忙しい時期で、午前中は南相馬市小高区や大熊、富岡町に苗の配達に行きました。地震が来た後は、（浪江町権現堂の）行政一区長なので、町内の方々の安否を確認して回り、翌日から避難しました。避難場所を何カ所も変わって、同年八月にこの二本松市安達運動場仮設住宅に移りました。初代の自治会長を一年半やり、住宅の暑さ寒さ対策が不十分だったので二重サッシ設置など住宅の改善に苦労しました。

間野　私は阪神大震災で復興まちづくりに関わったこともあるので、県立広島大が定年退職になる一三年に、何か東日本大震災の復興に役立つことをやれないかと探していました。そうしたら旧友の鈴木浩さん（福島大名誉教授）に「そういう人はめったにいない。ぜひ来てくれ」と誘われたわけです。一三年七月に赴任し、双葉町では復興推進委員会の仕事に就きました。浪江町については復興まちづくり委員会の事務局のアドバイザーの立場で手伝うことになったことが関わりのきっかけです。

佐藤　私は地元の権現堂地区復興の勉強会をしていて、間野先生にも来てもらいました。

間野　権現堂は浪江の中心街ですが、地震でかなり傷んでいます。そこをどうするかが浪江復興の大きな課題です。

――全町避難から五年以上、今はどういう段階ですか？

間野　政府は帰還困難区域以外の避難指示を一七年三月末までに解除する方針で、帰還促進の事業を進めています。町は政府の施策に沿う方向ですが、では本当に解除できるのかということです。町は昨年度に除染と生活環境の整備など解除の条件を考える検証委員会を作り、私は副委員長として参加しました。これから、その報告書を基に町民懇談会を開き、町民の意見を反映させながら解除時期の判断をしたり第二次の復興計画を作っていくことになります。

佐藤　放射線のリスクへの考え方は皆さんそれぞれ違うので、一発で全部解除というのは難しいと思います。解除時期は皆さんの意見を聞いて町長が判断すればいいので、来年三月末という

浪江町権現堂の佐藤さんの店の前で。2016年6月

予定が遅れるのは構いませんが、その前に特例宿泊、準備宿泊という形を認めてもらいたい。そこで、生活が可能な人、医療機関がなくとも店がなくても、隣の南相馬市などに行けばいいという人は先に帰すべきです。戻った人が復興の課題を見つけて改善していくのです。

――可能であれば今すぐにでも帰りたいですか？

佐藤　私は今も週何回か浪江の家に帰って準備を整えており、宿泊が認められればすぐ帰るつもりです。種苗店は得意先を全部他の店に紹介してしまったので再開は難しいですが、六〇、七〇代の戻った人で見回り隊をしようよなどと話しています。阪神大震災でも新潟県中越地震でも、復興できたのはそこに人が住んでいるからなのです。

――帰還した人に手厚い支援をと提唱しておら

れる。

佐藤 帰れない人には一〇〇%の補償、賠償をすべきですが、その一方で帰還する人には暮らしに支障をきたさないように一五〇%行き届いた支援をすべきだと思います。お金ではありません。商店や診療所の開設や必需品の宅配サービス。通院のための無料バスも必要です。

間野 商店は、商売だから自分でやりなさいというだけでは再開できません。買い物は生活に必要なサービスでもあるので、最初は手厚い支援をし、商売が成り立つようになったら支援をなくしていく。そんな道筋で、まずサービスを先行させるという考え方が必要です。

佐藤 今はコンビニ一軒だけですが、町は役場近くに仮設の商業施設を開く計画で、一一人が出店するそうです。

――町の行政と町民のズレというのは感じますか?

佐藤 仮設のお年寄りから、なぜもっと役場や町会議員が来てくれないんだとよく言われます。情報が少ないんです。

間野 町はもちろん、町民のためにということですが、一方で帰還重視という国の施策に沿わなければいけない。町民意識調査で、戻らないという人が四八%でしたが、戻らない人は町民ではなくなるのかというと、そうではない。長期的にみなければなりません。先日会った若いお母さんは、子どもが避難先の小学校に入ったばかりなので、卒業したら帰りたいと話していました。また、小学校が再開したらすぐに帰りたいということで町内にできる災害公営住宅に申し込んだ人もいます。迷っている人、戻らないという人への支援をどうしていくかが大きな課題です。

――佐藤さんが早く浪江に戻り活動したいという理由は？

佐藤 ふるさとに対する愛着ですね。昔のようによく知った人が隣にいる雰囲気。かつての浪江の状態に戻したいのです。戻らない人にとっても、浪江に人が残らないとふるさとがなくなってしまうので、最初は少数でも頑張りたい。浪江ってやっぱりいいよと全国に住む町民に伝えていければと思います。

◆浪江町の人口と住民の帰還意向

浪江町の人口は二〇一一年三月の大震災当時、約二万一四〇〇人。人口比は避難指示解除準備区域が四一％、居住制限区域が四二％、帰還困難区域が一七％（同町調べ）。今年四月末現在の住民登録人口は一万八六一五人。避難指示が解除された場合の帰還意向は、「戻らない」四八・〇％、「戻りたい」一七・八％、「まだ判断がつかない」三一・五％だった（一五年九月調査）。

◆浪江町の復興に向けた動き

復興まちづくり計画（二〇一四年三月）は、避難指示解除後の当面の人口を五〇〇〇人と想定。放射線量の低い幾世橋、権現堂地区に復興拠点を整備する。避難指示解除に関する有識者検証委員会は今年三月、避難指示解除に向け除染や生活環境整備など一六課題の加速を求める報告書を提出した。現在、同町の帰還困難区域以外は昼間の自由立ち入りが可能に。

（二〇一六年六月一五日掲載）

福祉と農業での浪江再生

2016.9.13

川村　博さん　NPO法人Jin代表

かわむら・ひろし　一九五五年浪江町生まれ。日本福祉大社会福祉学部卒。二〇〇五年同町で高齢者、障害者のデイサービス開始。震災後は避難した同町民のためのサポートセンターを運営、南相馬市と同町で野菜や花を作る。浪江町復興計画策定委員（第一、二次）。

橋本由利子さん　NPO法人コーヒータイム理事長

はしもと・ゆりこ　一九五三年浪江町生まれ。二〇〇六年同町で福祉作業所コーヒータイム開設、一〇年には喫茶店開業。震災で二本松市に避難し一一年一〇月、同市市民交流センターで作業所と喫茶店を再開。一六年七月には新事業所を開設。浪江町復興計画策定委員（第一、二次）。

◆トルコギキョウ日本一に　戻る人で知恵出し合う――川村　博さん

◆町に帰れる居場所作り　誇り保てる新しい町に――橋本由利子さん

復興をリードしている人の中には福祉関係者が多い。全町避難となった福島県浪江町で事業所を運営していた川村博さんは、早くから避難者支援に取り組む一方、農業を通じての町づくりを目指して野菜、花作りに励んでいる。橋本由利子さんは避難先の同県二本松市で事業所を再開、地域に溶け込みながら帰還に備えている。そんな二人にこれまでの思いや、抱負を語ってもらった。

――福祉・介護の事業所を運営していて、原発事故からの避難は大変だったのでは。

川村　私たちは二〇一一年三月一二日の朝にマイクロバスなど五台の車で避難しました。重い障害を持つ人と高齢者、その家族、職員合わせて約五〇人です。その日のうちに浪江町津島、郡山市そして猪苗代町に移動しました。その後、二本松市で一軒家を借りて移り住み、全員を家族のもとに戻したのは震災一一日後の二二日でした。

橋本　私の事業所では震災当時に利用者が七人いましたが、三日後には最後の一人を家族の所に無事に送り届けることができました。そのときは本当にホッとしました。

——避難先ではそれからどのような活動を。

川村 できることからやろうと思い、職員と「ゲリラ体操」を始めたんです。いきなり避難所の体育館に行って「今から体操やります」と。生活不活発病の予防で、これを毎日やっていました。二〇一一年四月に浪江町の福祉関係者が集まりサポートセンター設置と事業内容について検討し、私たちは三カ所の運営をすることになりました。サロンやカラオケ、体操、障害を持つ子の預かりなど避難者の生活が困らないよう支援をする。引っ込みがちの男の人のために、送迎付きの飲み会もやりました。

橋本 私たちは、五月の連休明けに初めて福島市に職員が集まって話し合いました。二回目には利用者や家族も含めて浪江町役場が避難した二本松市に集まり、今後のことを相談しました。川村さんにも相談に乗ってもらいました。利用者の方は避難先も病院も医師も、知らないことばかりで困っていました。昼間だけでも知った人と会えれば心強いだろうと考えて、町役場と商工会にお願いし、今の場所を紹介してもらいました。

利用者の方々の希望に耳を傾けて進めたので間違いなかったのだと思います。二本松で事業所を再開しよう、喫茶店を開けば支えになるということでした。この事業所に通うため家族と別れて暮らしている人は、ここで楽しいことをやっていこうと言ってくれた。友人たちの支えも大きかったですね。

川村 なぜか橋本さんの所には人が集まって支えてくれる。

浪江町でトルコギキョウを栽培する川村さん。2016年9月

橋本　二本松には「精神障がい」に特化した作業所が他に一つしかなく、希望者が多かったという事情もあります。市からも紹介してもらいました。今の利用者は二二人で、うち浪江の人は四人になっています。

――川村さんが早くから野菜作り、花作りを始めたのは。

川村　浪江を復興しなければという強い思いがありました。事業所のある幾世橋地区は放射線量が低かったので、いずれ帰れると確信していました。ふるさとの美しい風景を維持するには農業が大切だと考え、まず一二年に浪江町に隣接する南相馬市にサラダ農園を開設し、野菜作りを始めました。翌年の一三年四月一日に避難指示解除準備区域になった浪江でも野菜を作り始めました。ところが初期のころ基準値超えの線量が出てしまった。困った末に思いついたのが花の栽培です。結局、ハウスではトルコギキョウ、露地ではリンドウを植えることにして、東京を中心に出荷しています。今は野菜も再開し、この一月から地元のスーパーに卸せるようになりました。直売所にも出していて、いくら作っても足りないくらいです。

――浪江町のかなりの部分では来春にも避難指示が解除されそうですが。

橋本 私は必要とされている二本松で事業所を続けるつもりですが、浪江に戻りたい利用者のために居場所になるスペースを作ろうと考えています。以前の大堀地区の事業所には戻れないので、新しい場所で地域活動支援センターを開こうと、町に申し込んでいるところです。

川村 私たちは解除に合わせて浪江町にサポートセンターを開設します。農業については、花と野菜の営農の実績を関係者にお伝えし、ともに頑張っていきたいと考えています。

――復興について思うことは。

川村 浪江で農業をしたいという人、一人一人の期待に町は最大限の支援をしてほしいと思います。農業を始める人に家や土地、ビニールハウスを提供する自治体もありますから。

橋本 私も新しい町づくりに参加していきたい。遠く離れた人でも「浪江はこんなに立派に復興した」と自慢できる町にしたいです。浪江人としての誇りやプライドを保てるような。

川村 その通りですね。私たちは浪江町のトルコギキョウを日本一にしたいと思います。

橋本 そうなれば、胸を張れますね。私は、浪江に関心を持つ人、サポーターを増やしていきたいので、浪江を見学したい人には極力応えています。町が行う体験ツアーにNPOとして協力していますす。ツアーでは川村さんの所にも行くんですよ。

川村 これからが一番大変な時期、本当の復興の時期になります。今までのコミュニティーは完全に崩壊したので、戻った人が知恵を出して新しい町をつくっていかなければならないと思います。

◆NPO法人コーヒータイム

橋本由利子さんが設立したNPO法人。二〇〇六年、浪江町大堀地区に「精神障がい者が気軽に参加できる作業所」としてスタート。震災後、二本松駅前にある二本松市市民交流センターで再開。現在は近くに新事業所を開設、ボールペンの装飾糸巻きや同市特産のちょうちんの部品作りなど二二人の利用者が作業している。

◆NPO法人Jin

川村博さんが設立したNPO法人。高齢者、障害者、児童の通所事業所として一《いっ》樹《き》デイサービスセンター、リハ・アクティヴセンターTAIYO、児童デイサービスばあすなどを運営。震災後は浪江町の避難者のためのサポートセンター三カ所を運営する一方、南相馬市でサラダ農園を開設し野菜や加工品作り、浪江町で花や野菜作りを進める。

（二〇一六年九月一三日掲載）

広野町の課題に取り組んで

2016.8.10

尾田栄章さん　元広野町派遣職員、元建設省河川局長

おだ・ひであき　一九四一年福井県生まれ、奈良県育ち。京都大大学院修了。旧建設省で河川局長を最後に九八年退官。NPO法人渋谷川ルネッサンスを設立し代表に。二〇一三年四月福島県の任期付き職員として広野町勤務。復興や国際イベントに携わる。一六年六月末退職。

賀澤　正さん　NPO法人浅見川ゆめ会議事務局長

かざわ・ただし　一九五一年広野町生まれ。福島高専卒。建設会社を経て七五年同町役場に。下水道、産業振興、企画調整、建設の各課長を歴任。二〇一一年五月にNPO法人浅見川ゆめ会議設立。一二年三月に定年退職後、再任用で二年間、復興企画官として勤務。

◆風土にあった開発が必要
原発事故は世界の関心事——尾田栄章さん
◆計画の急ぎすぎは残念
川を守り住みよい町に——賀澤 正さん

復興の現場に飛び込む人はさまざまだ。旧建設省で河川局長を最後に退官した尾田栄章さんは、福島県の任期付き職員に応募、広野町役場に約三年余勤務した。原発事故でほぼ全町民が避難し、約半年後に解除されるという経過をたどった町だ。役場で復旧・復興業務や河川の環境整備活動を共にした「浅見川ゆめ会議」事務局長の賀澤正さんと、町の課題や将来を語ってもらった。

——尾田さんは七〇歳を過ぎてから広野町に来られた。どうしてそういう決断を?

尾田 阪神・淡路大震災で政府現地対策本部に詰めたこともあり、福島の被災地は常磐自動車道の延伸で首長さんに説明に回った縁もありました。お役に立てることはないかと思っていたら、地下鉄で福島県の任期付き職員の募集広告を見つけたんです。年齢制限がなかったので試験を受け、最前線で仕事をしたいと広野町を志望しました。

賀澤 私は尾田さんが来る前年に町を退職し再任用で仕事をしていました。以前、旧建設省課長だった尾田さんを町長のお供で何度か訪ねたことがあるので、そんな雲の上の方が役場に来てくれるのは驚きでした。

尾田 私は賀澤さんと机を並べ、いろいろ教えてもらい助かりました。最初の頃、災害公営住宅の意向調査で、二人で仮設住宅を一軒一軒回りました。町民の方々と膝を交えて話ができたのは得難い体験でした。

——賀澤さんは震災が起きた頃はどんな仕事を?

賀澤 町の建設課長をしていて近くの小野町に避難しましたが、四月に入って広野の建設会社に依頼してガレキ撤去などの復旧事業を進めました。放射線量を考えて週三日、一日二時間の作業で、六月末に下水道を仮復旧しました。ガレキの仮置き場も四月中に作り、除染で出た土も運び込んだので町内で黒いバッグは見られなくなっています。ただ、早すぎたというので後で町の人に怒られました。

尾田 早く復旧して帰還できるようになった結果、賠償がもらえなくなった。余計なことをしてくれたというわけです。

賀澤 復旧は一日も早くと考えただけなんですが。

——復興の仕事のその後は?

賀澤 七月ごろ国土交通省の担当者やコンサルタントが入って復興計画の基を作りました。今考えれば、急ぎすぎたかもしれません。堤防の位置を変えて海岸をもっと広く残したかったし、河川のあり方も検討したかった。昔は砂浜が一〇〇メートルもあって運動会をしたりしていましたから。残念だという声もあります。もっと広い視野で計画を作ればよかったかなと。

尾田 復興事業は災害復旧とは違い、それほど急ぎません。今後どういう地域にしたいかを地元が考えた上で進めるべきです。東京から来て現地の風土を理解しないまま机上計算で作ってしまうのはまずい。私は二〇一三年に広野町に来て、計画を見直そうといろいろ試みましたが、地元の理解が得られなかった。

賀澤 尾田さんに二年早く来てもらえればよかったと思いました。役場の職員は国の人に何も言えませんから。

尾田 急がずにじっくり考えればよかったですね。地元が言えば国も動くわけですから。町の風土に合わない開発にノーと言えるように「風土条例」を作ろうと賀澤さんたちとも相談しましたが実現しませんでした。

――「浅見川ゆめ会議」は、その「風土」を重視している。

賀澤 浅見川はサケやウナギが戻って来る美しい川です。子どもが遊んでいた昔の川に戻したい。流域全体の文化・風土を守り育てようとしています。

尾田 私も賀澤さんに誘われて会員になりました。地域の復興は、箱物やハード面は行政でできますが、ソフト面は住民自らがやるしかない。

――広野町の町民の帰還は現在五五%とのことですが。

賀澤 いわき市に住んで町と行き来している人もいます。ただ、子どものいる若い世帯で戻る

アユの産卵地を整備する浅見川ゆめ会議の会員。2014年9月、賀澤正さん提供

人は少ないようです。

尾田　町立の学校・幼稚園に通う子どもが六割いるのは他の町村に比べて高い数字です。いわき市の仮設に住んでいる親でも将来戻ることを考えて子どもをスクールバスで通わせています。避難自治体の先頭を切って役場機能を戻し帰還の条件を作ってきた効果が表れている。

賀澤　町民は震災前に近い所まで戻ると思います。浅見川を中心に気持ちのいい住環境を作っていければ、都会から移住してくれる人もいるはずです。

――これからの復興の進め方について考えていることを。

尾田　広野町に限らず、被災地が復興するには今の町村単位では小さすぎます。少なくともいわき市と双葉郡の八町村が連携しなければならない。昨年の国際フォーラムでは、各役場の若手職員に集まってもらう場も企画しましたが、町職員レベルでの連帯感作りも重要です。

賀澤　広野町民は他地区との賠償の格差を気にしているので、まだ他町村と一緒に行動する気持ちにはなりにくいかもしれません。しかし長い目で見れば、広野だけ復興して他の町は知らないよというわけにはいかないので、意識を変えていく必要があります。我々のＮＰＯもよそからの人と一緒にやっていきたいと思っています。

尾田　原発事故はまさにグローバル・イシューで、世界の大きな関心事です。そういう意識を日本の人も被災地の人ももっと持ってほしい。世界を巻き込んで解決策を考えることが今後の復興につながるし、国際協力の強化にもなる。それだけ大きな問題に取り組んでいるという思いを被災地の方々に持ってほしいと願っています。

◈広野町

東京電力福島第一原発から二〇～三〇キロに位置し、原発事故後、一部地域に首相より避難指示が出され、全住民が町外に避難。二〇一一年九月末に避難指示解除。役場機能は同県小野町といわき市への避難を経て一二年三月に広野町に復帰。現在の町民五〇八四人のうち、町内居住は二八〇四人（七月末）。廃炉や除染などの作業員は宿舎などに約三〇〇〇人が居住している。

◈浅見川ゆめ会議

福島県広野町の中央部を流れる浅見川を中心とした自然環境や歴史・文化などを次世代に継承するために活動するＮＰＯ法人（鈴木正範理事長）。二〇一一年五月設立。福島高専（いわき市）、町建設課と共同で川の水や土壌、川魚の放射線量を測定し「かじか通信」で公表。アユの産卵場の整備や河川敷の草刈りなど環境整備に取り組む。会員約二〇人。

（二〇一六年八月一〇日掲載）

双葉、町外と町内の拠点作り

2016.7.14

伊澤史朗さん

双葉町長

いざわ・しろう　一九五八年福島県双葉町生まれ。麻布獣医科大卒。八九年イザワ動物病院開院。二〇〇三年双葉町議、一一年一一月副議長。一三年三月町長。避難指示区域指定や埼玉県加須市に避難した町役場機能の福島県いわき市への再移転、町立学校再開などを手がける。

丹波史紀さん

福島大准教授（社会福祉論）

たんば・ふみのり　一九七三年愛知県生まれ。日本福祉大大学院中退。二〇〇四年福島大助教授。ふくしま連携復興センター代表理事。福島大うつくしまふくしま未来支援センター地域復興支援部門センター員。双葉、浪江、大熊町などの復興計画策定に関わる。

◆町の将来あきらめないため、町民の選択の幅広げたい――伊澤史朗さん

◆ひとごとと思えずに協力 将来構想には大きな意味――丹波史紀さん

原発事故で全町民が避難を余儀なくされている福島県双葉町。帰還困難区域が九六％を占め、最も困難な状況にある被災自治体の一つだ。町ではいわき市南部にミニ双葉町ともいえる町外拠点を作る一方、町内で比較的線量の低い地区を復興拠点と定めて前へ進もうとしている。音頭を取る伊澤史朗町長と計画作りに協力する福島大の丹波史紀准教授にその思いを聞いた。

――震災二年後という厳しい状況から町長を務め、苦労の連続だったと思いますが。

伊澤 最初から難問ばかりでした。まず双葉町だけが遅れていた避難区域の見直しがありました。賠償の差が出るため非常に悩ましい問題でした。何度も住民説明会を開いて、何とか理解を得ましたが、就任一カ月で辞めることになるのかなと思ったほどです。それから埼玉県加須市からの役場の移転。一次避難所の閉鎖もありました。

中間貯蔵施設も大変苦労しましたが、はっきり言って好き好んで受け入れたわけではありません。ただ、福島県や被災市町村、双葉郡の復興を考えれば、やはり受け入れるしかないだろうと

苦渋の判断、厳しい判断をさせていただいたわけです。

丹波 中間貯蔵施設の地権者は古里を奪われ、町も三〇年間付き合わなければならない。しかも最終処分場が決まっていない状況での判断です。決断は決して軽いものでも安易なものでもなかった。その重さを全国の方々も受け止めてほしいです。

伊澤 しかし、その後の進捗《しんちょく》状況は情けないものです。我々が非常に重い判断をしたことは一体何だったのだろうと思います。もっと真摯《しんし》に向き合って進めてくれと環境省には常に言っています。

——丹波さんが町の復興プラン作りに関わった経緯は？

丹波 震災の年に福島大として双葉郡八町村の住民実態調査を実施した際にもお世話になりましたが、二〇一四年度に「双葉町復興まちづくり長期ビジョン」の策定委員として参加したのが本格的な関わりのきっかけです。原子力災害で古里を失うかもしれない人々と付き合っているうちに、ひとごとと考えるわけにはいかなくなりました。原子力災害はどこであるか分かりません。復興のため、地元の大学だからこそ自分の専門を超えて責任を果たさなければと思っているところもあります。

——どんな復興ビジョンを？

丹波 他の被災自治体同様に「人の復興」を掲げ、町民の生活再建や絆の維持をしていくことが一つの柱です。もう一つの柱「町の復興」についても議論しました。町外拠点と町内拠点それぞれの整備という形で、町民の策定委員の皆さんと共に一定の方向性を示せたと思います。計画づくりでは毎回、町長はじめ役場の課長さんが勢ぞろいして町民の委員の意見を聞いている姿が印象的でした。

——いわき市内に「町外拠点」ができつつあります。

伊澤 郡山市、福島市など町民が大勢世話になっている自治体がありますが、申し訳ないけれどもいわき市に集約するしかないと考えました。町民が一つのエリアでまとまって生活することが、町の存続や行政サービスの維持のための唯一の手段だと思っています。戻るまでの間の「ミニ双葉町」です。復興公営住宅には商業や医療、福祉施設も併設します。集会所では全国からの町民も集まれるようにし、宿泊施設も作ります。

丹波 前の町長が「仮の町」という構想を打ち出しました。長期の避難生活をする方々が生活再建できる場をどう作っていくのか。「町外コミュニティー」など言い方はいろいろですが、受け入れ先の自治体と意思疎通を図り、共生していくという方向になっています。

——町内の比較的線量の低い地区で「町内復興拠点」を計画しているそうですが。

伊澤 本格除染が終了した避難指示解除準備区域に復興産業拠点を置きます。イノベーション・コースト構想に位置づけられているアーカイブセンターを誘致し、震災と原発事故の記録や復興について広く国内外に発信します。廃炉関係の技術者研修拠点など産学連携施設を誘致し、住民帰還に先立って産業と雇用を創出しようと思います。帰還困難区域では双葉駅西側四〇ヘク

いわき市錦町にある双葉町立学校・幼稚園の仮設校舎。合わせて35人が学んでいる。2016年6月

タールの本格除染が決まったので、将来の行政や福祉、居住エリアにと考えています。

丹波　帰還困難区域の一部を含めて、双葉町が将来的な復興の拠点を示すことは大きな意味を持つと思います。町の将来構想があるかないかで国や県の対応も全然違うし、町民の皆さんにとっても意味は大きい。

伊澤　期待と希望が必要です。町の将来をあきらめないためには前に進めないといけない。

丹波　多くの皆さんはたとえ戻らなくても町との関わりは続けたいと考えている。町の復興にとっても大事な要素です。

伊澤　町外と町内の「二地域居住」も必要になるでしょう。町に戻れというのでなく、復興の姿を示すことで選択の幅を広げていこうと思います。

——参院選が終わりましたが、政府に言いたいことは。

伊澤　国のエネルギー政策に協力してきた双葉町

がこういう状況になった。中間貯蔵施設を受け入れざるを得なかった。そういう町が復興できないことはあってはならないと思います。国の責任で必ず復興させるという強い決意を示してほしい。

丹波 安倍晋三首相が公示日に福島を訪れたのは福島を無視できないからです。「福島の復興なくして日本の復興はない」という言葉を、かけ声だけに終わらせずに、実務的に責任を持って対応できる体制と財源と努力を示していただきたい。

◈双葉町

福島県浜通り中央に位置し福島第一原発の五、六号機が立地。全町民が避難を続け、役場も埼玉県加須市に避難・移転、二〇一三年六月福島県いわき市に再移転した。町の九六%が帰還困難区域、残り四%が避難指示解除準備区域。震災当時の人口約七一〇〇人が現在約六二〇〇人に。一五年一月、除染による汚染土壌などを保管する中間貯蔵施設の建設を受け入れた。

◈双葉町の復興プラン

復興まちづくり計画、同長期ビジョンを基礎に「町民一人一人の復興」と「町の復興」を目指す。役場事務所のあるいわき市植田地区を「町外拠点」とし、町立小中学校を開校、復興公営住宅や特別養護老人ホームの建設を進める。町内では低線量地区を「町内復興拠点」とし、再生可能エネルギー拠点や新産業創出、既存市街地再生を目指している。

（二〇一六年七月一四日掲載）

■対談・その後

政府は記事掲載後の八月三一日、帰還困難区域内において「復興拠点」を設定し整備する方針を決めた。また、伊澤町長は一七年一月、無投票で町長再選が決まった。

解説篇

1　原発事故からの避難

避難者数の推移

福島県の調べでは、避難者数は二〇一二年五月の一六万四八六五人がピークだった。うち県内への避難が一〇万二二八二七人、県外への避難が六万二〇三八人。避難元では、双葉郡や南相馬市、飯舘村など避難指示区域からの避難者が約一一万人、避難指示区域以外からの自主避難者が約五万人だった。

その後、避難者数は徐々に減り、二〇一七年一月現在では八万七九九四人（県内四万九五六人、県外三万九八一八人）となっている（二月一三日同県公表）。

一八歳未満の子どもについては、二〇一二年一〇月の三万九六八人（県内一万三九九八人、県外一万六九七〇人）が、二〇一六年一〇月現在では二万四三〇人（県内一万一一七八人、県外九二五二人）。

全体の避難者数がピーク時の約半数（四九％）になっているのに対し、子どもの避難者数は六六％。子どもについては避難継続の比率が高い。また、自主避難者の数は、県が把握している二〇一六年一〇月現在の住宅提供者数が二万六六〇一人で、避難を継続している人の比率は平均よ

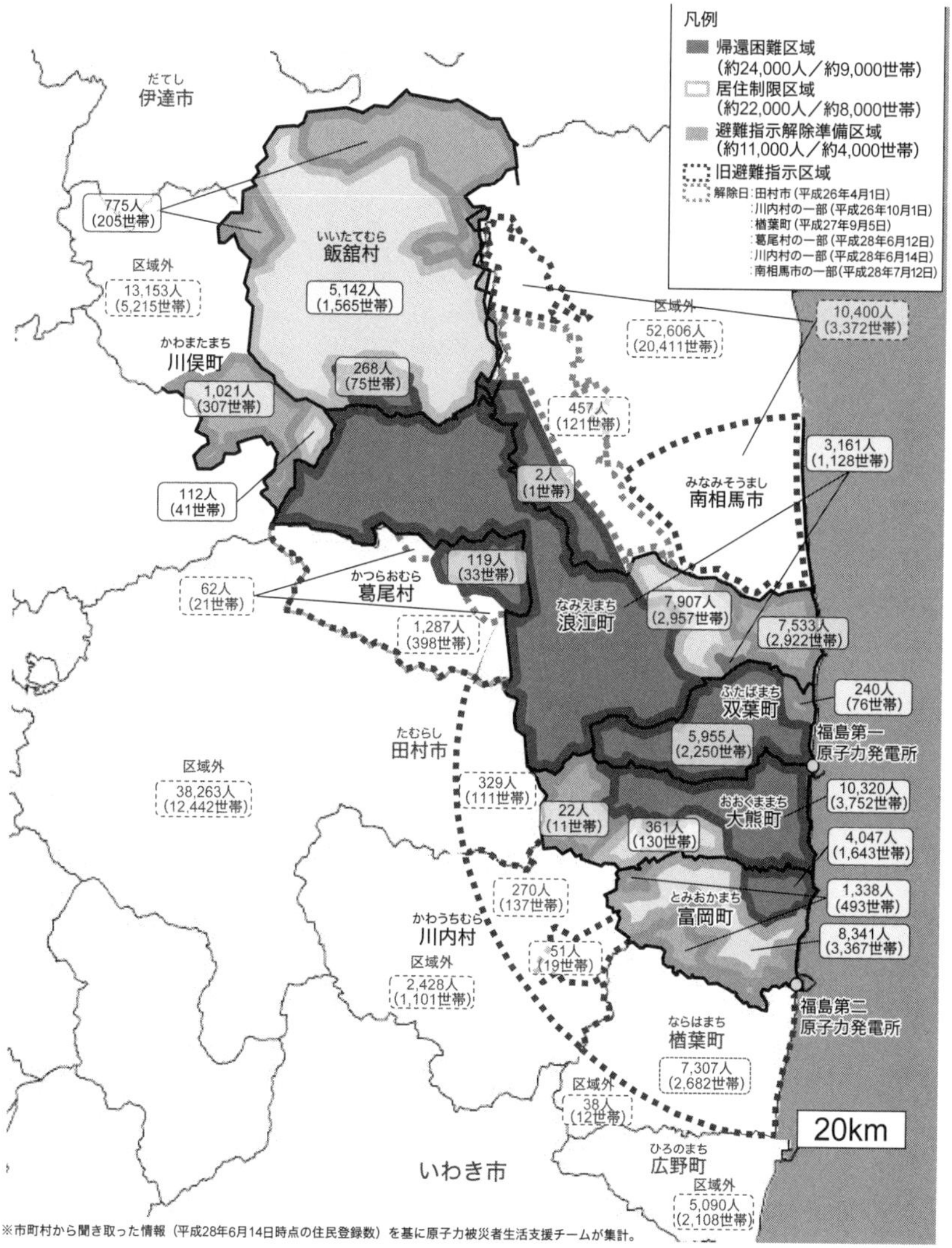

図１　避難指示区域と、各区域の人口、世帯数

平成 28 年 7 月 12 日時点
経済産業省ウェブサイトより
http://www.meti.go.jp/earthquake/nuclear/kinkyu/hinanshiji/2016/pdf/0712gainenzu02.pdf

りやや高い。

自主避難の中心は子どもの健康を懸念したもので、仕事などの関係で離れられない父親を残して県外に母子で避難する形が多い。特に中通りの福島市、郡山市などの都市部で顕著で、一八歳未満の子どもの避難者は二〇一六年一〇月現在で福島市が一四三〇人、郡山市が一七九二人となっている。

避難先別にピーク時から一六年一二月現在の比較をみると、山形県が一三〇三三人から二六八六人（二一％）となり、大半が帰還しているのに対し、東京、神奈川、埼玉、千葉を合わせた首都圏四都県では一万九七七四人から一万四八四二人（七五％）と、逆に大半が避難を継続しているなど、避難先による違いが鮮明になっている。放射線への不安だけでなく大都市圏では雇用や教育の機会が多いことも大きな要因とみられている。

福島県の数字は各自治体を通じて総務省の「全国避難者情報システム」で集約したものをベースにしており、申告しない人がいれば漏れることになる。

自主避難者と強制避難者——郡山市の例

自主避難者を多数出している福島市、郡山市、いわき市などは、その一方で双葉郡など浜通りからの避難者を多数受け入れ、仮設住宅が多く立地する（していた）都市でもある。

比較的分かりやすい統計を出している郡山市の場合、二〇一五年一一月現在で見ると、次のよ

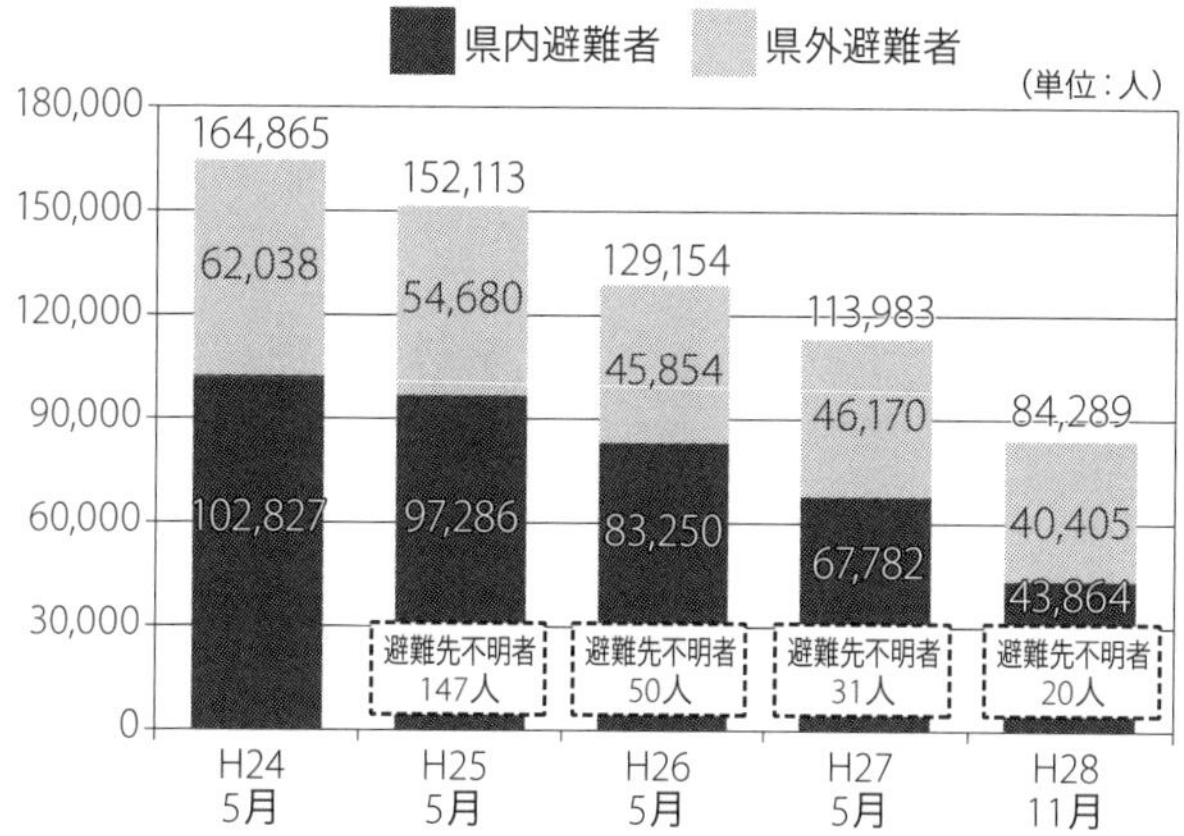

図２　避難者の推移

出典：福島県災害対策本部「平成 23 年東北地方太平洋沖地震による被害状況速報」各月最終報

福島県ウェブサイトより「ふくしま復興の歩み」第 18 版、3 頁

http://www.pref.fukushima.lg.jp/uploaded/attachment/195323.pdf

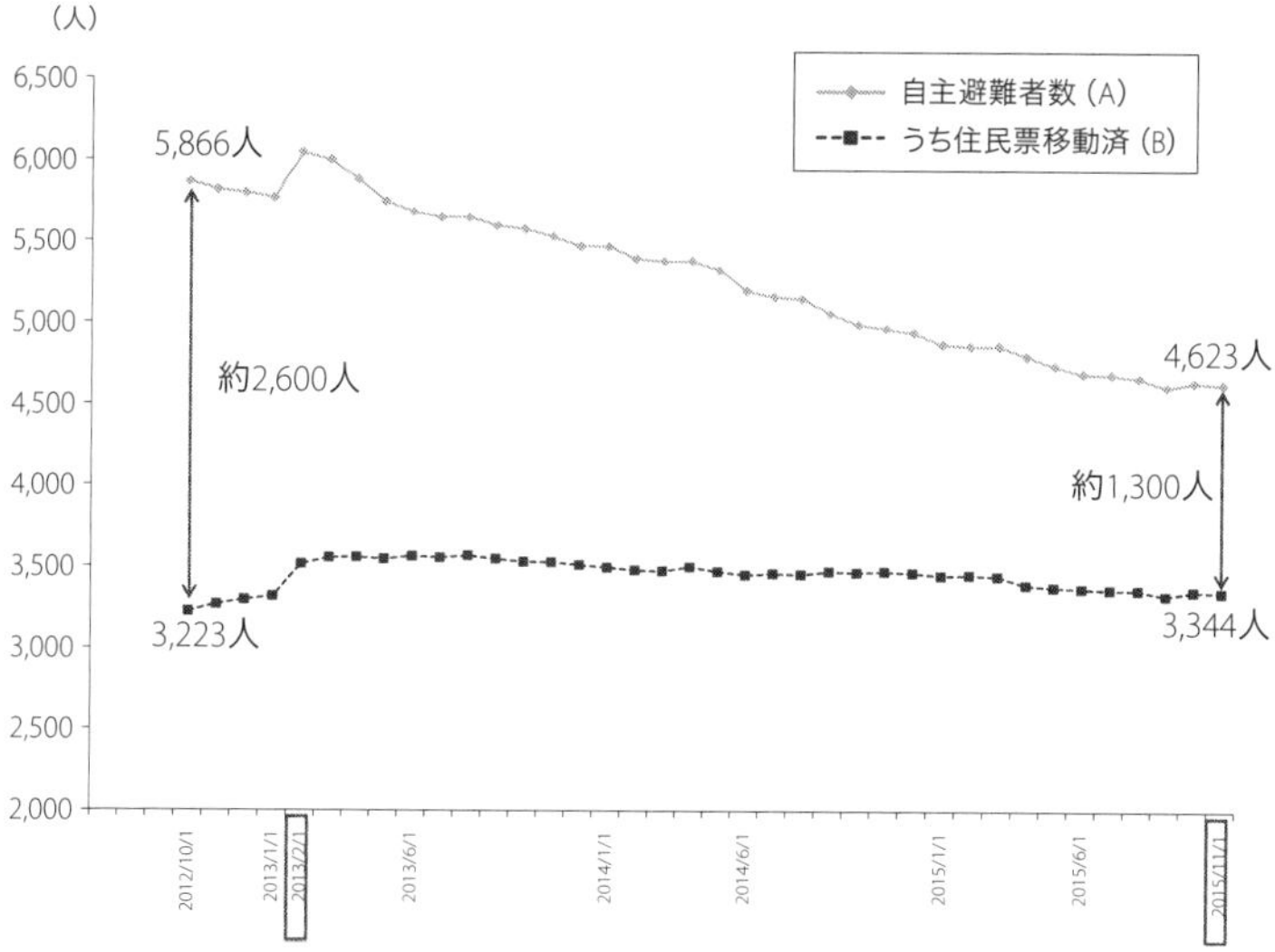

図３　自主避難者数の推移

郡山市ウェブサイトより「郡山市人口ビジョン」21 頁（PDF 文書では 25 頁）

https://www.city.koriyama.fukushima.jp/061000/seisaku/documents/vision160412.pdf

うになる。受け入れ避難者が約八千人に対し、自主避難者は四六二三人。自主避難者のうち住民票を転出させた人が三三四四人だった。転入する避難者は住民票を元の町村に置いたままの人がほとんどなので、差し引き一三〇〇人が郡山市に住民票を残したままの自主避難者となり、住民登録よりも多い居住者が六六〇〇人という計算になる。

事故からの避難の態様

三月一二日早朝、国は福島第一原発から半径一〇キロ圏に避難指示を出し、夕方にはそれを二〇キロ圏に拡大した。福島第二原発についても午前に三キロ圏、夕方に一〇キロ圏に避難指示が出された。地震と津波の被害を乗り越えて一息ついたと思った矢先だった。警察や行政の呼びかけで我先に避難した。バスを用意した自治体もあったが、多くは自家用車で、着の身着のまま、財布さえ持たずに逃げた人もいる。ほとんどが数日間で戻れると考えたからだ。道路は大渋滞が続いた。

自治体としても国や県、東電から情報を得られず、テレビなどの情報で判断せざるを得なかった。浪江町は一二日に大挙して同町の内陸部、津島地区に避難したが、一五日に再度の避難を余儀なくされた。不運なことに後に帰還困難区域となる同町で最も高線量の地区に数日間滞在することになった。それが後の町をあげての集団ＡＤＲにもつながっている。一方、自主避難の場合は、原発事故直後だけでなく、かなり時間をおいて、場合によっては数カ月以上後の避難も多い。

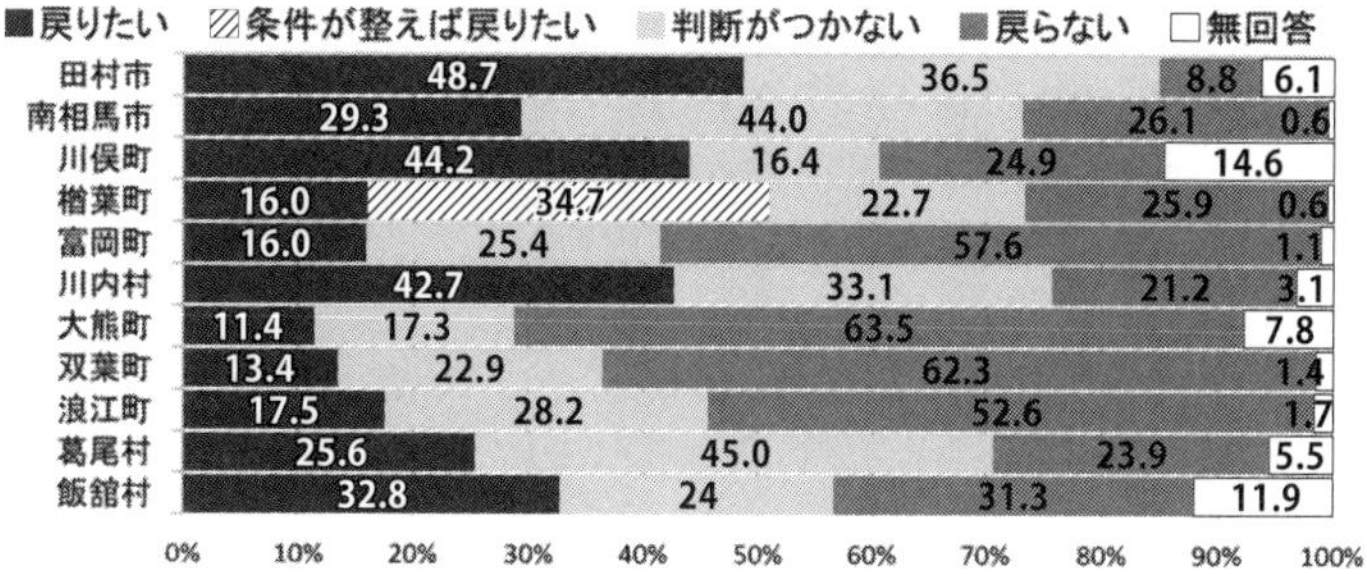

※調査年度　H28年度（富岡町、双葉町、浪江町）　H27年度（田村市、川俣町、楢葉町、大熊町、川内村、飯舘村）
H25年度（南相馬市、葛尾村）

図4　復興庁・県・市町村による住民意向調査の結果（帰還意向）

福島県ウェブサイトより。「ふくしま復興のあゆみ」3頁

双葉郡における避難の実態を最初に体系的に調査したのが「平成二三年度双葉八町村災害復興実態調査」だった。福島大准教授、丹波史紀さんが震災を機に立ち上げた福島大学災害復興研究所が、二〇一一年九月に双葉郡の八町村の全住民を対象に行ったものだ。

双葉八町村の役場の協力を得て二万八一八四世帯に質問票を郵送。約半数の一万三五七六世帯（四八％）から回答を得た。

注目されたのは、避難開始から約半年の時点で、避難先を何度も転々としている実情が浮かび上がったこと（図5参照）。避難場所を五回以上変えた人が三五・六％、三—四回が四七・二％だった。驚きをもって受け止められたのが、若い世代ほど「戻る気がない」という回答が多いことだった。すでにこの時点で、三四歳以下の四六％が「戻る気がない」、「インフラ整備後」も含めて帰還の意思を示した人は二割に満たなかった（図6参照）。

帰還まで待てる年数を尋ねた項では、「二—三年」かそ

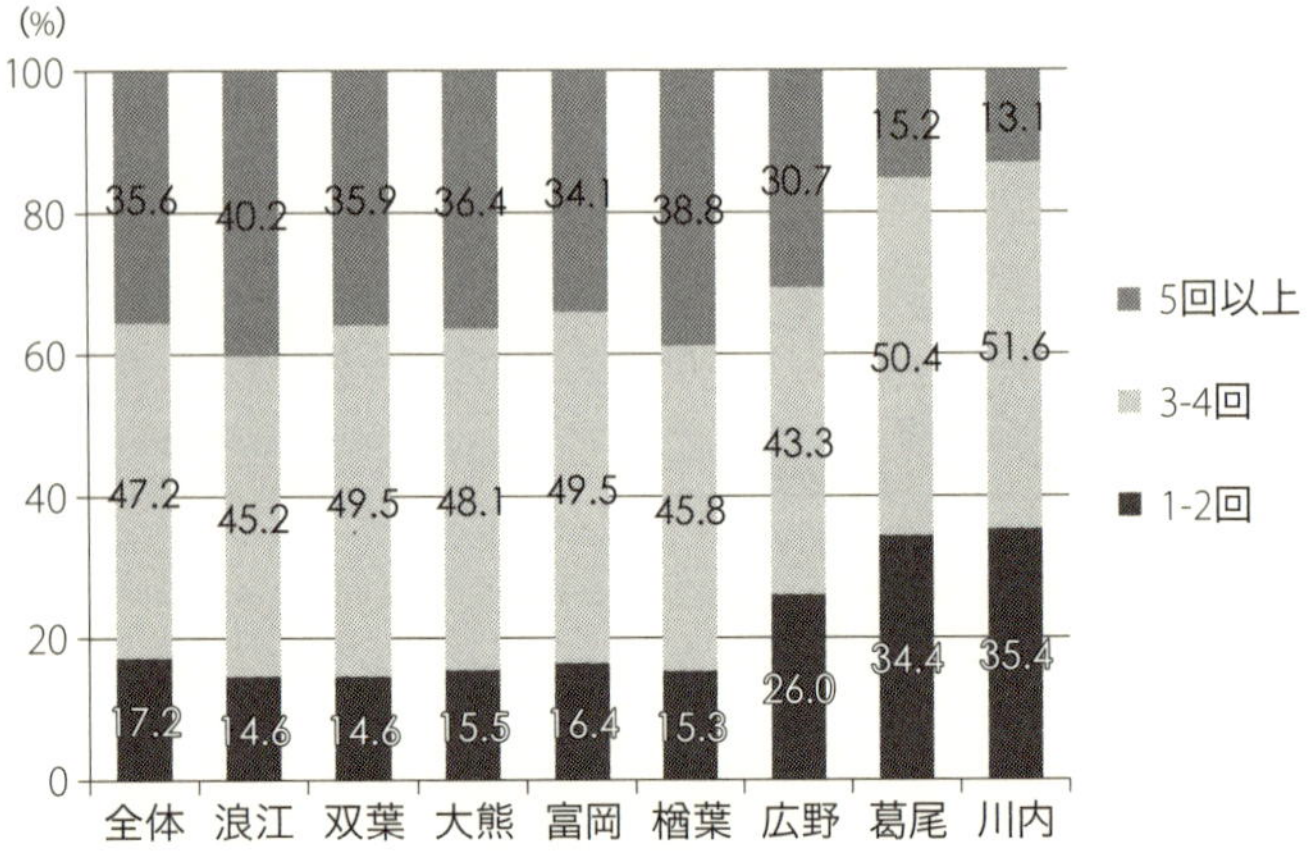

図5　これまでの避難回数（地域別）。2011 年 9 月調査

福島大学災害復興研究所より。「双葉八町村災害復興実態調査」第 2 版、10 頁
https://fsl-fukushima-u.jimdo.com/

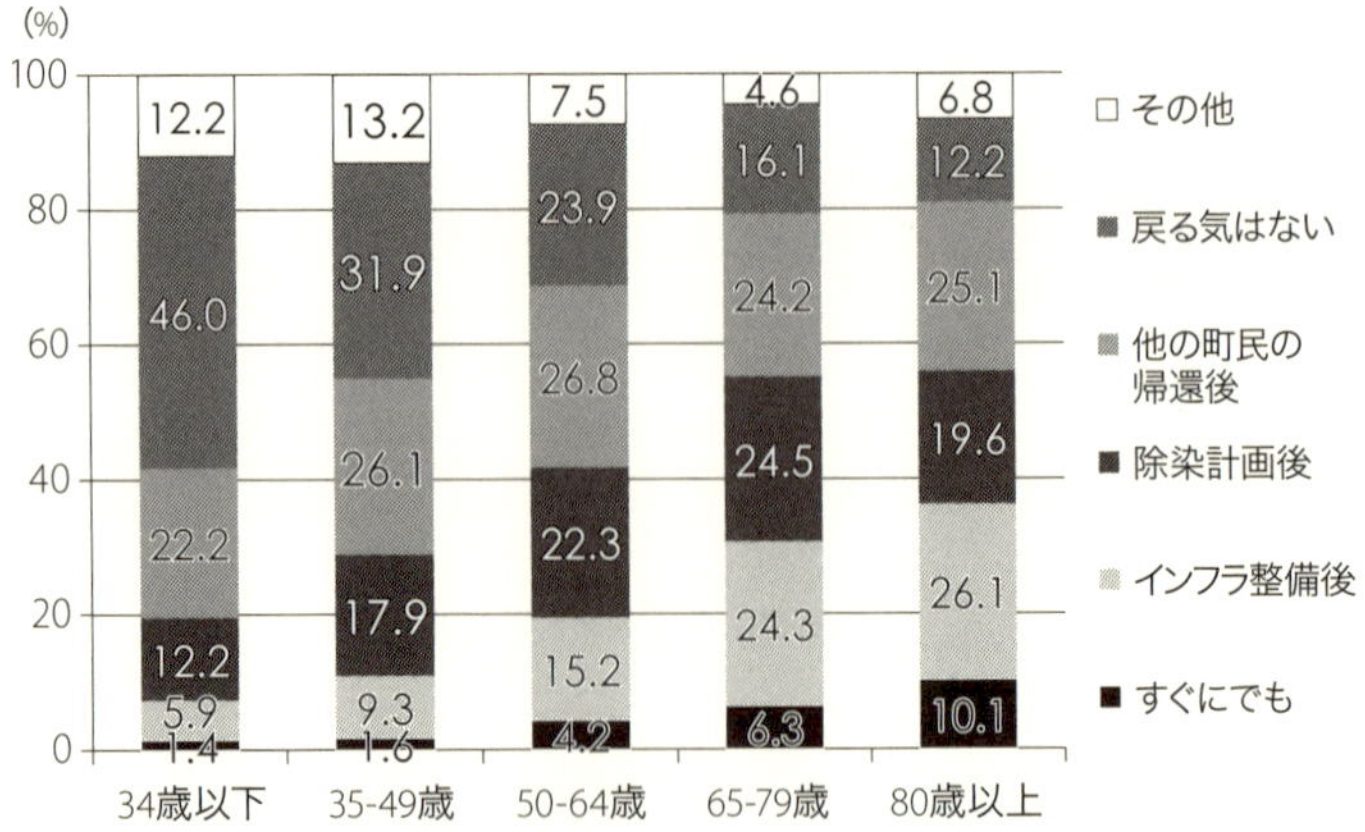

図6　帰還の意志（年代別）。2011 年 9 月調査

福島大学災害復興研究所より。「双葉八町村災害復興実態調査」第 2 版、27 頁
https://fsl-fukushima-u.jimdo.com/

れ以内という回答が合わせて七割となったが、すでに六年を超えた現在の視点から見ると考えさせるものがある。

国も県もこのような大がかりな調査に手をつけておらず、報告書は国会や原子力損害賠償審査会でも取り上げられた。その後、国や県、市町村の住民意識調査が始まったが、初期の実情を知るためには貴重な資料といえる。

2 賠償の仕組みと支払い実績

賠償は原子力損害賠償に関する法律（原賠法）に従って行われる。国の原子力損害賠償紛争審査会（原賠審）が指針を出す。本書に登場した除本理史氏によると、指針は東京電力が賠償すべき最低限のガイドラインとされるが、現実にはそれが実際の賠償に直結する結果となる。また、国の避難指示などがあった区域となかった区域では賠償の内容に大きな格差が設けられていて、避難指示などのなかった区域では賠償がまったくないか極めて少ないのが実情だ。

東京電力のホームページによると、これまで支払われた賠償の総額は二〇一七年二月一〇日現在で六兆九七七一億円（**表1**参照）。当初想定された五兆円をはるかに超え、さらに増え続けている。

賠償項目別では、個人に対する精神的損害や就労不能、不動産、住居確保、事業者に対する風

2017年2月24日現在

	個　人	個人（自主的避難等に係る損害）	法人・個人事業主など	
請求について				
請求書受付件数（延べ件数）	約979,000件	約1,308,000件	約440,000件	
本賠償の状況について				
本賠償の件数（延べ件数）	約878,000件	約1,295,000件	約373,000件	
本賠償の金額 ※	約2兆8,494億円	約3,536億円	約3兆6,351億円	
これまでの支払い金額について				
本賠償の金額 ※			約6兆8,381億円	①
仮払補償金			約1,529億円	②
支払い総額			約6兆9,909億円	①＋②

※仮払補償金から本賠償に充当された金額は含んでいない。

表１　原子力損害賠償の請求・支払い等実績

東京電力ウェブサイトより「原子力損害賠償について」
http://www.tepco.co.jp/fukushima_hq/compensation/images/jisseki01-j.pdf

評被害、営業損害などがある（**表2**参照）。

これを賠償を受け取る側から見ると大要次のようにな
る。

❶避難区域居住者の場合

a　精神的損害

一人当たり月一〇万円

（基本的には避難指示解除一年後に終了）

＊ただし、避難指示解除準備区域と居住制限区域（双葉・大熊町を除く）については、避難指示解除時期にかかわらず二〇一八年三月分まで。帰還困難区域と双葉・大熊町全域については、一人一四五〇万円（二〇一七年六月以降分を含む）

b　避難・帰宅等費用（実費相当額）

c　不動産賠償

＊帰還困難区域は時価の全額、居住制限区域は居住

	合意の実績※1 （2017年1月末現在）
Ⅰ．個人の方に係る項目	19,268億円
検査費用等	2,532億円
精神的損害	10,543億円
自主的避難等	3,627億円
就労不能損害	2,565億円
Ⅱ．法人・個人事業主の方に係る項目	25,724億円
営業損害	4,876億円
出荷制限指示等による損害及び風評被害	16,109億円
一括賠償（営業損害、風評被害等）	1,614億円
間接損害等その他	3,124億円
Ⅲ．共通・その他	15,527億円
財物価値の喪失又は減少等	12,529億円
住居確保損害	2,748億円
福島県民健康管理基金	250億円
Ⅳ．除染等※2	9,168億円
合　計	69,688億円

※1　振込手続き中の方も含まれるため、これまでの支払金額とは一致しない。
※2　閣議決定及び放射性物質汚染対処特措法に基づくもの。

表2　賠償項目別の合意金額の状況

東京電力ウェブサイトより「原子力損害賠償について」
http://www.tepco.co.jp/fukushima_hq/compensation/images/jisseki03-j.pdf

制限区域、避難指示解除準備区域は避難指示期間六年で全額、五年で六分の五

d　住居確保損害

新たに住宅を確保する場合には新築価格で八〜一〇割。土地は福島県中通りの地価を基準に。

❷「自主的避難等対象区域」の居住者と同区域からの自主避難者の場合

居住する人全員に賠償を支払い、実際に避難した自主避難者に対して増額するという仕組みになっている。

福島県内で、避難指示などが出されていない福島市、郡山市など二三市町村が「自主的避難等対象区域」に指定され、全住民（約一四四万人）を対象に、精神的苦痛や生活費増、移動費用などに対する賠償が支払われた。一人八万円（実際に避難した場合は四万円追加）、妊婦と一八歳以下の子どもには一人四〇万円（同じく二〇万円追加）。翌年分として全住民を対象に、一人四万円、妊婦と子どもは八万円が支払われている。

自主避難者に対する精神的賠償は、避難区域からの避難者に比べて極めて少額で、不動産賠償や住宅確保損害も認められていない。

3 避難指示区域とその変遷

二〇一六年七月時点の避難指示区域と、自治体別の各区域内の住民登録人口は次のとおり。区域は二〇一七年一月現在も同じ。同年四月までには浪江町、富岡町、飯舘村、川俣町の帰還困難区域を除く地区への避難指示が解除される見通し（図7参照）。

避難指示区域の変遷

政府は事故直後、事故原発からの距離などをもとに次の三つの避難指示区域を設けた。

①**警戒区域**＝二〇キロ圏内原則立入禁止
②**計画的避難区域**＝二〇キロ圏外だが、年間放射線量が二〇ミリシーベルトに達するおそれのある区域、約一か月以内に退出を求める（飯舘村など）
③**緊急時避難準備区域**＝二〇〜三〇キロ圏内、子供や妊婦などに避難を要請する

このうち、③緊急時避難準備区域は二〇一一年九月末に解除された（広野町など）。

その後、二〇一二年四月から二〇一三年八月までの間に、空間線量率などをもとに、地元自治体と協議しながら、次の三区域に設定し直した。これは「避難区域の再編」と呼ばれ、その後の

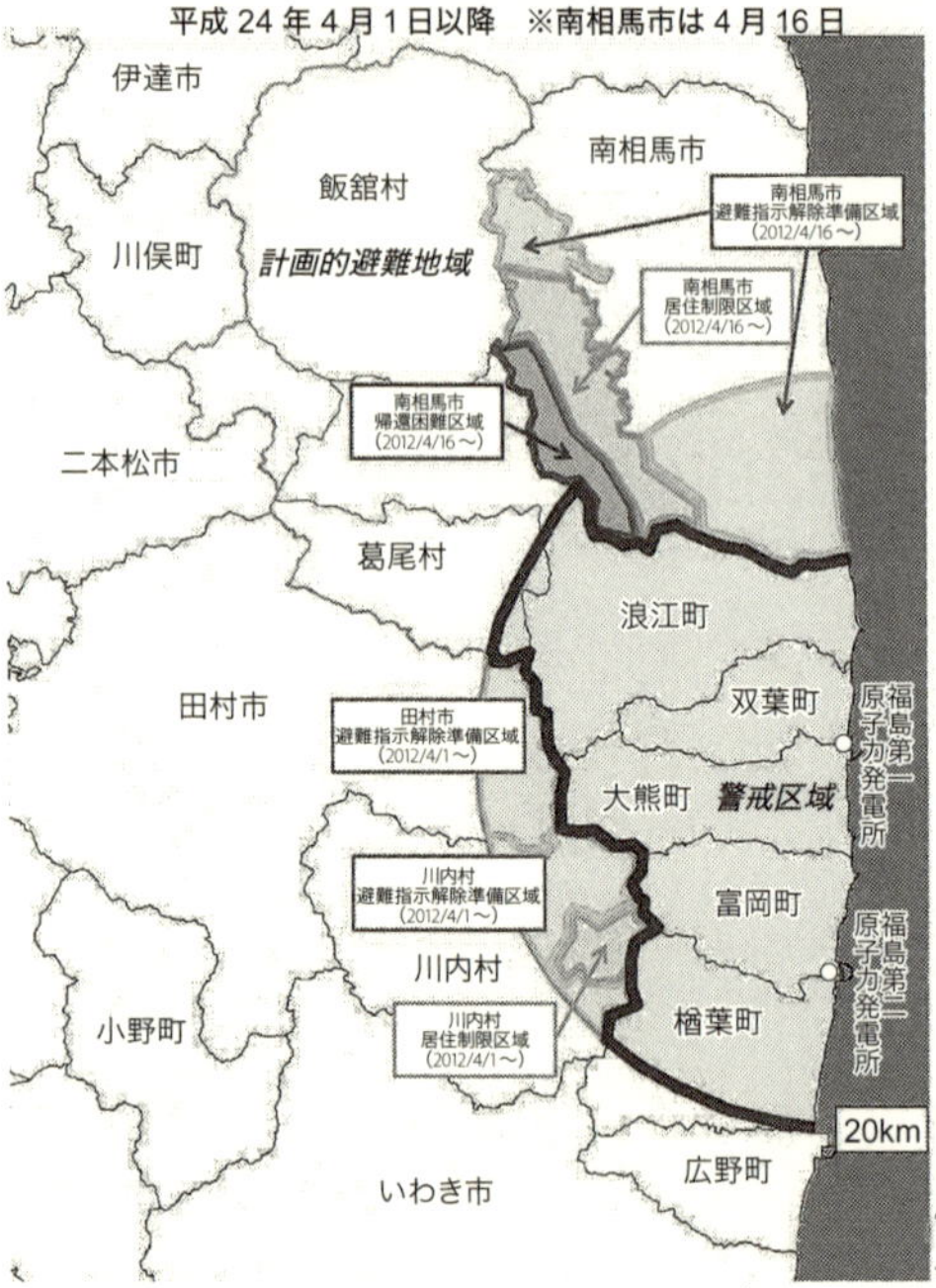

図 7　避難指示区域の変化

2012 年 4 月／ 2016 年 7 月

福島県ウェブサイトより

https://www.pref.fukushima.lg.jp/uploaded/attachment/182316.pdf

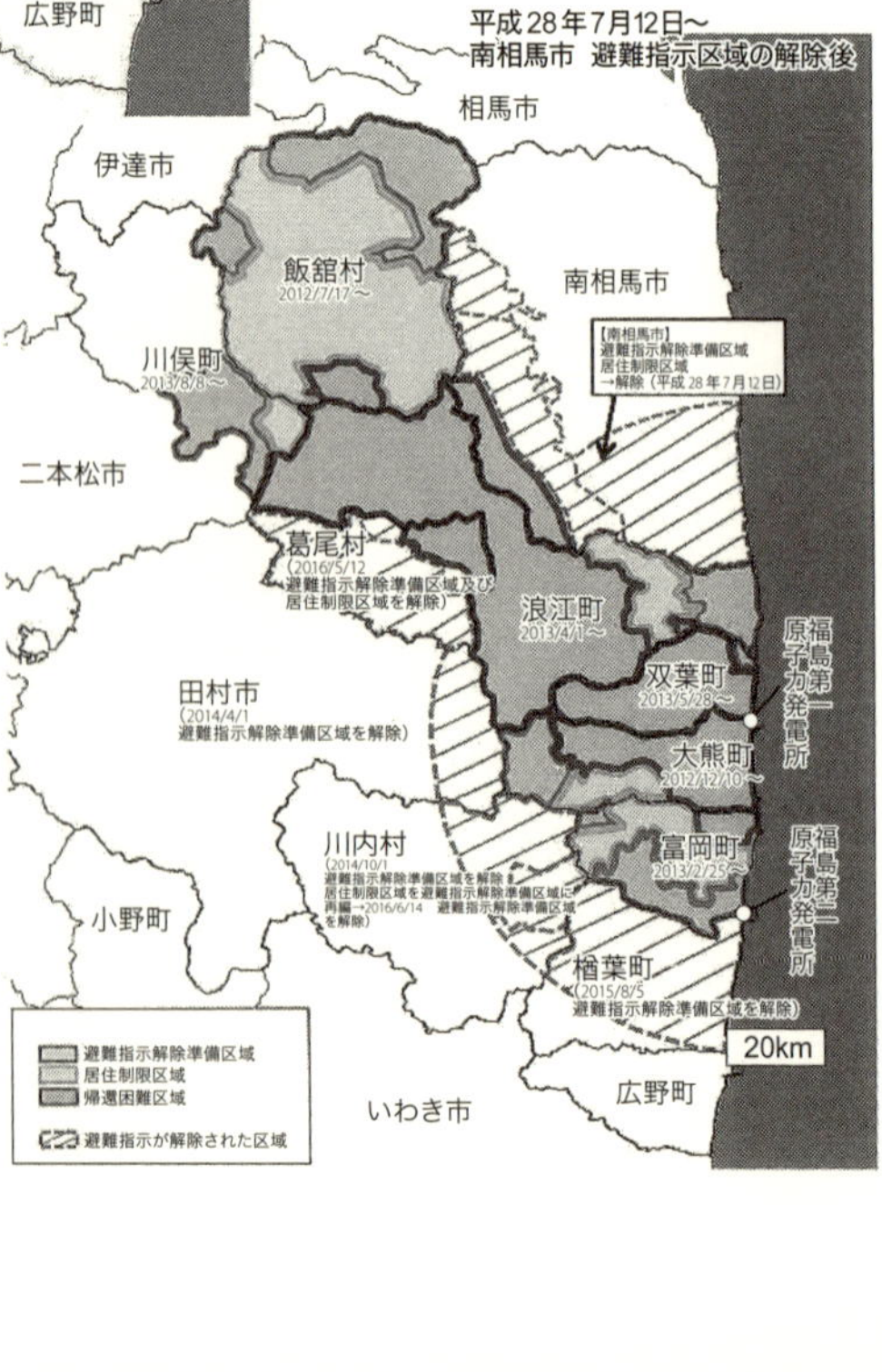

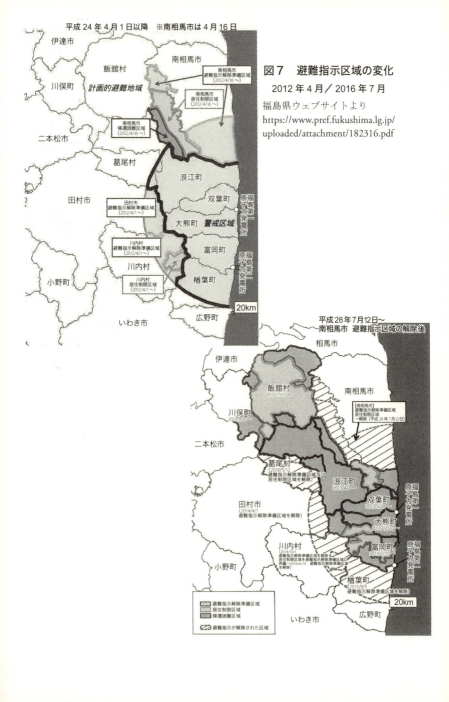

賠償などの基準として重要な意味を持つ区分となった。

①帰還困難区域＝指定時点で年五〇ミリシーベルトを超えており、五年後も二〇ミリシーベルトを下回らないと推定される地域、五年以上帰宅できない

②居住制限区域＝年二〇〜五〇ミリシーベルト、寝泊まりはできないが一時帰宅は可能

③避難指示解除準備区域＝同二〇ミリシーベルト以下、寝泊まりはできないが一時帰宅、事業や営農再開が可能

避難区域の現状（二〇一七年一月現在）までの推移を示す図は次の通り（**図7**参照）。

4　甲状腺検査

福島県では事故当時一八歳以下だった子どもを対象とする県民健康調査で甲状腺検査を実施している。対象は約三七万人で、実際に受診したのは約三〇万人。検査は二〇一一年度から一三年度までを現状確認のための「先行検査」（一巡目）、一四年度からを先行検査と比較するための「本格検査」（二巡目）とした。二巡目に対象を一四年四月一日生まれまでの約三八万人に拡大した。対象者が二〇歳を迎えるまでは二年に一度、それ以降は五年に一度、検査を継続する仕組み。

その結果、一巡目では一一一人が、二巡目では四四人が、がんと診断された（一六年末現在）。

この結果について、県民健康調査検討委員会は「現時点で放射線の影響は考えにくい」との見方を示している。これについては、専門家の間でも因果関係は認められないとする見解が主流だ。一部の研究者が放射線との因果関係を主張しているがごく少数派だ。報道関係の多くは、概ね検討委や専門家が唱える主流の意見を尊重し、その都度の甲状腺がん発見の報告についても抑制的な報道をしている。ただ、実際にがんが見つかった子どもの関係者など不安を感じる県民もいる。

甲状腺検査は、チェルノブイリ事故後、特に子どもを中心に甲状腺がんが多発したことから実施することになった。検査は超音波を用い、がんの可能性のある結節や、嚢胞の存在を調べる。結節、嚢胞が見つからなければA1判定、五・一ミリ以上の結節、二〇ミリ以上の嚢胞が見つからなければA2判定、見つかればB判定とし、Bについて精密検査を行う。B判定は一巡目、二巡目とも〇・八％（二二九三人、二二一七人）だった。

甲状腺がんについて専門家は、①そもそも結節や嚢胞が非常に多くの人に見られる（今回の検査でも半数近く）、②加齢によって増える、③進行が非常に遅く、早期治療の必要がないものが多い、などと説明している。福島県外と比較するため、長崎、青森、山梨の三県で三〜一八歳の子ども四三六五人を対象に同じ検査機器を使った検査をした結果、B判定の比率は一・〇％で、結節や嚢胞が見つかった比率も、福島と変わらなかった。

チェルノブイリ事故の際には五歳までの乳幼児に甲状腺がんが増えた。放射性ヨウ素を取り込みやすい乳幼児が、汚染されたミルクなどの食品を摂取し、平均三〇〇ミリシーベルトの内部被ばくを起こした結果とされる。一方、福島の検査で「放射線の影響が考えにくい」と判断されている理由は、①がんが発見された子どもの平均年齢が一五歳。一〇歳以上に集中し加齢とともに増え、乳幼児はほとんどない、②事故直後の乳幼児の内部被ばく量は一五ミリシーベルト以下が九九%と少なかったとの検査結果がある、③チェルノブイリを教訓として食品の管理を厳しくしている、④広い地域からがんが見つかっている——などである。

全員調査により、ふだんなら表面化しにくい、治療の必要のないがんまで見つかっているという「スクリーニング効果」との見方が強く、過剰な検査が不安をあおっているという議論もある。福島県小児科医会が一六年八月、福島県に対し、同意を得た人のみに検査対象を絞り込むなど検査規模の縮小を求める要望書を提出したのは、そのような流れだ。これに対し福島県議会は、検査規模の維持を求める請願を全会一致で採択している。

5　直接死と震災関連死

東日本大震災で福島県は地震の揺れと大津波によって大きな被害を受けた。死者数は、地震・津波による直接死が一六〇四人、死亡届（遺体未発見）二二四人の一八二八人。これに加えて震災関連死が時間の経過とともに増え、直接死を上回る二一〇九人となった。震災の犠牲者は合わせて三九三七人に達する。（二〇一七年一月二三日現在、同県調べ）

震災関連死とは「地震・津波などの直接的な被害によるものではなく、その後の避難生活での体調悪化や過労など間接的な原因で死亡すること」(同県による)。二〇一六年九月末現在の復興庁の調べでは、全国で三五二三人のうち、福島県が約六割の二〇八六人を占める(岩手県四六〇人、宮城県九二二人、茨城県四一人)。また、福島県の震災関連死では、六六歳以上の人が九割の一八八〇人で他地区より比率が高い。原発事故の避難生活の厳しさを物語っている。

また津波と地震の揺れによる家屋の被害も多く、全壊が一万五一九四棟、半壊が七万九五九七棟。公共施設の被害総額は約五九九四億円だった。ただし、原発事故によって避難が長期化したことによる建物の劣化、動物による損壊などは含まれていない。

◆福島県環境放射線モニタリング・メッシュ調査結果等に基づく福島県全域の空間線量率マップ

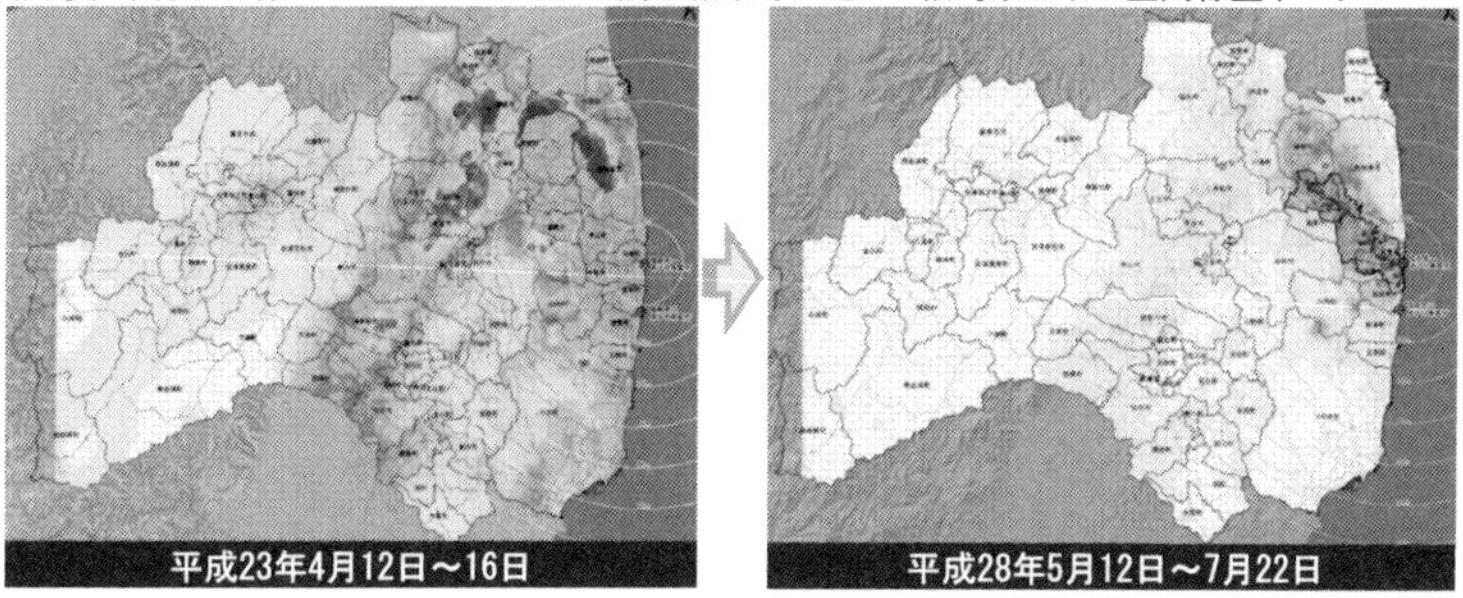

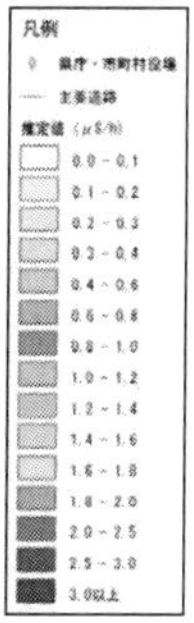

◆放射線量の推移

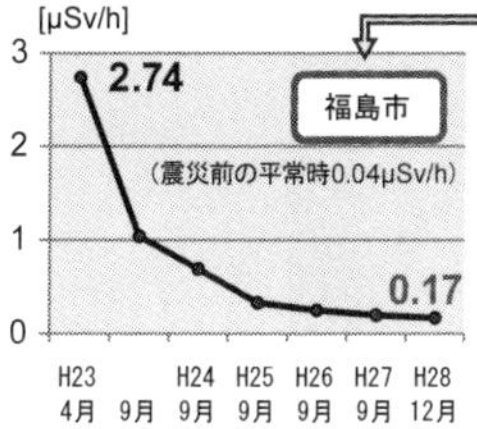

（単位：μSv/h（マイクロシーベルト/毎時））

	福島市	会津若松市	いわき市
震災前の平常時	0.04	0.04 ~0.05	0.05 ~0.06
平成23年4月	2.74	0.24	0.66
9月	1.04	0.13	0.18
平成24年3月	0.63	0.10	0.17
9月	0.69	0.10	0.10
平成25年3月	0.46	0.07	0.09
9月	0.33	0.07	0.09
平成28年12月	0.17	0.06	0.07

【出典】福島県災害対策本部（暫定値）

図８　福島県内の空間放射線量の推移

福島県ウェブサイトより。「ふくしま復興の歩み」第 18 版
http://www.pref.fukushima.lg.jp/uploaded/attachment/195323.pdf

空間線量率の変化について

2011 年 4 月と 2016 年 5 ～ 7 月の福島県全県の空間線量率マップは、上の通り。

放射性セシウムの物理的半減期からの計算では減衰は 55%。残りは天候などの要因、除染などで減衰したと推定されている。

また福島市、いわき市、会津若松市の数値の変化は上の通り。

6 福島復興 関連年表（二〇一一・三・一一〜一七・四・一）

年	〈政府・福島県の対応など〉	〈避難指示の変遷〉
二〇一一	3月11日、東日本大震災発生	〈3月11日〉 19時03分　福島第一原発に国が原子力緊急事態宣言 20時50分　福島第一原発に県が半径2㎞圏内に避難指示 21時23分　福島第一　国が半径3㎞圏内に避難指示、半径10㎞圏内に屋内退避指示
		〈3月12日〉 5時44分　福島第一　国が半径10㎞圏内に避難指示 7時45分　福島第二原発に国が原子力緊急事態宣言、国が半径3㎞圏内に避難指示、国が半径10㎞圏内に屋内退避指示 17時39分　福島第二　国が半径10㎞圏内に避難指示
		18時25分　福島第一　国が半径20㎞圏内に避難指示

	12～15日　福島第一原発1、3、4号機建屋が水素爆発　2号機より放射性物質大量放出	〈3月15日〉11時00分 福島第一　国が20～30km圏内に屋内退避指示
		〈4月22日〉警戒区域（20km圏内）、計画的避難区域（20km圏外で線量の高い地区）、緊急時避難準備区域（20～30km圏）を設定
	6月24日　復興基本法施行（復興庁設置、復興債発行など）	
	6月25日　国の復興構想会議「復興への提言」	
	7月29日　復興基本方針決定　集中復興期間5年間の復興予算19兆円に	
	8月11日　福島県復興ビジョン策定	〈9月30日〉緊急時避難準備区域を解除　広野町全域と南相馬市原町区、田村市、川内村の一部など
	12月16日　野田首相、福島第一原発事故の収束を宣言	
二〇一二	2月10日　復興庁発足	
	3月31日　福島復興再生特別措置法施行（国の自治体支援策など）	
	6月27日　子ども・被災者生活支援法施行（自主避難者への支援策など）	

	7月13日　福島復興再生基本方針を閣議決定（除染目標年1ミリシーベルト以下など）	
	9月19日　原子力規制委員会、原子力規制庁発足	
	12月16日　衆院選　自民が「復興の加速」「国土強靱化」掲げ圧勝	
	12月26日　安倍晋三内閣発足	
二〇一三	1月19日　政府、復興集中期間5年間の復興予算25兆円に増額	〈8月7日〉避難指示区域の見直しによる帰還困難区域（A）、居住制限区域（B）、避難指示解除準備区域（C）の設定が完了
	9月7日　二〇二〇年の東京五輪開催決定。安倍首相「アンダーコントロール」発言	
	12月20日　福島復興加速化指針を閣議決定（早期帰還支援と避難者の新生活支援の両方に対応）	
二〇一四	9月1日　福島県、中間貯蔵施設の建設受入れ（12月16日に大熊町、翌年1月13日に双葉町）	〈4月1日〉田村市都路地区　避難指示区域Cの解除
		〈10月1日〉川内村　避難指示区域Cの解除、同BをCに再編
	10月26日　福島県知事選、前副知事の内堀雅雄氏が当選	

二〇一五	2月25日　福島県、大熊・双葉両町が中間貯蔵施設への搬入受入れ（3月13日搬入開始）	〈9月5日〉楢葉町　避難指示区域Cの解除
	6月12日　福島復興加速化指針を改定（帰還困難区域以外の避難指示を17年3月までに解除）	
	6月25日　政府、次の5年間（復興・創生期間）の復興予算6・5兆円に決定	
	7月30日　「福島12市町村の将来像」有識者検討会が提言（30〜40年後の地域の姿と二〇二〇年への取り組み）	
二〇一六	2月29日　福島第一原発事故で東電旧経営陣を強制起訴	〈6月12日〉葛尾村　避難指示区域B、Cの解除
	8月31日　政府、帰還困難区域の「復興拠点」整備を決定	〈6月14日〉川内村　避難指示区域Cの解除
		〈7月12日〉南相馬市　避難指示区域B、Cの解除（小高区の大半）
二〇一七		〈3月31日〉浪江町、飯舘村、川俣町山木屋地区避難指示区域B、Cの解除（いずれも予定）
		〈4月1日〉富岡町、避難指示区域B、Cの解除（予定）

あとがき

私は蔵とラーメンの町で知られる福島県喜多方市の出身である。ある時期以来、市から「きたかた応援大使」という役目をいただいて微力ながらお手伝いもしている。といっても、酒席で名刺を渡して座興にするぐらいがせいぜいだが。さて、その喜多方市では大震災の直接の被害はほとんどなかった。会津地方北部、事故原発から一〇〇キロ以上離れていて、幸い放射線量も低かった。ところが、農産物などの風評被害は今も続いている。被災地かどうかと訪ねられれば返答に苦しむが、そうだといえる土地ではある。それもあるが、私自身の気分としては、喜多方も属する福島（福島県）がこのような事態になっていることはとても悔しい。信じられないことが起きていると思っている。だが、そのことから言えば、私は客観的な報道にふさわしい第三者ではないかも知れない。どうしても地元寄りになってしまうからである。

私は二〇一一年三月一一日のその日から、新聞社の仕事で大震災と原発事故に関わることになった。当時は論説委員長を務めており、連日の社説展開に集中した。一方で「震災フォーラム」という被災三県を回るシンポジウムや座談会を始めた。その第三回、二〇一一年夏に福島市で開いたシンポで、福島大名誉教授の鈴木浩さんを登壇者としてお招きした。福島県復興ビジョン検討委員会座長として「脱原発」による復興を打ち出した方で、それが鈴木さんとの最初の出会いだった。翌年、編集委員として今度は福島大准教授の丹波史紀さんと出会った。国や県が手を出さなかった時期に、双葉郡八町村の全住民調査を成し遂げた人物である。一研究者の大変な馬力に驚き、茨城大での講演に押しかけたのがきっかけだった。

そのこともあり、この連載企画を進めるに当たっては鈴木さん、丹波さんと何度も相談し知恵を貸してもらった。先述の通り、第一回の浪江町からの参加者は鈴木さんの紹介である。そして、福島市での座談会の会場は丹波さんが代表理事を務める「ふくしま連携復興センター」の事務所を貸してもらった。まさに、お二人のサポートで始まった連載だったといえる。三年半にわたり連載を続けることができたのも、お二人のおかげと感謝している。

芋づる式につながっていくことで助けられたことが多い。たとえば賠償問題で協力いただいた大阪市立大の除本理史さんが、浪江町の賠償を支援する早稲田大の須網隆夫さんを紹介してくれ、その須網さんが学友の半谷栄寿さん（南相馬市）を紹介してくれる、といった具合である。

福島と東京を往復するごとに、福島と全国との「空気の違い」に気付かされた。「はしがき」でも述べたように、事故当初の「福島は危険」という極端なイメージを持ち続ける人がいる。だが、それは福島の人にとっては「時間が止まっている」人々ということになる。その言葉は、震災数ヶ月後から、津波被災地と違って復興が遅れている福島のこととして語られ始めたのだが、今では違う意味も持つようになっている。福島産の農産物を避ける意識が相変わらず根強いのも、それと無縁ではない。そんな状況を少しでも変えなければならない。そのためには「地元の空気」を全国に伝えていきたい。そう考えたことが、この出版を思い立った理由だった。

そんなわけで、生煮えの企画案を持ち込んだ所、藤原良雄社長は即決で刊行を決めてくださった。適切なアドバイスで本にまとめてくださった編集者の山﨑優子さんともども、心からの感謝を申し上げる。

最後に、長期にわたる連載を支えてくれた毎日新聞の皆様に改めて御礼を述べたい。福島支局長の関野正さん、坂巻士朗さん、南相馬通信部長の大塚卓也さん、いわき通信部長の乾達さん、東京本社では笠原敏彦さん、隈元浩彦さん、吉野理佳さん、吉川学さん、藤原亜希さん、岸俊光さん、そして写真部の方々。大変お世話になりました。

＊　＊　＊

取材に協力してくださった皆さま、本当にありがとうございました。今後も一層の活躍を期待しています。皆様がいる限り、福島は大丈夫、必ず復興できると思っています。

二〇一七年三月

冠木雅夫

《図表一覧》

《本書中の写真について》

・316頁、322頁を除くタイトルページの肖像写真は、毎日新聞社撮影・提供
・38（上）、127、161、208、209、210、233、234、283、287、316、322、338頁の写真は、藤原亜希氏撮影・提供
・その他の写真で、キャプションに提供者を明記した以外は、編者・冠木の撮影

編者紹介

冠木雅夫（かぶき・まさお）

1951 年福島県喜多方市生まれ。東京大学法学部卒。75 年毎日新聞社入社、学芸部長、編成総センター室長、論説委員長などを経て専門編集委員。2017 年 4 月より客員編集委員。

福島《ふくしま》は、あきらめない ——復興現場《ふっこうげんば》からの声《こえ》

2017年 3 月31日　初版第 1 刷発行©

編　者　冠木雅夫

発行者　藤原良雄

発行所　株式会社 藤原書店

〒 162-0041　東京都新宿区早稲田鶴巻町 523

電　話　03（5272）0301

FAX　03（5272）0450

振　替　00160 - 4 - 17013

info@fujiwara-shoten.co.jp

印刷・製本　中央精版印刷

Printed in Japan

ISBN978-4-86578-116-8

3・11がわれわれに教えてくれたこと

3・11と私
（東日本大震災で考えたこと）

藤原書店編集部編

赤坂憲雄／石牟礼道子／鎌田慧／片山善博／川勝平太／辻井喬／松岡正剛／渡辺京二他

東日本大震災から一年。圧倒的な現実を突きつけたまま過ぎてゆく時間のなかで、私たちは何を受け止めることができたのか。発するべきことば自体を失う状況に直面した一年を経て、それでも紡ぎ出された一〇六人のことばから考える。

四六上製　四〇八頁　二八〇〇円
（二〇一二年八月刊）
◇978-4-89434-870-7

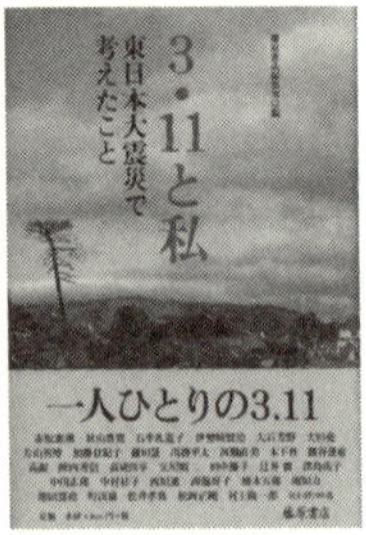

東北人自身による、東北の声

鎮魂と再生
（東日本大震災・東北からの声100）

赤坂憲雄編
荒蝦夷＝編集協力

「東日本大震災のすべての犠牲者たちを鎮魂するために、そして、生き延びた方たちへの支援と連帯をあらわすために、この書を捧げたい」（赤坂憲雄）――それぞれに「東北」とゆかりの深い聞き手たちが、自らの知る被災者の言葉を書き留めた聞き書き集。東日本大震災をめぐる記憶／記録の広場へのささやかな一歩。

Ａ５並製　四八八頁　三二〇〇円
（二〇一二年三月刊）
◇978-4-89434-849-3

草の根の力で未来を創造する

震災考 2011.3-2014.2

赤坂憲雄

「方位は定まった。将来に向けて、広範な記憶の場を組織することにしよう。途方に暮れているわけにはいかない。見届けること。記憶すること。記録に留めること。すべてを次代へと語り継ぐために、希望を紡ぐために。」

復興構想会議委員、「ふくしま会議」代表理事、福島県立博物館館長、遠野文化研究センター所長等を担いつつ、変転する状況の中で「自治と自立」の道を模索してきた三年間の足跡。

四六上製　三八四頁　二八〇〇円
（二〇一四年二月刊）
◇978-4-89434-955-1

「東北」から世界を変える

「東北」共同体からの再生
（東日本大震災と日本の未来）

川勝平太＋東郷和彦＋増田寛也

「地方分権」を軸に政治の刷新を唱える静岡県知事、「自治」に根ざした東北独自の復興を訴える前岩手県知事、国際的視野からあるべき日本を問うてきた元外交官。東日本大震災を機に、これからの日本の方向を徹底討論。

四六上製　一九二頁　一八〇〇円
（二〇一一年七月刊）
◇978-4-89434-814-1

専門家がいち早く事故分析

福島原発事故はなぜ起きたか

井野博満・後藤政志・瀬川嘉之
井野博満編

「福島原発事故の本質は何か。制御困難な核エネルギーを使いこなせるという過信に加え、利権にむらがった人たちが安全性を軽視し、とられるべき対策を放置してきたこと。想定外でもなんでもない」（井野博満）。何が起きているか、果して収束するか、大激論！

Ａ５並製　二二四頁　一八〇〇円
（二〇一一年六月刊）
◇978-4-89434-806-6

"原理"が分かれば、除染はできる

放射能除染の原理とマニュアル

山田國廣

住宅、道路、学校、田畑、森林、水系……さまざまな場所に蓄積した放射能から子供たちを守るため、現場で自ら実証実験した、「原理的に可能な放射能除染」の方法を紹介。責任はどこにあるか。誰が行うか。中間貯蔵地は、仮置き場は……「除染」の全体像を描く。

Ａ５並製　三二〇頁　二五〇〇円
（二〇一一年一二月刊）
◇978-4-89434-826-4

次世代を守るために、元に戻そう！

除染は、できる。

（Ｑ＆Ａで学ぶ放射能除染）

山田國廣
協力＝黒澤正一

自分の手でできる、究極の除染方法が、ここにある!!　二〇一三年九月末の「公開除染実証実験」で成功した"山田式除染法"を徹底紹介！　「本書の内容は、『元に戻そう！』という提案です。そのために"必要な"除染とは、『安心の水準』にまで数値を改善することであり、『風評被害を打破するために十分な水準』でもあります。」（本書より）

Ａ５並製　一九二頁　一八〇〇円
（二〇一三年一〇月刊）
◇978-4-89434-939-1

われわれは原子力から逃れることが出来るのか⁉

原子力の深い闇

（"国際原子力ムラ複合体"と国家犯罪）

相良邦夫

戦後、世界は原子力（＝核）を背景に平和を享受し続けてきた。だが、今や我々をとりまく環境は、原子力に包囲し尽くされてしまった。本書は、国連諸機関並びに原子力推進諸団体及び国家などが、原子力を管理・主導する構造（国際原子力ムラ複合体）を、現在入手しうる限りの資料を駆使して解明する告発の書である。

Ａ５並製　二三二頁　二八〇〇円
（二〇一五年六月刊）
◇978-4-86578-029-1

今、現場で何が起きているか

徹底検証 21世紀の全技術

現代技術史研究会編
責任編集＝井野博満・佐伯康治

住居・食・水・家電・クルマ・医療など〝生活圏の技術〟、材料・エネルギー・輸送・コンピュータ・大量生産システム・軍事など〝産業社会の技術〟といった〝全技術〟をトータルに展開。

第9回パピルス賞受賞

A5並製　四四八頁　**三八〇〇円**
（二〇一〇年一〇月刊）
◇978-4-89434-763-2

IT革命の全貌を見直す

別冊『環』❶

IT革命 ——光か闇か

〈対談〉「IT革命は、日本経済／世界経済を活性化するか？」
R・ボワイエ＋榊原英資

〈座談会〉「IT革命——光か闇か」
市川定夫＋黒崎政男＋相良邦夫＋桜井直文＋松原隆一郎

〈特別寄稿〉
「まなざしの倫理——像の時代から「ショーの時代」へ」
I・イリイチ

菊大並製　一九二頁　**一五〇〇円**
（二〇〇〇年一一月刊）
◇978-4-89434-203-3

名著『環境学』の入門篇

環境学のすすめ

（21世紀を生きぬくために）㊤㊦

市川定夫

遺伝学の権威が、われわれをとりまく生命環境の総合的把握を通して、快適な生活を追求する現代人（被害者にして加害者）に警鐘を鳴らし、価値転換を迫る座右の書。図版・表・脚注を多数使用し、ビジュアルに構成。

A5並製　各二〇〇頁平均　**各一八〇〇円**
（一九九四年一一月刊）
㊤◇978-4-89434-004-6
㊦◇978-4-89434-005-3

「環境学」提唱者による21世紀の「環境学」

新・環境学（全三巻）

（現代の科学技術批判）

市川定夫

I　生物の進化と適応の過程を忘れた科学技術
II　地球環境／第一次産業／バイオテクノロジー
III　有害人工化合物・原子力

環境問題を初めて総合的に捉えた名著『環境学』の著者が、初版から一五年の成果を盛り込み、二一世紀の環境問題を考えるために世に問う最新シリーズ！

四六並製
I　二〇〇頁　**一八〇〇円**（二〇〇八年三月刊）
II　三〇四頁　**二六〇〇円**（二〇〇八年五月刊）
III　二八八頁　**二六〇〇円**（二〇〇八年七月刊）
◇978-4-89434-615-4／627-7／640-6

〝人間は森の寄生虫〟

見えないものを見る力

（「潜在自然植生」の思想と実践）

宮脇 昭

〝いのちの森づくり〟に生涯を賭ける宮脇昭のエッセンス。「自然が発する微かな情報を、目で見、手でふれ、なめてさわって調べれば、必ずわかるようになる。」「災害に強いのは、土地本来の本物の木です。本物とは、管理しなくても長持ちするものです。」（本文より）

カラー口絵八頁

四六上製　二九六頁　二六〇〇円

（二〇一五年二月刊）

◇978-4-86578-006-2

少年少女への渾身のメッセージ！

人類最後の日

（生き延びるために、自然の再生を）

宮脇 昭

未来を生きる人へ――「死んだ材料を使った技術は、五年で古くなりますが、いのちは四十億年続いているのです。私たちが今、未来に残すことのできるものは、目先の、大切ないのちに対しては紙切れにすぎない、札束や株券だけではないはずです。」（本文より）

カラー口絵四頁

四六上製　二七二頁　二二〇〇円

（二〇一五年二月刊）

◇978-4-86578-007-9

秋田・大潟村開村五十周年記念

汝の食物を医薬とせよ

（〝世紀の干拓〟大潟村で実現した理想のコメ作り）

宮﨑隆典

〝世紀の干拓〟で生まれた人工村で実現した、アイガモ二千羽による有機農法とは？　日本の農業政策の転変に直撃された半世紀間、本来の「八十八」の手間をかけたコメ作りを追求し、画期的な「モミ発芽玄米」を開発した農民、井手教義の半生と、日本農政の未来への直言を余すところなく記す！

四六並製　二二四頁　一八〇〇円

（二〇一四年九月刊）

◇978-4-89434-990-2

第二の『沈黙の春』

がんと環境

（患者として、科学者として、女性として）

S・スタイングラーバー

松崎早苗訳

自らもがんを患う女性科学者による、現代の寓話。故郷イリノイの自然を詩的に謳いつつ、がん登録などの膨大な統計・資料を活用、化学物質による環境汚染と発がんの関係の衝撃的真実を示す。

［推薦］近藤誠

四六上製　四六四頁　三六〇〇円

（二〇〇〇年一〇月刊）

◇978-4-89434-202-6

LIVING DOWNSTREAM

Sandra STEINGRABER

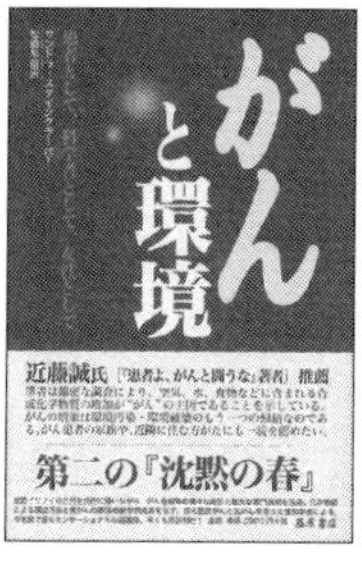